CW01521892

6—
25

Gaia Servadio

IL RINASCIMENTO
ALLO SPECCHIO
(edizione riveduta e integrata dall'autrice)

Salani  Editore

Titolo dell'originale
RENAISSANCE WOMAN
Traduzione di Serena Lauzi

ISBN 978-88-8451-786-9

Copyright © 2007 Adriano Salani Editore S.p.A
dal 1862
Milano, Via Gherardini 10
www.salani.it

Ne reprenez, Dames, si j'ay aymé:
si j'ay senti mile torches ardentes,
mile travaus, mile douleurs mordantes:
si en pleurant j'ay mon tems consumé,

las que mon nome n'en soit par vous blamé;
si j'ay faille, les peines sont presentes,
n'aigressez point leurs pointes violentes:
mais estimez qu'Amour, à point nommé.

Sans votre ardeur d'un Vulcan excuser,
sans la beauté d'Adonis accuser,
pourra, s'il veut, plus vous render amoureuses:

et ayant moins que moy d'occasion,
et plus d'estrange et forte passion.
Et gardez vous d'être plus malheureuses.

Louise Labé

«La poesia è qualche cosa di più filosofico e di più elevato della storia, poiché la poesia tende piuttosto a rappresentare l'universale, la storia il particolare. L'universale poi è questo: quali specie di cose a quale specie di persona capiti di dire o di fare secondo verosimiglianza o necessità, al che mira la poesia pur ponendo nomi propri».

Aristotele, *Politica*

a Jonathan Kent e John Kent

Capitolo uno

Tendenze

Con il Rinascimento ha origine una visione nuova della donna e allo stesso tempo si assiste alla creazione della donna moderna, che nasce dalle onde spumeggianti del Rinascimento proprio come la Venere del Botticelli: nuda e innocente, pronta al risveglio in una società che fino ad allora aveva fatto a meno di lei.

Il perché di questa nascita, o per meglio dire, di questo risveglio e della sua collocazione in questo momento storico, costituisce il tema di questo libro. Facendo riferimento ad alcune figure specifiche di donna e narrandone la storia nell'intreccio con gli eventi contemporanei maggiormente significativi per la formazione della coscienza di una generazione, della sua cultura e del suo sentire religioso, intendo dimostrare che le donne ebbero un ruolo di primo piano nello sviluppo e nelle conquiste del Rinascimento, nell'ipotesi che senza la presenza attiva delle donne non sarebbe giunto a piena maturazione; così come l'assenza delle donne nel mondo islamico anticipò la fine di quel loro Rinascimento. Cercherò di dimostrare inoltre che il movimento del Rinascimento si sviluppò dall'attività intellettuale di donne che avevano potuto giungere a un grado elevatissimo di cultura grazie alla loro specifica collocazione storico-sociale.

Nell'impossibilità ovvia di riferire a una data precisa l'inizio di un movimento, per convenzione al Rinascimento si appone come data di nascita l'anno 1492, una data che ben si presta e che ci viene insegnata a scuola. Si tratta però di una datazione interamente declinata al maschile: in quell'anno infatti morì Lorenzo de' Medici, mentre Rodrigo Borgia diveniva papa; inoltre il 1492 è anche l'anno della scoperta dell'America, e sempre nel 1492 il grande pensatore Erasmo da Rotterdam (1469-1536) prese gli ordini, mentre a Granada veniva emanato l'editto contro gli ebrei e i mori, che impoverì la Spagna di risorse intellettuali e di commerci aprendo la strada all'Inquisizione. Ma poiché a me preme una data del Rinascimento che tenga conto delle donne, preferisco fissarne gli inizi all'anno dell'invenzione della stampa da parte di Gutenberg, in quanto fu la possibilità di attingere alla conoscenza a porre le donne su un terreno di uguaglianza con gli uomini. I libri, e insieme a questi il sapere, iniziarono a circolare e a diffondersi a partire da allora.

Nel 1456 l'invenzione della stampa, che doveva cambiare il mondo, rispecchiava non soltanto un generico bisogno di conoscenza da parte dei singoli, ma anche i concreti sforzi delle menti speculative, degli esploratori, degli scienziati. Le donne incominciarono a prendere parte attiva alla vita intellettuale del tempo. Nella nuova temperie spirituale ebbe un ruolo importantissimo la comunicazione, e solo attraverso il sapere passava, per le donne, la possibilità di farsi individualità piena, quella stessa individualità che è uno dei capisaldi del Rinascimento. Nel Vecchio Testamento, testo ancor oggi sostanzialmente lontano dalla Chiesa cattolica romana ma basilare per la Chiesa riformata, si agitano alcuni tra i temi principali del Rinascimento: la ribellione all'autorità, la lettura e l'interpretazione individuale dei testi. Ma il Vecchio Testamento è anche un libro in cui le donne hanno un ruolo positivo e spazio d'iniziativa; non fu un caso se l'arte italiana, specialmente al Nord, 'scoprì' temi quali quello di Giuditta, di Gioele, di Ruth e di Ester.

Malgrado i brevetti che ne ostacolavano la diffusione, la stampa viaggiò a velocità superiore a quella di altre invenzioni e scoperte, raggiungendo l'Italia nel 1465, Parigi nel 1470, Londra nel 1477, Stoccolma nel 1483 e Madrid nel 1499. Alla fine del XVI secolo erano in circolazione all'incirca nove milioni di libri stampati, contro a una cifra approssimativa di 40.000 manoscritti, fino ad allora unico prodotto della scrittura e sola fonte del sapere.

Il Rinascimento, inoltre, prese le mosse in un momento di maschilizzazione delle donne e di femminilizzazione degli uomini. Elevandosi culturalmente, le donne furono in grado di discutere, di esprimere la propria opinione, di governare; disponendo di una maggiore quantità di tempo libero, gli uomini poterono dedicarsi al piacere, che è poi il vero tema centrale del Rinascimento. Si potrebbe financo affermare che il Rinascimento, in quanto movimento 'femminile', prese impulso dal nuovo *status* della donna.

Dalla prima scintilla scoccata in Toscana intorno alla metà del XV secolo, il movimento si estese a quasi tutta l'Italia, per perdere respiro e vitalità dopo più di un secolo, quando l'ombra cupa della Controriforma calò a reprimere non solo la donna nella società italiana, ma anche la curiosità scientifica e l'appetito per la vita. Intorno al 1530 esso si estese anche alla Francia e successivamente, una cinquantina di anni più tardi, all'Inghilterra, all'Olanda e ai Paesi Bassi, dove il nuovo *status* della donna attiva nel lavoro contribuì alla formazione di una prospera borghesia.

Bisogna anche sottolineare che il Rinascimento non fu soltanto un movimento di tendenza o un concetto: fu una rivoluzione che penetrò il tessuto sociale, e coloro che lo vissero erano ben consapevoli di essere partecipi di un momento storico eccezionale. «Non vi è dubbio, questa è un'età dell'oro» dichiarò lo scrittore e filosofo Marsilio Ficino (1433-1499), cui fece seguito Erasmo, che nel 1517 a sua volta definì il secolo una 'era d'oro'.

L'osservazione, lo studio, l'analisi e la scarsa propensione ad accettare il punto di vista ereditato dal passato sono propri del Rinascimento; l'elemento chiave di quel movimento rivoluzionario fu una nuova, inarrestabile spinta alla ricerca, all'individuazione delle radici di ogni cosa. Nel 1543, anno in cui rese pubblica la sua teoria sul moto terrestre di rotazione e di rivoluzione, Copernico asserì che la sua scoperta non era una mera ipotesi, ma una teoria basata sui dati di una ricerca originale. Nello stesso periodo, Leonardo da Vinci (1452-1519) raccomandava agli artisti lo studio della matematica, allo scopo di acquisire capacità prospettiche nella pittura e meglio comprendere la fisiologia.

Alla mente umana era ora consentito di pensare in autonomia, rompendo ogni precedente convenzione. Uno dei dogmi del passato sosteneva l'inferiorità intellettuale della donna, e ora ci si interrogava, in termini scientifici, non solo sul motivo per il quale la donna dovesse essere considerata diversa dall'uomo, dal momento che era fatta della sua stessa sostanza, ma anche sul motivo per il quale essa dovesse essere trattata come inferiore.

Come possiamo vedere dalla *Scuola di Atene* di Raffaello in Vaticano, le figure di primo piano nel campo filosofico furono quelle di Platone e di Aristotele, proprio perché in essi l'indagine era guidata dalla ragione. Il rinnovato neoplatonismo, che sottolineava l'importanza dell'intelletto e dell'anima rispetto al corpo, divenne una sorta di religione, e neoplatonica era l'Accademia fondata da Lorenzo de' Medici in contrasto con la filosofia aristotelica, che si fondava sull'indagine scientifica. La donna idealizzata, la donna perfetta era per i neoplatonici un oggetto di riverenza sul quale riversare idealmente un desiderio non tanto per procreare o soddisfare un bisogno maschile, quanto per una intima attrazione intellettuale. E grazie alla rivitalizzazione dei canoni estetici dell'età classica, la donna divenne un simbolo, una musa, immancabilmente raffigurata nei panni della Primavera, o di una città (per esempio la personificazione di Venezia), o della Fede o della Giustizia. Emerse poi, accanto e indipendentemente da questo tipo di rappresentazione, un cambiamento nella raffigurazione del corpo femminile: il Rinascimento diede infatti luogo a una visione della figura femminile decisamente in contrasto con quella matronale e opulenta del passato. La donna nuova che appare negli affreschi e nei dipinti del Rinascimento, tanto che vesta i panni della Vergine Maria o quelli di una divinità classica, è sottile, quasi androgina. Artisti come Botticelli e Raffaello, Piero della Francesca e Donatello la raffigurano come l'incarnazione stessa del neoplatonismo.

La giovinezza e la bellezza divennero oggetto di un vero e proprio culto. Al pari di oggi, si faceva abbondantemente ricorso a belletti, creme e olii di bellezza. Alcune donne possedevano ricette di speciali unguenti per la cura dei capelli e per mantenere chiara la pelle, il cui candore dimostrava che la donna non aveva esposto il viso al sole, che non era cioè una contadina; in ultima analisi, il canone di bellezza imposto dalle mode è sempre legato all'economia.

Predicatori e poeti mettevano in ridicolo il trucco eccessivo, e tuttavia erano ignorati persino dalle rispettabili matrone. Per simulare le capigliature folte tipiche della giovinezza si faceva ricorso ai capelli finti, in seta; i profumi erano adoperati in abbondanza, e gli abiti erano ideati in modo da mettere in risalto la bellezza del corpo. La moda variava da città a città, come ebbe a osservare Lucrezia Tornabuoni, madre di Lorenzo de' Medici, quando si recò a Roma, in visita alla futura nuora. In quella città le giovani donne portavano, persino in casa, dei veli talmente fitti che a malapena se ne indovinava il viso, e che per giunta scendevano a coprire il busto. Inoltre, lamentava la Tornabuoni, le giovani aristocratiche romane erano scure, e con un collo cui faceva difetto la splendida curva lunga propria delle fiorentine. Le fanciulle di Firenze, quelle sì che avevano grazia!

Sposata a Marco Vespucci e più volte ritratta da Botticelli, con la sua languida innocenza che dava l'illusione dell'eterna giovinezza, Simonetta Cattaneo incarnava l'ideale di bellezza fatto proprio dai neoplatonici. Amante di Giuliano de' Medici, la sua morte avvenuta all'età di ventitré anni ispirò versi e commenti a Lorenzo il Magnifico, fratello di Giuliano.

Occhi, poi che privati in sempiterno
siate veder quel sol che alluminava
vostro oscuro cammino, e confortava
vista vostra, or piangete in eterno.

La lieta primavera in crudo verno
or s'è rivolta, e 'l tempo ch'io aspettava
esser felice più, e disiava,
m'è più molesto: or quel ch'è Amor discerno!

[...]

Le donne ricche si caricavano di ornamenti per far mostra del loro potere. La giovane Beatrice d'Este (nata nel 1475), che andò sposa al duca di Milano, spese una fortuna in gioielli e chiamò presso di sé Leonardo da Vinci con l'incarico di ideare le sue acconciature, che è poi il motivo per cui nel 1482 Leonardo si stabilì a Milano. Il valore dell'abito a strisce – fili d'oro intessuti in una elaborata lavorazione a spina di pesce – indossato da Lucrezia Borgia (1480-1519) al suo ingresso a Spoleto, di cui era duchessa, fu stimato pari a 5000 ducati. Seguendo l'esempio di Elisabetta Tudor, in Inghilterra la corte fece degli abiti una fantasmagoria di colori, di velluti e di sete. Le donne presero a indossare ampie gorgiere; le gonne, sorrette da sottogonne irrigidite da stecche di balena, si fecero più ampie e più piene, mentre cresceva anche la quantità di gioielli che adornavano i capelli oppure venivano portati alla cintura come ciondoli. Isabella d'Este Gonzaga (1474-1539), oltre che per il suo ingegno era rinomata per le sue acconciature e dettava moda; inventò una pasta da usare come dentifricio e scoprì una formula per i profumi. Le scrivevano regine e marchesane chiedendole modelli da copiare, regali e persino guanti. Isabella si attorniava di elegantissime damigelle di compagnia (più svestite che vestite), che le servivano, insieme alle sete ricamate e ai velluti, per guadagnarsi alleati politici. Una di queste damigelle, Eleonora Brognina, nota per le sue scollature, aveva «poppe piccole, tonde, sode e crudette, simili a due rotondi e dolci pomi» e con lei, scriveva Isabella, un prelato «fece l'amor quanto gli parve». Povere e ricche che fossero, le donne non indossavano le mutande; da qui la meraviglia di uno dei nostri personaggi, che comparirà più avanti, alla scoperta dei mutandoni – i *calzones* – che portavano invece le donne in Spagna. Poiché negli altri paesi questa usanza non sussisteva, nel periodo mestruale le donne stavano in casa, pur non trovandosi alcun cenno a una loro presunta 'impurità' durante il periodo delle perdite, a differenza di quanto accadeva nella società islamica e in quella ebraica. Di notte mettevano in testa una cuffietta per proteggere i capelli dai pidocchi, mentre di giorno le convenienze suggerivano l'uso di un copricapo o di un velo elaboratamente acconciato. Tuttavia le donne della borghesia seguivano la moda con un occhio al portafoglio e l'altro alla necessità di avere una certa libertà nei movimenti, e perciò niente copricapo quando erano impegnate nel lavoro. Oggetto di particolare attenzione erano anche le calzature. Le donne ricche calzavano scarpine ricamate, a dimostrazione del fatto che i loro piedi non erano toccati dal fango e dalla sporcizia del suolo: in effetti, quando uscivano di casa si facevano trasportare, oppure montavano su un mulo o su un cavallo. Quelle che dovevano andare a piedi, come per esempio le cortigiane, calzavano scarpe con tacchi molto alti – sorta di piedistalli – in modo da non sporcare l'orlo delle gonne. Essere alte, e in quanto tali oggetto di nota, divenne talmente di moda che l'altezza di quelle scarpe-piedestalli aumentò in maniera spropositata.

Il Rinascimento fu anche un tempo – un breve lasso di tempo – nel quale la gente amava divertirsi. «Il Rinascimento testimonia di una sociologia, oltre che di una psicologia, della gioia. È rara nella storia una percezione così intensa, da parte della gente, di vivere in un tempo felice. Al *Memento mori* del Medioevo si sostituì un *Memento vivere*» scrive Ferdinand Braudel. La ricerca del divertimento era quasi frenetica: da Poliziano, da Lorenzo de' Medici e da altri autori di ballate le fanciulle erano esortate ad attingere a piene mani dalla giovinezza: «Quant'è bella giovinezza, che si fugge tuttavia! Chi vuol esser lieto, sia: di doman non c'è certezza».

Nuovo è anche il senso estetico del Rinascimento, che si estende ai piaceri della tavola, della musica e delle belle lettere, poiché ormai non è più la necessità la forza propulsiva del vivere: il tempo libero a disposizione permette di abbandonarsi ai piaceri dell'intrattenimento.

Nelle corti italiane, ma in particolar modo a Ferrara, Mantova e Firenze, le donne indossavano abiti sontuosi per esaltare tanto la bellezza dei loro corpi sottili quanto la loro posizione sociale e il loro livello culturale. Anche l'architettura addolcì le sue forme durante il Rinascimento, prendendo le distanze dallo stile gotico, definito da Raffaello 'barbaro, germanico'. Il movimento inventò la dimora di campagna, non più castello fortificato ma luogo di divertimento nonché rifugio dalle città infestate da epidemie mortali. Non vi è traccia di elementi tipici dell'architettura militare, per esempio, nella villa di campagna di Careggi, la dimora medicea affrescata dal Pontormo, e neppure nelle ville palladiane della campagna veneta. A loro volta, le basiliche progettate da Leon Battista Alberti, uno dei padri della forma rinascimentale, sono fondamentalmente d'ispirazione laica: non più celebrazione di Dio ma dell'uomo, come dimostra in modo esemplare il Tempio Malatestiano a Rimini. Come Michelangelo, Donatello e Botticelli, l'Alberti era omosessuale, un uomo la cui sensibilità femminile emerge anche dalle riflessioni dedicate agli aspetti pratici della vita in comune di uomo e donna: «Ciascuna stanza abbia la sua porta. Accanto alla camera da letto della moglie dovrà essere uno spogliatoio, accanto a quella del marito una biblioteca». Amico di Piero della Francesca e del Mantegna, l'Alberti fu l'animatore di una cerchia nella quale si teorizzava sull'architettura e si discuteva del volto che avrebbe dovuto assumere la città nuova, con le sue vie aperte e le grandi piazze. Tre tavole attribuite a Piero della Francesca raffigurano la *Città ideale*, di cui si trovano altre rappresentazioni nello *Sposalizio della Vergine* di Raffaello così come in talune opere di Signorelli e del Mantegna, mentre questa visione ideale della città è assente nella pittura precedente e negli affreschi di pittori come Giotto, Carpaccio e Masaccio, nei quali la città è ancora il meraviglioso intrico medievale di viuzze.

In che modo vivevano le donne, durante il Rinascimento? A grandi linee, le potremmo raggruppare in quattro categorie: la donna romanticamente idealizzata, l'audace virago, la cortigiana e infine la moglie. Le donne che appartenevano alla nobiltà si sposavano giovani, mentre quelle povere si sposavano tardi. La moglie non era veicolo di idee o ideali, e neppure di conversazione elevata o di piacere sessuale, e gli uomini, allora come oggi, dipingevano moglie e matrimonio come un pesante dovere sociale da assolvere.

Per i cattolici il matrimonio era un sacramento, per i protestanti un contratto, ma tanto nel Sud che nel Nord dell'Europa le prescrizioni cui doveva attenersi la donna sposata appartenente alla borghesia erano di carattere restrittivo: non doveva uscire di casa da sola, non doveva vestire con eccessiva ricercatezza, e i mariti non dovevano portare in casa i loro amici poiché ciò avrebbe potuto essere una tentazione per loro, se non per la moglie. Una buona moglie, inoltre, non doveva bere vino. In breve, come scrisse Robert Burton, una donna ammodo doveva uscire di casa tre volte in tutta la vita: per il battesimo, il matrimonio, per il funerale.

La vita sessuale delle donne era praticamente di dominio pubblico in case dove i corridoi non erano ancora stati introdotti, e pertanto l'intimità – un lusso non così necessario agli uomini come alle donne – doveva essere un bene fortemente ambito. I matrimoni erano combinati dalle famiglie, e a causa dell'elevato tasso di mortalità ci si risposava con una certa frequenza.

«Mettere al mondo dei figli era, nell'insieme delle sue fasi, un'impresa pericolosa» scrive Alison Weir in *Elizabeth the Queen,* «e c'era un alto tasso di mortalità tra le madri». Jane Seymour, Catherine Parr ed Elisabetta di York morirono tutte e tre di febbre puerperale, e la duchessa di Norfolk «poté maritarsi, concepire un figlio, metterlo al mondo e morire nel giro di un anno». Dopo aver messo al mondo vari figli, molte cercavano di evitare il talamo perché sapevano che i mariti le avrebbero contagiate col 'mal francese', la sifilide. Le donne agiate affidavano i figli alle balie, e più tardi a qualche illustre casata dove avrebbero ricevuto un'educazione adeguata. A volte ciò si verificava molto precocemente, anche nei casi in cui i figli erano tre o quattro: le donne imparavano a crescere in fretta, a essere adulte prima di quanto lo siano oggi.

«L'educazione ricevuta dalle donne di ceto elevato era essenzialmente la stessa che veniva impartita agli uomini» scrive Jacob Burckhardt, il grande storico del Rinascimento italiano. Nei circoli religiosi, tuttavia, la donna era ancora considerata la personificazione stessa del peccato, e solo attraverso la procreazione poteva riscattarsi.

La prostituzione era ritenuta un male necessario, persino dalla Chiesa. Roma e Venezia andavano famose per le loro cortigiane, e a Venezia i viaggiatori potevano addirittura comperare una guida che forniva nome, indirizzo e prezzo di ciascuna prostituta, una sorta di Guida Michelin. Ma c'era una notevole differenza tra la prostituta e la cortigiana, essendo quest'ultima una specie di geisha che oltre a tenere un salotto sapeva suonare uno strumento musicale e aveva una bella voce. La differenza era anche nel prezzo. Più prosaicamente, in città come Parigi e Norimberga le prostitute avevano l'obbligo di stare nei bordelli autorizzati dallo stato.

In quest'epoca, la sessualità delle donne divenne un argomento di discussione, e se il lesbismo era menzionato da Erasmo come un dato di fatto, in Olanda le giovani donne erano addirittura incoraggiate ad avere rapporti sessuali prima del matrimonio, perché una volta sposate e con figli non avrebbero più trovato il tempo di godersi l'amore fisico. Tuttavia, se la temperie spirituale di quei tempi era matura per un certo grado di liberazione della donna, la libertà sessuale ebbe ben presto fine a causa della sifilide, il flagello di quei tempi. Lo scrittore veneziano Marin Sanudo ci ha lasciato una descrizione delle piaghe purulente che essa causava, e di quale minaccia rappresentasse questa malattia contagiosa che «a parere di molti è portata dai francesi, poiché tra questi alberga da lungo tempo, benché essi la chiamino il male italiano». Di sifilide – l'AIDS dei tempi antichi – si moriva, ma non prima che la faccia e il corpo si fossero ricoperti di orribili pustole putride, tanto che molti ritenevano che al pari della Morte Nera, fosse Dio a mandarla per punire gli uomini dei loro peccati. Ecco come viene descritta, da una cortigiana, la fine della sua carriera e della sua stessa vita:

Io era pulchra e piena d'ogni odore
hor piena son di puzza e di vil fezza
e ciò pensando mi si creppia il core.

Ove son hora le mie bionde drezza
ove la faccia mia tanto bianchissima
ove il mio canto pieno di dolcezza
[...]

Ove gli canti e soni e 'l bel danzare
ove gli amici c'ho a visitarmi
soglion venir e mie compagne care
[...]

Hor su mia lingua più non puol parlare
la morte è gionta e 'l suo fiero arco scocca
tutti vi lasso ch'l spirito sento mancare
con gran velocità esce di bocca.

Verso la fine del XVI secolo, quando la sifilide spiegò le sue ali di morte e l'ombra della Controriforma scese a oscurare i tempi, le prime a pagare furono le cortigiane. I loro beni furono confiscati e la Chiesa si diede da fare per umiliarle in ogni maniera possibile, mentre a colpi di bolle papali la loro stessa esistenza veniva messa in discussione, tanto che a partire dal 1560, ormai confinate in un ghetto, esse dovettero sottostare anche alla proibizione di ricevere uomini sposati e di mostrarsi in pubblico. Un tempo protette dalla piena approvazione della società, le cortigiane passarono così alla condizione di reiette. In effetti, il movimento di liberazione della donna dell'età rinascimentale fu represso utilizzando in modo esemplare la figura della cortigiana, sicché la donna liberata finì per trasformarsi o in un'eretica o in una cortigiana, se non in tutte e due. D'altro canto, le donne «possono con più licenzia morder gli uomini di poca onestà, che non posson gli uomini mordere esse» scriveva Baldassarre Castiglione nel suo famoso *Libro del Cortegiano*, «e questo perché noi stessi avemo fatta una legge, che in noi non sia vicio né mancamento né infamia alcuna la vita dissoluta, e nelle donne sia tanto estremo obbrobrio e vergogna...»

Il Cortegiano ebbe larghissima diffusione. Era un libro 'femminista' che non solo stava dalla parte delle donne, ma in più confermava, mediante i suoi precetti educativi, l'importanza del ruolo delle donne nella società. Di pari passo al diffondersi dell'istruzione tra i borghesi, si assisteva all'emergere, in società, di donne che non appartenevano all'aristocrazia, come per esempio Isotta Nogarola (1418-1466) e sua sorella Ginevra (1417-1461), entrambe native di Verona. Grazie alla sua profonda conoscenza del greco e del latino Isotta si muoveva in ambienti vicini agli umanisti, i quali, pur non avendola mai accettata fino in fondo come una dei loro, le riconoscevano un'erudizione pari a quella di un uomo oltre a un notevole talento di scrittrice. Votatasi allo studio dal tempo del matrimonio della sorella Ginevra, in uno dei suoi *Dialoghi* (l'esposizione di idee in forma dialogica, sulle orme di Platone, era molto comune a quel tempo) Isotta mette in scena un dibattito con il nobile veneziano Ludovico Contarini, in cui sostiene che Eva si era abbandonata alle delizie del Paradiso solo perché ingannata dalla diabolica persuasione del serpente, ma che senza il consenso del primo uomo avrebbe fatto del male solo a se stessa e in nessun modo messo in pericolo la discendenza umana. Isotta prosegue nella sua argomentazione fino ad affermare che il peccato di Eva non è grave come quello di Adamo, mentre Ludovico sostiene l'opposto: Eva ha peccato per ignoranza e incostanza, e per questo secondo Ludovico ha peccato più gravemente, mentre Isotta gli fa notare che l'ignoranza deriva a Eva dalla natura, di cui Dio stesso è

17

il creatore. Per cui chi meno sa meno pecca, il giovane pecca meno del vecchio, e il contadino pecca meno del nobile.

Cassandra Fedele (1465-1558) proveniva da una famiglia borghese ma intellettuale. Educata privatamente ai classici, le sue doti oratorie erano tali che la Repubblica di Venezia l'assoldò per tenere discorsi in pubblico. Un fatto di tale rarità per una donna, che Cassandra era guardata come un fenomeno e la gente accorreva non solo per ascoltarla parlare ma anche per vedere con i propri occhi una simile anomalia. Persino un uomo della statura di Angelo Poliziano ebbe a scriverle, nel 1491: «Comincio a nutrire reverenza per voi, Cassandra». Caduta in povertà, fu 'riscoperta' all'età di novantuno anni, quando tenne un discorso in onore della regina di Polonia, in visita alla città. Soffermandosi a considerare la propria condizione privilegiata, Cassandra si dichiarò felice di essere nata nel Rinascimento: anch'essa sapeva di far parte di un movimento eccezionale, di una rivoluzione che dava una voce importante alla donna intelligente e preparata. L'istruzione però rendeva difficile accettare il tradizionale punto di vista del papato e del clero. Francesco Guicciardini, che era al servizio dello Stato Pontificio, confessò a se stesso nei *Ricordi politici e civili* (pubblicati postumi):

Io non so a chi dispiaccia più che a me la ambizione, la avarizia e la mollizie de' preti [...] Nondimeno il grado che ho avuto con più pontefici, m'ha necessitato a amare per il particolare mio la grandezza loro; e se non fussi questo rispetto, avrei amato Martino Lutero quanto me medesimo, non per liberarmi dalle leggi indotte dalla religione cristiana nel modo che è interpretata e intesa communemente, ma per vedere ridurre questa caterva di scelerati a' termini debiti, cioè a restare o sanza vizi o sanza autorità.

In tutta Europa la Chiesa aveva tratto vantaggio dalla superstizione di uomini e donne, ma con l'invenzione della stampa il clero perse il monopolio sull'istruzione, e la conoscenza fu la leva che diede slancio al movimento riformatore. La Riforma fu molto più di un adattamento della religione alle esigenze di apertura: il potere temporale e l'avidità della Chiesa pervadevano la vita di allora nella quasi totalità dei suoi aspetti. A quell'epoca la Chiesa cattolica romana era svuotata del misticismo che vi si era affacciato tempo addietro con Francesco d'Assisi, il cui protestantesimo *ante litteram* le aveva causato non poche preoccupazioni. L'idea di una vita spirituale, di un contatto diretto con Dio, esercitava una forte attrazione sulle donne colte di tutta Europa; se alcune si attivarono per riformare la Chiesa dall'interno, altre rinunciarono alla battaglia e divennero calviniste; molte avevano letto le opere di Erasmo, dove il discorso sulla religione è condotto in forma di indagine critica. Se in generale ad attrarre le donne era, su di un piano spirituale, l'idea di un cambiamento dei costumi all'interno della Chiesa, a richiamare gli uomini era invece, su di un piano squisitamente politico, l'obiettivo di una riforma del papato. Per esempio Niccolò Machiavelli (*I Discorsi*, I, XII, 1513) vedeva nel potere temporale dei papi un istituto la cui funzione storica era conclusa. L'espansione territoriale dello Stato Pontificio, a opera di papa Alessandro VI e successivamente di papa Giulio II, aveva reso più potente il papato ma aveva anche diviso l'Italia, causandone la rovina.

La Chiesa aveva infestato di eserciti stranieri l'Italia, trasformandola in un campo di battaglia. Da ogni dove si levavano voci di protesta contro la corruzione, il nepotismo e gli intrighi politici dei papi; una di queste fu la predicazione del monaco Girolamo Savonarola (1452-1498) che, misogino come la maggior parte dei 'puritani', era incline a pensare che nelle donne risiedesse l'origine del peccato e della tentazione. I predicatori come il Savonarola divennero così di moda che le donne di ogni estrazione sociale, vestite di quegli stessi abiti sontuosi che i predicatori condannavano, accorrevano ad ascoltarli. Savonarola fu uno dei primi; la maggior parte di questi mistici operava al di fuori della Chiesa e guadagnò seguito intorno alla metà del XVI secolo, quando il Rinascimento stava per chiudersi in tragedia.

Oltre alla loro abilità nella retorica e alla teatralità, una delle principali ragioni della popolarità di questi predicatori fu l'analfabetismo, ancora largamente diffuso, malgrado ciò che ho appena affermato, soprattutto tra le donne, che nell'impossibilità di leggere ricercavano piuttosto il piacere dell'intrattenimento. Sede naturale di queste adunanze furono le piazze più che le chiese, dal momento che i predicatori erano spesso critici nei confronti delle istituzioni ecclesiastiche. Con un certo benessere erano anche arrivati il problema e il piacere del tempo libero, che veniva riempito non solo dalle severe prediche, ma da rappresentazioni teatrali che cominciarono a fiorire prima nelle corti e poi anche su barconi e piazze, per divertire tutti. Erano donne che rappresentavano se stesse e cantavano spesso accompagnandosi con strumenti musicali: fu dopo il Concilio di Trento, con la Controriforma, che alla donna furono proibiti il palcoscenico e il canto in chiesa, dettami già cari a predicatori come il Savonarola.

Firenze, Napoli e Ferrara divennero i centri italiani del movimento riformatore. Ferrara, in particolare, fu governata per un certo tempo da una duchessa protestante francese la quale diede rifugio a coloro che, in quanto protestanti, cercavano di sottrarsi alla lunga mano dell'Inquisizione. E sempre a Ferrara, che sarà la prima delle città visitate nel corso del nostro viaggio, viveva allora Calvino (1509-1569).

Il Savonarola, che proprio a Ferrara era nato, fu solo il primo di una serie di predicatori cari alle folle, ma evidentemente solo fino a un certo punto, visto che a Firenze, dove si era stabilito, finì sul patibolo. Frate domenicano cupo e ascetico, incline a comporre versi melanconici, con le sue prediche Savonarola si conquistò un seguito talmente vasto da dover usare come pulpito la cattedrale di Firenze. Alle donne non si rivolgeva mai, ma esse lo adoravano perché egli sosteneva: «Non sono io a predicare, è Dio che parla attraverso di me». Savonarola 'vedeva' i giorni cupi che aspettavano la Chiesa, che solo dopo la distruzione totale sarebbe risorta in tutto il suo splendore, in quanto il ritorno alla semplicità delle origini era l'unica via per la sua salvezza. Era necessario voltare le spalle ad Aristotele e Platone, e rifuggire dai piaceri della sensualità. Per la salvezza dell'anima dei fiorentini, il Carnevale, la gara del palio, i bei vestiti e i profumi andavano aboliti; le donne dovevano tenere coperti il viso, il corpo e l'anima. Le prediche del Savonarola e di quanti ne seguirono l'esempio trovano eco nel vangelo dei talebani e di tutti coloro che, in modo ricorrente nella storia, si considerano la voce di un dio irato e tirannico e sono fermamente convinti di incarnare la verità. E per certi versi l'intolleranza di frate Girolamo Savonarola si ritrova nel Calvino degli anni più tardi, così come in John Knox e a tratti persino in Trockij. Dopo la morte di Lorenzo de' Medici, Savonarola ammonì dei disastri incombenti, affermando che su Firenze era sospesa la 'Spada del Signore' e l'aspettavano pestilenze e guerre. La folla ascoltava atterrita. «Un frate domenicano semina un tale terrore tra tutti i fiorentini...» scrisse a Isabella Gonzaga l'inviato da Mantova, «che tutte le giovani e gran parte delle donne maritate si sono rifugiate nei conventi, così che solo uomini e ragazzi e donne vecchie si vedono ora per le strade».

Sebbene il potere e l'intolleranza della Spagna abbiano una corposa presenza in questo libro, il movimento rinascimentale, la riscoperta della gioia di vivere, del piacere della cultura, dell'amore e dell'eleganza non interessarono le donne spagnole per il semplice fatto che il Rinascimento non interessò la penisola iberica. La Spagna del XV e XVI secolo sviluppa una cultura censoria, incapace di assorbire il nuovo e pronta a distruggerlo. Persino la 'madre' della Spagna moderna, Isabella la Cattolica (1451-1504) – uno dei personaggi più influenti d'Europa, ma non donna del Rinascimento – diede esempio di intolleranza mentre unificava il paese: oltre a istituire l'Inquisizione, nel corso del processo di unificazione annientò i gruppi etnici dei mori e degli ebrei, entrambi fonte di cultura, di ricchezza e di scambi commerciali. Alla fine solo i Paesi Bassi sopravvissero all'occupazione spagnola grazie alla loro strenua resistenza.

Per quanto riguarda la Germania, o meglio i paesi che avrebbero poi formato quella nazione, avrei potuto scavare più a fondo nella storia delle donne del Rinascimento, che furono certamente numerose; avrei potuto indagare il ruolo avuto dalla moglie di Lutero, che ebbe il coraggio di rinunciare all'abito monacale per sposare nient'altri che il suo eroe. Oppure prendere in esame la vita di Marie Dentière, la donna frettolosamente messa a tacere dopo che furono pubblicate le sue verità sul trattamento riservato alle donne tanto dai cattolici quanto dai calvinisti. Ma a parte la scarsità della documentazione sulle loro vite, il loro ruolo non si intrecciò con i grandi eventi storici, come è invece il caso delle donne di cui si narra in questa sede.

La circolazione di libri stampati tra le donne destava sospetto: la Chiesa non poteva permettere la riscoperta delle parole originali di Cristo, secondo le quali gli esseri umani forgiavano il proprio destino e le donne erano uguali agli uomini. E davvero l'unità religiosa dell'Europa ebbe termine quando Martin Lutero (1483-1546), nella sua predicazione contro la corruzione della Chiesa di Roma, proclamò che solo grazie alla fede l'umanità poteva salvarsi, condannando di conseguenza la maggior parte dei sacramenti. Il potere spirituale e il potere temporale della Chiesa – quest'ultimo precariamente sostenuto dall'imperatore, nonché dogma indiscusso – erano minacciati dalle voci degli intellettuali, e queste voci erano solitamente femminili, condannate alla sconfitta. Se profondamente religiose e appartenenti alle più grandi famiglie della nobiltà, le donne erano viste dalla Chiesa di Roma come una minaccia molto concreta. La Chiesa si fondava sul concetto di impero; a ungere l'imperatore poteva essere unicamente il papa, e unicamente il papa rappresentava Dio in terra. Solo in virtù di questa legittimazione divina un impero fin troppo esteso poteva sottomettersi a chi era imperatore per via elettiva. Il rito dell'incoronazione, introdotto da Carlo Magno, ricalcava i rituali dell'impero romano. Allo scopo di conferire autorità a un'eredità altrimenti discutibile, Carlo Magno aveva bisogno di Dio, e in effetti fu lui il vero fondatore di un papato praticamente privo di legittimazione. Ma durante il Rinascimento il nuovo spirito sfidò la divinità, o meglio la divinità così come la si concepiva nel Medioevo.

L'istruzione era divenuta il fattore propulsivo della liberazione, e permetteva alle donne di scrivere lettere non solo ad altre donne, ma anche agli uomini, e in più poesie e storie, stando all'interno di un ampio circuito di comunicazione. L'abbondanza di materiale testuale rende più facile il mio compito, in quanto mi offre la possibilità di esaminare non solo i documenti ufficiali ma anche le lettere confidenziali in cui le donne esprimevano i loro dubbi e le difficoltà via via incontrate. Era, questa, un'epoca in cui le donne, fresche dell'esperienza di una nuova libertà di espressione, scrivevano lunghe lettere che a quanto pare giungevano prontamente a recapito. In queste lettere le donne si scambiavano sonetti e madrigali, e spesso ad affiancarle c'erano i diari. Nonostante la scomparsa di molti scritti – l'Inquisizione ha infatti la responsabilità di aver dato alle fiamme carteggi e opere letterarie giudicate indegne – ci è rimasta una grande quantità di materiale. L'attività dello scrittore era considerata più nobile di quella del pittore: mentre quest'ultimo era sostanzialmente un comunicatore, non diversamente dal giornalista dei nostri tempi, chi sapeva scrivere bene era ovunque il benvenuto. Persino un 'parvenu' come Pietro Aretino, il libellista amico di Tiziano, che lo ritrasse ripetutamente, era ammirato e temuto dagli uomini più potenti del tempo, dal re di Francia fino al re di Spagna. Un altro fustigatore dei potenti era una statua mutila detta il Pasquino, ancor oggi visibile a Roma nelle vicinanze di piazza Navona e ancor oggi ricettacolo delle proteste scritte della gente. A questa statua nel Rinascimento si attribuiva un'importanza maggiore di quella che può rivestire oggi, poiché a quel tempo essa era una delle rare armi della satira sociale. Tra le sue dita di pietra o ai suoi piedi, chi sapeva scrivere lasciava la sua protesta, spesso in forma di rime anonime. In questo il Pasquino assomiglia al muro di Pechino, dove i cinesi solevano scrivere ciò che non poteva essere detto. In clima di censura, e anche di paura, era il solo Pasquino che poteva sparlare di papi e condottieri, rivelare scandali e condannare l'Inquisizione.

La donna nuova del Rinascimento metteva al mondo pochi figli e questo le dava il tempo di coltivare i propri interessi e talenti. Al pari delle sue 'antenate' greche e romane, metteva in atto sistemi di 'controllo delle nascite'. Non si preoccupava eccessivamente dei divieti ecclesiastici e ricorreva frequentemente all'aborto, nonostante fosse punibile con la morte, oppure a irrigazioni interne, generalmente a base di aceto, e a preparati di erbe per uccidere gli spermatozoi. Sicuramente a partire dal II secolo a.C., erano noti alle donne sia la pratica dell'«astensione dal coito» (citata da Sorano di Efesto) sia l'uso di una specie di spirale, che tuttavia, essendo un corpo estraneo introdotto nell'utero, era sovente causa di infezioni interne data l'inesistenza anche del solo concetto di igiene. Altri 'metodi' di controllo delle nascite erano i matrimoni tardivi, l'astinenza e l'infanticidio, ma a limitare il numero dei figli era soprattutto l'alto tasso di mortalità infantile. Per sbarazzarsi dei figli indesiderati, le donne povere li abbandonavano dentro una cesta sulla soglia dei conventi o degli ospedali. Questa pratica era talmente diffusa che i Medici fecero costruire all'uopo il famoso Ospedale degli Innocenti con il suo armonioso porticato; e anche a Siena, dove i bambini abbandonati erano chiamati 'gettatelli', per ospitarli fu costruito un magnifico 'spedale'.

L'educazione di questi bambini era a carico della città, che provvedeva a trovar loro un lavoro una volta cresciuti. Nel caso delle 'gettatelle', il denaro guadagnato lavorando come lavandaie o come sguattere contribuiva a costituire la dote. Una serie di affreschi dello Spedale alla Scala di Siena mostra le cure di cui le ragazze erano oggetto, e come i vestiti e le scarpe fossero forniti dalla città, che le seguiva fino al matrimonio, avvenuto il quale esse trovavano spesso lavoro come balie dei nuovi arrivati allo Spedale, oppure dei figli della nobiltà. Certamente la Repubblica di Siena aveva tutto l'interesse a dare un'immagine di sé democratica e generosa, ma la storia che ci raccontano questi affreschi è ugualmente degna di nota.

Molte famiglie si alleggerivano delle figlie femmine in sovrappiù mandandole nei conventi di clausura, veri e propri covi di ignoranza e di conservatorismo, e in ciò risiedeva probabilmente la causa della scarsità di donne rispetto agli uomini. Diversamente da quel che accadeva nei monasteri, la vita in questi luoghi non era allietata né dal godimento della natura né dai piaceri derivanti dalla lettura o dalla musica.

Contemporaneo alla diffusione dei mezzi di comunicazione fu l'incremento degli scambi commerciali, decisivo contributo alla nascita di una borghesia che vide, in special modo nel Nord dell'Europa, le mogli dei mercanti farsi spesso carico della conduzione degli affari quando il marito era in viaggio. Nelle campagne, invece, intorno alla metà del periodo rinascimentale la qualità della vita toccò il fondo a causa della povertà, delle epidemie e delle miserevoli condizioni di vita dei contadini. Il Rinascimento fu un'epoca di grandi conquiste, ma anche di tremenda precarietà: nelle campagne, dove soldati e banditi facevano frequenti scorribande, tra saccheggi e stupri la violenza eretta a norma rendeva la vita un bene di scarso valore. L'ignoranza e la superstizione prosperavano.

In alcuni paesi si assiste, in questo periodo, alla formazione degli stati nazionali. Nel XV secolo il senso di appartenenza alla 'nazione' non esisteva; a gran parte degli abitanti dell'Europa risultava alquanto difficile percepire l'unitarietà di quel Sacro Romano Impero che Voltaire, due secoli più tardi, ebbe a definire né sacro, né romano, e neppure impero. Non poche delle ribellioni all'interno di questa compagine erano motivate da ragioni economiche o religiose. Ma il sangue versato per una causa comune tendeva a formare un senso di nazionalità, come è il caso dell'Olanda, dove la Riforma diede finalità comuni e identità morale a un popolo fino a quel momento diviso. La Francia, a sua volta, fu unificata da una famiglia di consolidato potere – i Valois – mentre l'Italia rimaneva divisa sotto l'occupazione di potenti dinastie straniere, nonostante un desiderio di unità che già affiorava nelle opere di Dante e del Petrarca. Nel Rinascimento si assiste dunque alla nascita di una sovrastruttura politica più efficiente di quanto fosse l'ordinamento feudale. I governanti rivendicarono la fedeltà dei sudditi della maggior parte d'Europa a questa o a quella nazione, e la loro figura crebbe d'importanza rispetto al passato. Le corti divennero più fastose, più importanti e più simili tra loro. La Spagna, che agli inizi del XV secolo non era affatto una nazione, pervenne all'unità nazionale mobilitando i sudditi contro le minoranze individuate come nemico comune, e sostituendo a un luminoso esempio di civiltà l'imperio di un cristianesimo fanatico e repressivo. In Inghilterra l'unità nazionale fu raggiunta non solo grazie all'abilità con la quale Enrico VII rafforzò l'istituto della monarchia, ma anche in seguito alla lunga guerra contro la Francia, altro esempio di un nemico comune. Nello stesso periodo, il consolidamento della monarchia francese e la sua ostilità verso la Chiesa di Roma e gli Asburgo, che la circondavano sia dalla Spagna che dall'Austria, fecero sì che anche la Francia, fino ad allora priva di integrità territoriale, giungesse all'unificazione.

In Italia la Chiesa rendeva impossibile l'imporsi di un singolo stato su tutti gli altri, e ciò fu causa tra le cause della prematura fine del Rinascimento. Né avrebbe potuto essere altrimenti: se da un lato l'unità politica dell'Italia avrebbe costituito una minaccia per il potere temporale del clero, dall'altro le conoscenze, la scienza e la libertà d'espressione dei singoli individui erano, per la Chiesa, un pericolo ancora più grande di quello rappresentato dalle pestilenze. La Controriforma riportò la donna alla posizione che essa occupava prima del Rinascimento, ancora una volta fonte primigenia del peccato. L'Italia non divenne una nazione per le ragioni esposte da Machiavelli: in sintesi, il Rinascimento italiano fu soffocato dall'Inquisizione, dalla Controriforma, dalle mire espansionistiche dei papi e dal perenne ricorso agli eserciti stranieri. Con i loro mercenari svizzeri e tedeschi, gli spagnoli e i francesi fecero dell'Italia una terra di scorrerie, mettendola a ferro e fuoco e portando distruzione ovunque. Gli spagnoli, ai quali alla fine arrise la supremazia, portarono in Italia quel seme della distruzione che sempre seguiva le loro conquiste, nel Vecchio così come nel Nuovo mondo, e il rifiuto di contrastare con una riforma gli abusi della Chiesa di Roma, tanto in Spagna che in Italia, fece sì che questi due paesi rimanessero indietro rispetto a quelli del Nord Europa. Anche la scoperta di nuove terre contribuì a indebolire il cuore pulsante del Rinascimento, spostando il fulcro del potere economico e intellettuale verso le nuove aree strategiche dell'Europa settentrionale.

Il clero era una società di uomini. La Compagnia di Gesù, il nuovo ordine religioso sorto in Spagna per combattere le eresie, sosteneva la pericolosità delle donne colte e demonizzava le prostitute e gli ebrei, imponendo che fossero esposti al pubblico ludibrio, le prime costrette a indossare un velo giallo, i secondi un contrassegno anch'esso giallo, che non era però la stella di Davide. È strana questa trasformazione del giallo, il colore del sole, nel colore della vergogna. La moda e l'arte dovettero uniformarsi a un complesso di regole elaborate a Trento da un concilio indetto appositamente per stabilire delle regole che differenziassero la Chiesa cattolica romana da quella riformata; ma benché ai soggetti della mitologia pagana si andassero sostituendo soggetti religiosi, il corpo femminile continuò a rivelarsi e a suscitare ammirazione sotto la maschera ipocrita dell'allegoria (di una delle Virtù, piuttosto che come città simbolica o allegoria della Fede). Un corpo cambiato, però: le forme femminili tornarono a essere abbondanti, quelle di un corpo fertile, da fattrice di figli piuttosto che da fonte d'ispirazione per il pensiero neoplatonico.

Le donne del Rinascimento vissero entrambi gli aspetti della loro epoca, bellezza e brutture, ma delle seconde furono più vittime che artefici. La violenza era parte integrante della realtà rinascimentale, e tuttavia l'eleganza espressiva, l'eloquenza e la sensibilità estetica erano elementi tipici dei tempi di pace. La donna del Rinascimento fu spettatrice passiva della violenza. I cadaveri venivano appesi ai muri di cinta delle città, e dai bastioni di Castel Sant'Angelo, a Roma, penzolava sempre qualche corpo in via di decomposizione. Le più giovani venivano portate ad assistere allo spettacolo pubblico dello squartamento, per guardare quelle membra a brandelli che imbrattavano il suolo di un rosso appiccicoso, oppure ad assistere a un rogo, dove si respirava il lezzo della carne bruciata.

A quanto sembra, il fratricidio e l'uxoricidio non indebolirono l'unità famigliare. Il grande compositore Gesualdo, duca di Venosa, fu male accolto alla corte degli Estensi non tanto perché aveva ucciso la moglie e il suo amante, ma perché aveva commissionato l'omicidio a un mandatario. Nel caso dei Gonzaga, fu una lettera scritta da Isabella al fratello, il duca Alfonso d'Este, e consegnata da un messaggero all'ultimo minuto, a salvare i suoi due fratelli minori dalla pena capitale. La supplica di Isabella fu accolta da Alfonso, che rinchiuse i due sventurati principi nella prigione del castello estense, due antri orribili illuminati soltanto da un'apertura protetta da un'inferriata al livello di un canale putrido che spesso traboccava. Mentre i fratelli marcivano lì sotto, ai piani superiori Alfonso riceveva i suoi ospiti e ascoltava canzoni e poesie in compagnia della moglie, Lucrezia Borgia.

Un altro tipo di donna aveva un'importante funzione sociale: ogni villaggio, e persino i più remoti agglomerati di case, ospitava una donna, spesso eccentrica, alla quale venivano confessati amori e odi, che fungeva da levatrice e da medico. Da lei si potevano acquistare preparati a base di erbe oppure pozioni magiche. Poteva leggere il futuro, era in un certo senso l'erede dell'antica Sibilla e rispondeva a un preciso bisogno sociale. In effetti, la figura della strega è ancora presente in molte zone d'Europa, e persino le reti televisive ospitano signore che rispondono a questa necessità umana dando consigli amorosi, per non parlare degli oroscopi sui settimanali e delle popolarissime rubriche con consigli medico-amorosi e persino economici. La strega rinascimentale era spesso un'emarginata, un'anticonformista, per cause che andavano dalla deformazione fisica all'epilessia, un male largamente diffuso e non ancora riconosciuto come malattia nervosa. Tutt'a un tratto un gran numero di queste donne, fino ad allora bene accette alla società, furono accusate di stregoneria. Esemplare è il caso di Gentile Budrioli, moglie di un chirurgo, bruciata viva nella piazza principale di Bologna nel 1498 e descritta da un cronachista dell'epoca come «una grande strega che rese l'anima al Diavolo». Le levatrici, poi, correvano gran pericolo; se il feto nasceva morto o la puerpera moriva, venivano accusate di aver patteggiato con il diavolo, di essere streghe. Specie verso la fine del XVI e agli inizi del XVII secolo uscirono veri e propri trattati – di Johannes Nider, per esempio, Heinrich Kramer, Gianfrancesco Pico della Mirandola (nipote del più illuminato Pico) e Jacob Sprenger – che spiegavano come distinguere le streghe dalle altre donne. Raccontavano come avessero raccolto confessioni e anche di essere stati testimoni di accoppiamenti fra le streghe e il diavolo. Con dettagli assolutamente pornografici, che certamente aumentavano le vendite di tali volumi, descrivevano streghe con immensi organi femminili che, godendo più degli uomini, giacevano nella foresta con vari demoni. Il libro di Gianfrancesco Pico della Mirandola, *Strix*, in latino, riporta un dialogo tra streghe e diavoli. Persino il classicista Joachim Camerarius servì nei molti processi dell'Inquisizione che spazzarono l'Europa non solo nordica e che costarono la vita a 60.000 persone, ottanta per cento delle quali donne. Le streghe che volavano tra i rami delle foreste nere e si raccoglievano attorno a falò per celebrare messe orribili, i Sabbat, incominciarono a confondersi con le altre minoranze maledette, gli omosessuali, gli ebrei. È interessante notare inoltre come l'intensificarsi della persecuzione sia avvenuto verso la fine del XVI secolo, quando le guerre di religione e l'accentuarsi dell'inflazione seminarono la povertà in tutta Europa e le carestie costrinsero la popolazione di intere regioni al furto o a emigrare.

Nel 1484 papa Innocenzo scrisse una bolla contro le streghe, sebbene vi fosse un gran numero di donne della nobiltà che credeva nei loro poteri magici. Persino Eleonora Concini, una delle favorite della regina di Francia Caterina de' Medici, fu bruciata sul rogo con l'accusa di stregoneria. Odiata da molti, Caterina stessa era sospettata di stregoneria e di fornicazione con il diavolo, tanto che suo figlio Enrico III era detto *le fils ainé du Diable*, ma la verità è che molte donne furono denunciate per stregoneria per il semplice fatto che ci si voleva sbarazzare di loro, spesso mandandole al rogo sulla pubblica piazza. Se erano vecchie, analfabete o povere non avevano modo di difendersi, e furono in molte a morire in quella maniera; se invece erano ricche o benestanti, ancora meglio, poiché gli averi delle condannate venivano redistribuiti tra gli inquisitori e gli accusatori. Della vita di queste donne, però, non esiste che scarsa documentazione.

Del resto, l'esistenza delle serve analfabete, delle contadine, delle suore e delle vittime dell'Inquisizione non fece che ricalcare le orme di quella delle vittime dei tempi che precedettero – e seguirono – il Rinascimento. La vita di una donna che vive in miseria, diciamo per esempio in India, si colloca fuori dalla storia: è la stessa vita che avrebbe potuto fare 2000 anni prima, perché la scrittura e la stampa non l'hanno ancora toccata. Allo stesso modo, tra le montagne della Sila, per esempio, la donna non ha vissuto il Rinascimento: Cristo si è fermato a Eboli; parte dell'Europa è rimasta nei secoli bui, all'oscuro. È perciò lecito affermare che il Rinascimento, al pari di tutti i grandi momenti della storia, fu assorbito da pochi e vissuto da un'élite, cosicché la vita delle donne che di questa élite facevano parte – vuoi come cortigiane, vuoi come pittrici o poetesse piuttosto che mistiche o *grandes dames* – getta più luce sul Rinascimento di quanto potrebbe fare il drammatico resoconto della vita di una schiava o di una suora.

Il rinascimento della donna fu il principale contributo all'innalzamento della qualità della vita di allora, dal momento che furono le donne a introdurre un certo grado di comfort nell'ambiente abitativo, furono le donne a ricercare la vena poetica nei libri che leggevano per tenersi informate, e furono sempre le donne a innalzare, a volte forse inconsapevolmente, non tanto il livello del dibattito teorico quanto quello della sensibilità estetica. Una sensibilità estetica che significava anche rispetto per il proprio corpo e maggiore attenzione verso l'individualità altrui, i suoi spazi e i suoi giardini. Il tavolo da pranzo divenne una gioia per gli occhi, e i banchetti furono allietati dalla musica. Ciò valeva per i privilegiati, naturalmente; alla tavola dei poveri non c'era la musica e spesso nemmeno il cibo, ma questo è vero anche ai nostri giorni.

Sono ben consapevole che alla mia scelta di illustrare la vita delle donne durante il Rinascimento attraverso alcuni casi esemplari e all'interno di un discorso sui grandi temi dell'individualità e della libertà in quanto portato della conoscenza, del culto della bellezza, del misticismo, delle riforme e della Riforma, potrebbe essere rivolta l'accusa di costituire una forzatura. La maggior parte delle donne non aveva accesso all'istruzione: esse non scrivevano e pertanto non ci hanno lasciato alcuna documentazione sulla loro vita, e ciò vale persino in molti dei casi riguardanti le donne della nobiltà o le dame che disponevano di un grande potere. Avremmo mai saputo dell'esistenza di Isotta Malatesta, se non fosse per il meraviglioso tempio che Sigismondo fece erigere in sua memoria a Rimini? Isotta non sapeva scrivere, e quindi conosciamo assai poco di lei.

Il senso di carità era debole, e la massa delle donne che vivevano in povertà non costituiva una preoccupazione per le più fortunate. Eppure sarebbe interessante sapere cosa succedeva a una schiava nel Rinascimento, quale trattamento le riservavano le altre donne. Importati nei periodi in cui la manodopera scarseggiava, gli schiavi erano numerosissimi in Europa. Le schiave finivano spesso per essere adibite ai lavori domestici. Alcune, come per esempio Simonetta da Collevecchio, una schiava nera, misero al mondo figli importanti come Alessandro de' Medici, duca di Toscana.

Nel corso di questa narrazione faremo la conoscenza di donne che avevano poco in comune, ma le cui esistenze si intrecciarono, non solo perché vissero nella stessa epoca, ma anche perché l'Europa della cultura era un piccolo mondo. Spesso le loro vite imboccarono strade simili, e il loro fu un cammino di ricerca e di interrogativi. Il sapere era strumento di liberazione per le donne o, per meglio dire, per le donne che vi avevano accesso. Una donna che avesse la capacità di scrivere in bella maniera acquistava uno *status* unico per la sua condizione, che si trattasse di una prostituta o di una cortigiana. Isabella Gonzaga, spostandosi da Ferrara a Mantova dopo il matrimonio, prese accordi affinché l'eccellente studioso Niccolò Panizeato si stabilisse a Mantova per insegnarle il greco e il latino (per una somma di tre ducati al mese).

Nel Rinascimento le donne incominciarono ad affacciarsi sulla scena politica: tra queste spiccano Margherita d'Austria (1480-1530), reggente dei Paesi Bassi; la sua omonima Margherita di Parma (1522-1586), figlia illegittima di Carlo V, e un'altra Margherita (1492-

1549), anch'essa di sangue reale, che andata sposa al duca di Alençon e in seconde nozze, nel 1527, a Enrico d'Albret, titolare della corona di Navarra, fu scrittrice e madre di Jeanne d'Albret, la guerriera della Riforma. Donne come Caterina de' Medici (1519-1589), regina di Francia, e Isabella Gonzaga, nata d'Este, avevano un potere spesso addirittura superiore a quello dei loro mariti.

Nella seconda metà del XVI secolo l'Europa rinascimentale fu devastata dalle guerre religiose. In genere le donne non vi parteciparono, ma Jeanne d'Albret, regina di Navarra e madre di Enrico di Borbone – il quale sarebbe in seguito diventato Enrico IV di Francia – si mise alla guida dei suoi eserciti protestanti, lanciando invettive contro i papisti. Jeanne d'Albret era una donna di notevole carattere, sposata tre volte e debitrice, per la raffinata educazione ricevuta, alla madre Margherita. Madre e figlia erano seguaci della religione riformata, ed entrambe lottarono sia sul fronte della letteratura sia sul campo di battaglia. Prima di lei Caterina Sforza, 'la prima donna d'Italia', era stata ammirata per il fatto di essere una virago – parola derivata dal latino *vir*, uomo, e a quei tempi usata unicamente in senso elogiativo – ovvero per la sua audacia, che non era da meno di quella del più audace degli uomini. Quella stessa Caterina che fu definita anche 'la donna più bella del secolo' nel 1499 lottò infatti con grande coraggio in difesa della città di Forlì contro Cesare Borgia. Alla fine, però, il figlio del papa catturò e la donna e la città; Caterina, allora tre volte vedova, fu messa in catene a Castel Sant'Angelo e sottoposta a maltrattamenti per sedici lunghi mesi, finché fu liberata grazie all'intervento francese. Dev'essere stata un'esperienza più che amara, per una donna del carattere di Caterina, fieramente indipendente e coraggiosa, quella di languire nell'orrida prigione dello stesso castello da lei abitato appena sposata, all'età di sedici anni. Finalmente liberata, morì nel 1509 all'età di quarantasei anni, ancora bellissima. A piangerla furono anche i suoi soldati: Caterina era stata una valorosa combattente.

La partecipazione delle donne alla vita attiva diede indubbiamente un notevole impulso al Rinascimento. Se non altro, le donne emancipate furono in grado di dare una buona educazione ai figli, preparando in tal modo la generazione successiva. L'impatto femminile sullo sviluppo della civiltà è quanto mai evidente nel ruolo che esse ebbero nelle Fiandre e nei Paesi Bassi, oltre che nel contrasto tra il Nord dell'Italia e il Sud ispanizzato, che non accettava quindi l'intrusione delle donne nella vita sociale. Nel corso di questo racconto faremo un viaggio in alcuni stati dell'Italia, e di qui in Francia – a Lione e a Parigi, per poi spostarci in Olanda. Viaggeremo avendo in mente le donne del Rinascimento, delle quali ciascuna città avrà da offrire la sua particolare veduta.

Capitolo due

Donne a Ferrara

Il nostro viaggio inizia da Ferrara, dove incontreremo alcune delle nostre protagoniste: donne nel fiore degli anni, che per una ragione o per l'altra si trovavano nella città sede della famiglia estense. Legata al papato da un rapporto di vassallaggio ma spesso in conflitto con esso, Ferrara era aperta alle nuove concezioni filosofiche e alla scienza, e la sua scuola pittorica, che annovera artisti come il Cossa, Tura e de' Roberti, era eccentrica e portatrice di novità. La zia del duca Ercole II, Isabella Gonzaga, marchesa di Mantova, era un tipico e meraviglioso prodotto di quel mondo. Quando finalmente Isabella e Lucrezia Borgia – le due protagoniste – si trovarono faccia a faccia, Isabella decantò l'eleganza della cognata al marito (che sarebbe diventato uno dei più tenaci amanti della duchessa Lucrezia), descrivendone il vestito «d'oro tirato con gale di raso cremisi con maniche della camicia alla castigliana», la collana «di perle grosse con un balasso pendente forato, con una perla a pera sotto» e il modo in cui portava i capelli, «senza lenza con una cuffia d'oro». Lei, Isabella, era invece fantasticamente se stessa. La marchesa di Cotrone, che l'accompagnava, scrisse al fiero e geloso (in senso politico) marito di Isabella, dando a intendere che Isabella, con la sua veste ricamata a spartito musicale, aveva dato una lezione d'eleganza alla Borgia. Aggiungeva poi che tutti la guardavano ammirati e che in mezzo alle altre dame sembrava «un sole che col suo splendido raggio tutte le stelle oscurasse». Sottolineava inoltre la pigrizia 'spagnola' di Lucrezia confrontandola al piglio di Isabella che si svegliava presto e accudiva agli affari di stato e alla figliolanza. Se poi Lucrezia ballava con grazia, Isabella cantava con professionalità: «Cantò due sonetti et un capitolo, del che questi signori furono tanto contenti che più non si potrebbe».

I signori erano i potentissimi ambasciatori veneziani che Isabella voleva portare dalla parte di Mantova.

Ma pur dandosi da fare per Mantova, Isabella non dimenticava mai di essere una Este, e per la Ferrara estense si batteva. La famiglia ducale di Ferrara vantava una lunga tradizione di culto delle *belles lettres*: qui Matteo Maria Boiardo aveva scritto l'*Orlando innamorato*, e le opere dell'Ariosto avevano dato lustro alla corte. Di Ariosto si rappresentavano spesso commedie tanto a Ferrara che a Mantova, e il poeta non faceva che cantare la saggezza e la costanza di Isabella.

Con le sue strade larghe e dritte, Ferrara era una città moderna che ospitava una rinomata università. Era la città ideale secondo i dettami di Alberti e Mantegna. Secondo un censimento del 1540 Ferrara, con i suoi 41.000 abitanti, era una delle città più popolose d'Europa; nel 1510 Milano contava 100.000 abitanti e nel 1527 Lucca 32.000, mentre Roma, dopo il sacco del 1527, aveva perso un terzo della popolazione, riducendosi a soli 30.000 abitanti.

Nella parte orientale della penisola i domini del duca si estendevano fino alla bassa padana permettendogli il controllo del Po, che in quanto fiume navigabile era un importante snodo commerciale. Al duca appartenevano anche le città di Modena e di Piacenza, grazie alle quali i domini degli Estensi si spingevano fino al lato occidentale della penisola, facendo del ducato uno stato cuscinetto tra i territori del papato e la Repubblica di Venezia, la Serenissima, nemico numero uno del papato e amica degli 'infedeli', repubblica troppo ricca, troppo laica e troppo indipendente sia dall'Impero che dal Soglio Pontificio.

Dal punto di vista del rendimento agricolo le terre erano ricche, e ciò faceva ricco il duca d'Este, che non diversamente dagli altri signori contava sulle entrate derivanti da una varietà di tasse sui prodotti – cerealicoli soprattutto – nonché dalle gabelle sui beni importati ed esportati, e dalle tasse sui mulini, sul sale e su ogni contratto concluso sui suoi territori (niente di nuovo sotto il sole, essendo queste tasse le antesignane dell'IVA). Dall'altro lato, c'erano grosse somme di denaro da spendere per le guerre e per comprare le cariche cardinalizie; in aggiunta al costo dei matrimoni e a quello ancora più elevato delle visite di stato, a causare un vero e proprio drenaggio delle finanze era l'acquisto dei titoli nobiliari per dare legittimazione al potere.

Quasi tutti i duchi d'Este erano o erano stati condottieri, come anche gli Sforza, i Montefeltro, i Gonzaga, i Colonna e i d'Ávalos, poiché ogni volta che le uscite erano in eccedenza rispetto alle entrate – il che accadeva di frequente – i signori erano costretti a cercarsi un ingaggio militare (condotta). I rampolli della nobiltà erano perciò addestrati a tirare di spada e alle tattiche dell'arte militare, oltre che a cavalcare e a cacciare. L'esibizione di splendide armi e armature era parte integrante della vita del giovane nobiluomo, spesso mandato fuori di casa per essere addestrato alle armi da un 'condottiere' indipendente. Tali condottieri, in virtù del loro valore, potevano aspirare al titolo nobiliare, come fu il caso dei Gonzaga, signori di Mantova: provenienti da una famiglia di condottieri e capitani di ventura. Francesco, il marito di Isabella, venne insignito del titolo di marchese dal papa, e suo figlio del titolo ducale da Carlo V.

A Ferrara, la città che era divenuta un centro propulsore della Riforma, troviamo Vittoria Colonna (1490-1547), una delle nostre protagoniste. La liberazione di questa vera figlia del Rinascimento coincise con il bisogno, da lei particolarmente sentito, di una riforma spirituale della Chiesa e della società. Al suo arrivo a Ferrara, «quell'ameno luogo d'ogni festa» il giorno 8 aprile 1537, Vittoria Colonna, marchesa di Pescara, era una celebrata poetessa all'apice della fama: alla pubblicazione di alcuni suoi sonetti, l'anno precedente, tutti i maggiori poeti del tempo avevano reso omaggio all'eccellenza artistica e all'elevata ispirazione della poetessa.

La vasta notorietà di cui godevano i suoi componimenti in versi, da molti conosciuti a memoria, si spiega anche con l'incoraggiamento, che essa stessa rivolgeva al pubblico, a copiare i suoi sonetti per conservarli in forma di manoscritto. Vittoria, che era non solo una celebrità ma anche la discendente di una delle famiglie più antiche d'Italia, all'epoca del suo arrivo a Ferrara aveva quarantasette anni, e la precarietà delle sue condizioni di salute aveva parzialmente offuscato la sua bellezza. Vestiva con sobrietà, avendo sostituito le sete e i gioielli della gioventù con velluti a tinte scure e un casto velo sui capelli che andavano imbiancando, uno stile d'abbigliamento in netto contrasto con l'atmosfera festosa che regnava alla corte di Ferrara, centro della moda, della cultura e dell'arte, dove il duca Ercole II intratteneva una folla di raffinati cortigiani, di poeti, di dotti e di musicisti.

Nel 1523, trentacinque anni prima dell'arrivo di Vittoria a Ferrara, suo padre Fabrizio Colonna era stato prigioniero presso quella stessa corte dopo essere stato catturato in battaglia. Prigioniero per modo di dire, nel caso di un esuberante condottiere come Fabrizio, che in realtà a Ferrara ebbe un grande successo. Innamorato di Nicoletta Trotti, fu al centro dei numerosi banchetti dati in suo onore da Lucrezia Borgia, allora duchessa d'Este. Fu durante una di queste feste che Fabrizio, avendo sentito dire che le donne di Ferrara portavano dei mutandoni sotto le gonne, secondo la moda spagnola, in mezzo a un coro di risatine soffocate tentò di verificare personalmente l'esistenza di quell'insolito indumento.

Essere prigioniero a Ferrara era, per Fabrizio Colonna, come essere ospite di amici in casa, che era poi il raffinatissimo palazzo estense, adorno dei tappeti persiani e delle sete di Damasco portate in dote da Lucrezia. Figlia del papa e sorella di Cesare Borgia, Lucrezia a quell'epoca aveva già avuto due mariti e parecchi amanti, tra cui il cardinale Pietro Bembo, con il quale ebbe uno scambio di bellissime lettere d'amore prima di innamorarsi del cognato, il marchese Gonzaga.

Ma il 6 giugno 1508 il poeta Ercole Strozzi, uno dei più potenti uomini di corte, fu trovato morto, colpito da ventidue pugnalate. Si mormorò che il mandante fosse stato il marito di Lucrezia, Alfonso d'Este, per punirlo di avere apertamente assecondato la corrispondenza e gli incontri clandestini di Lucrezia con Francesco Gonzaga, suo cognato. Lucrezia era ricca, e la ricchezza le dava licenza di agire a proprio piacimento, anche se non era più così potente dopo la morte di Alessandro Borgia suo padre e del fratello Cesare, detto il Valentino; ma Alfonso l'amava e anche se il duca d'Este aveva una figlia bastarda e un'amante fissa – la Doni, ritratta ben due volte da Tiziano – Lucrezia rimaneva regina del suo ducato.

Chi non ricordava l'arrivo di Lucrezia a Ferrara? Famoso per lo sfarzo esibito fu il suo viaggio da Roma alla corte del futuro sposo, nel gennaio del 1502, alla testa di 700 tra cortigiani e servitori. I tappeti e le sete erano solo una piccola parte dei beni portati in dote, in quanto il pezzo forte consisteva in una somma di 100.000 ducati versati direttamente ad Alfonso, cui si aggiungevano le terre strappate alla diocesi di Bologna, per una somma di uguale valore, oltre a 75.000 ducati in gioielli, argenterie, drappi, biancheria e arazzi, e infine la cosa più importante, cioè la riduzione da 4000 ducati a 100 del tributo che il ducato di Ferrara era tenuto a versare annualmente al papa.

Data la difficoltà di tradurre in valuta odierna il potere d'acquisto del ducato (o dello scudo, che a quei tempi aveva approssimativamente lo stesso valore), anche se da certuni esso è equiparato ai 230 euro attuali, può risultare più utile paragonare l'entità di certe doti e certi compensi dell'età del Rinascimento: per esempio i 14.000 ducati della dote di Vittoria contro i 100.000 di quella di Lucrezia Borgia, oppure i tre ducati che Isabella Gonzaga pagava mensilmente al suo precettore di greco e latino, che erano considerati un buon compenso. O, ancora, i 100.000 ducati – una somma di denaro davvero ingente – spesi dal nonno di Vittoria, Federigo da Montefeltro, per la costruzione del favoloso palazzo di Urbino. Conviene attingere ancora una volta da Braudel, quando scrive a proposito del valore del denaro, questione complessa ma sempre della massima rilevanza nella storiografia:

Nel 1517 il ducato cessò di essere una moneta il cui valore è dato dalla quantità di oro in essa contenuto per diventare una moneta di conto a un tasso di scambio, da allora in poi invariabile, di 6 lire e 4 soldi. [...] Da moneta vera e propria qual era, il ducato passò semplicemente nella stessa categoria delle monete fittizie, come erano anche il soldo e la lira. Lo zecchino, che era una moneta reale, valeva nel 1517 6 lire e 10 scudi (quindi 6 soldi più del ducato); dieci anni dopo, nel 1526, il suo valore era pari a 7 lire e 10 soldi.

Biondo-castana – una ciocca dei suoi capelli è conservata a Milano, all'Ambrosiana – e circondata da un'aura di esotismo, Lucrezia non era amata dai sudditi ferraresi. Attorniata da damìgelle spagnole e romane, era isolata nel grandioso castello degli Este, e le ripetute gravidanze, sovente interrotte da aborti spontanei forse a causa della sua salute precaria, sommandosi alla monotona piattezza del paesaggio ferrarese, ebbero l'effetto di deprimerla. Quando suo padre – papa Alessandro VI – morì e il fratello perse il potere, il marito avrebbe potuto facilmente ripudiarla, come lei ben sapeva. Tuttavia Alfonso non divorziò da Lucrezia, ed essa gli diede cinque figli. A volte, depressa, si rinchiudeva in un convento; altre volte invece organizzava intrattenimenti sfarzosi, come in occasione della visita a Ferrara del cugino di Vittoria, Prospero Colonna, a cui offrì rari vini moscati e pranzi spettacolari nei quali storione, cosce di rana e anguille furono serviti su piatti d'argento massiccio.

Nel 1537, quando la stessa Vittoria Colonna giunse a Ferrara, Lucrezia e Alfonso erano morti e il titolo era passato a Ercole, il figlio maggiore. Costui aveva ereditato dalla madre una certa vivacità intellettuale nonché l'amore per la poesia, tant'è vero che fu ben lieto di offrire ospitalità a Vittoria Colonna, non solo perché le loro famiglie erano legate da un rapporto di amicizia da intere generazioni, ma anche per la fama che Vittoria si era guadagnata negli ambienti letterari. La nobildonna dalle vesti di colori sobri aveva preso in affitto un palazzetto non lontano dal grande castello degli Estensi, dove Ercole offriva favolosi banchetti, intrattenendo gli invitati con musiche composte per l'occasione.

Dal punto di vista del papa – erano i tempi del papato di Paolo III Farnese – la corte laica di Ferrara era un luogo di dannazione, anche perché l'estate precedente alla visita di Vittoria vi aveva trovato rifugio, grazie all'interessamento della duchessa d'Este, Giovanni Calvino. Ventiseienne, Calvino aveva appena pubblicato il suo primo libro, l'*Institutio christianae religionis* che, offrendo per la prima volta un'esposizione esauriente delle dottrine alla base della Riforma, aveva dato rinnovato impulso al movimento della Riforma non solo in Francia, ma nella Svizzera di lingua francese e in Italia, finendo per esercitare nel Sud dell'Europa un'influenza superiore a quella delle opere di Lutero.

La presenza di Calvino non era l'unica ragione del sospetto con cui il papa guardava alla corte di Ferrara: all'età di ventidue anni il duca, figlio della famosa peccatrice – ma che splendida peccatrice! – Lucrezia Borgia, aveva sposato Renata di Valois (1510-1575), garantendosi in tal modo l'amicizia della Francia. Ultima figlia di Luigi XII di Francia e di Anna di Bretagna, sorella della regina Claude e cognata di Francesco I, il nuovo regnante, Renata era un gran bel partito per il futuro signore di uno staterello vassallo, e però era brutta, tanto brutta che i sudditi ferraresi, abituati alla bellezza delle duchesse (da Leonora d'Aragona, madre di Isabella Gonzaga e Beatrice d'Este, fino a Lucrezia Borgia), la soprannominarono 'il mostro'. Per giunta Renata era stata educata dal vescovo Briçonnet, protestante e legato da grande amicizia a un'altra donna potente: Margherita, regina di Navarra, scrittrice di talento e nemica dichiarata della Chiesa di Roma.

Designata dal fratello Alfonso a fare gli onori di casa, a Ferrara giunse Isabella, che il 12 novembre scortò la diciottenne Renata negli appartamenti del palazzo ducale, purtroppo senza poter scambiare molte parole con lei, dato che non conosceva il francese. Il 29 gennaio Alfonso, Renata di Francia e Isabella cenarono a un tavolo a loro riservato, mentre gli altri 104 invitati erano disposti attorno a una lunga unica tavolata clamorosamente raffinata e decorata di argenti e ori. Prima di cena fu rappresentata una commedia di Ariosto (*La Cassaria*) seguita da musiche. Sopra la tavola «furono poste tre tovaglie [...] Sopra si posero 25 saliere d'argento e 104 tovaglioli piegati in varie fogge, con i coltelli. Presso ogni tovagliolo erano poste marmellate di pistacchio e dolci di rose, a destra erano le tavole per i credenzai, a sinistra per i bottiglieri con diversi tipi di vini. Agli antipasti seguirono otto portate e capponi, quaglie, fegatelli, anguille avvolte in marzapane, dentici in brodetto».

Ma tra Ercole e Renata non ci fu amore. Cultore della bellezza e dei piaceri della vita, Ercole quasi svenne quando nel 1528 vide la donna che gli era destinata in moglie. Renata di Francia ne fu profondamente avvilita, tanto che all'amica e parente Margherita di Navarra descrisse l'accoglienza ricevuta dal marito in questi termini: «Mi ha detto tali parole crude e strane che avresti provato stupore nell'udirle».

A Ferrara Renata costituì una corte nella corte, che agli occhi del papato era formata da eretici. Uno di questi era Clément Marot, il poeta francese che nel 1528 aveva composto dei versi per celebrare il matrimonio di Renata. Incontreremo di nuovo a Lione questo seguace di Calvino, che all'età di quarantuno anni, famoso e ammirato in tutta Europa, lasciò la Francia per recarsi a Ferrara. In una lettera inviata a Margherita di Navarra da Venezia, sulla via del ritorno in Francia, la difficile situazione in cui versava Renata è così descritta da Marot:

> Ahi Margherita, d'udir la sofferenza
> del nobile cuore di Renata di Francia
> e poscia come sorella più forte di speranza
> costei di consolar ti piaccia!

Di Renata, a cui lo legavano una lunga amicizia e la comune simpatia per Calvino, Marot disse: «È un fiore tra le spine».

Nel grandioso castello ducale abbellito da affreschi raffiguranti immagini pagane, dove gli appartamenti di Lucrezia Borgia erano decorati in oro, Renata aveva una cappelletta costruita appositamente per dirvi le preghiere, uno spazio austero il cui solo elemento decorativo erano i preziosi intarsi di marmo. Non una sola immagine, non un dipinto né un affresco. In quella stanza, che a dire il vero assomiglia più a una moschea moghul che a una cappella cristiana, Renata pregava in solitudine il Dio dei calvinisti.

Nell'età moderna può risultare difficile comprendere perché l'Europa dovesse spaccarsi in due per una questione come quella della Riforma, e perché a causa delle proprie convinzioni religiose si dovesse vivere in esilio oppure morire. Il fatto è che avere delle simpatie per la Riforma era un po' come essere dei sovversivi al giorno d'oggi, e in effetti buona parte degli intellettuali si sentiva attratta da una fede di impronta più spirituale di quella della Chiesa ufficiale. Inoltre il papato e il clero davano un ben squallido spettacolo di sé con la loro avidità di denaro e di piaceri mondani, e ciò spiega come mai alcuni ordini monastici conobbero scissioni mentre altri, come per esempio i francescani, furono riformati dall'interno affinché recuperassero il misticismo delle origini. Questi movimenti riformatori, tuttavia, incontravano una feroce opposizione, in quanto il riconoscimento dei nuovi ordini avrebbe comportato l'ammissione dei mali che affliggevano il clero.

E proprio qui stava la ragione della presenza di Vittoria a Ferrara, dove era possibile adoperarsi affinché un nuovo ordine trovasse un'accoglienza favorevole, e un predicatore ritenuto in odore di eresia dal Sacro Soglio potesse trovare protezione. Lo scopo del suo soggiorno a Ferrara, infatti, era non solo quello di staccarsi da Roma, ma anche quello di aiutare il monaco Bernardino Ochino (1487-1565) ad aprire un monastero. Quel monaco non era uno dei tanti, e ricordava il Savonarola con le sue prediche riformistiche: la passione che animava i suoi discorsi, il vigore con cui condannava gli abusi della Chiesa di Roma insieme alla corruzione dei ricchi erano tali da muovere gli ascoltatori al pianto. Quando predicava la folla gli si faceva d'attorno, attratta dalla vibrante eloquenza, ammirata dalla forza dei suoi convincimenti. Ascoltare Ochino aveva finito per diventare una moda, tanto che persino le cortigiane accorrevano nelle piazze, nelle strade o nella chiesa dove Ochino avrebbe pronunciato uno dei suoi sermoni, e le rispettabili matrone vi si recavano portando con sé le figlie. Tra le donne c'era chi scoppiava a piangere, chi meditava di seguire le sue parole alla lettera, e anche chi andava a sentirlo solo per esibire i propri abiti nuovi, ma il seguito di Ochino era vasto, oltre che prevalentemente femminile.

I tempi erano maturi. Le molte calamità seguite alla prima, gioiosa esplosione del Rinascimento non fecero che moltiplicare il numero di coloro che preconizzavano la dannazione eterna richiamando seguaci e fedeli nelle piazze e nelle chiese di tutta Italia, e la condanna al rogo del Savonarola contribuì a sua volta a ingrossare le schiere dei predicatori che preannunciavano la catastrofe finale. Troppa ricchezza, troppa goduria: i predicatori, in toni simili a quelli dei giornali di oggi, avvertivano che la fine del mondo era vicina. Che fosse quella dell'Apocalisse di Giovanni o quella atomica o ecologica o anche quella predicata in questi giorni dagli imam musulmani più spinti, le radici della paura sono le stesse. Al pari del Savonarola, Ochino era un propugnatore di riforme. Tutti sapevano che egli godeva della protezione di più d'una tra le donne potenti: non solo di Renata e di Vittoria Colonna, ma anche di Giulia Gonzaga, la bellissima cugina di Vittoria che era signora di Fondi, e anche di Caterina Cybo, l'intelligente nipote di un papa.

Ochino apparteneva all'ordine francescano riformato (che più tardi diventò l'ordine dei cappuccini) ed era un seguace del frate spagnolo Juan Valdés. Sebbene i suoi discorsi non si differenziassero in modo particolare da quelli del Savonarola, Vittoria Colonna rimase sorpresa quando il monaco fu accusato di avere una «pericolosa propensione per le teorie luterane». Né essa si considerava un'eretica, pur se nei suoi sonetti aveva spesso criticato lo stato in cui versavano la Chiesa e il papato.

Appena giunta a Ferrara, Vittoria si diede da fare per preparare l'accoglienza a Ochino. Dalle sue numerose lettere scritte in modo quasi febbrile si capisce che Ochino e il suo ordine riformato incontravano una forte opposizione. Tra i suoi corrispondenti c'era Eleonora Gonzaga della Rovere, duchessa di Urbino, uno degli spiriti più brillanti del tempo, e a lei Vittoria scrisse di Ochino e di «questa povera Riforma, perseguitata da tutti gli uomini del mondo» (27 giugno 1536); e c'era anche il cardinale Agostino Trivulzio, a cui Vittoria scrisse (3 ottobre 1536): «Hanno chiuso le porte quando questi frati volevano entrare, nella speranza di ridurre a niente questa riforma e con l'intenzione di riformare loro!» A Giulia Gonzaga (1513-1566), vedova di Vespasiano Colonna, il 3 dicembre dello stesso anno scrisse: «Ho udito che sua signoria mi ha spedito *L'Esposizione sopra San Paolo,* che molto desideravo e [che] mi abbisognava; vi ringrazio e vi ringrazierò ancora di più quando, se Dio vuole, vi vedrò».

Il libro in questione, scritto da Juan Valdés, era considerato eretico. Oggi è introvabile perché fu messo all'indice e furono bruciate tutte le copie in circolazione. Dopo averlo ricevuto dalla cugina, Vittoria Colonna lo lesse e lo tenne sempre con sé. Sfruttando la propria influenza, Vittoria riuscì nell'intento di persuadere il duca Ercole a far sì che un nobile di Ferrara rinunciasse alla sua casa e alla sue proprietà sulla sponda del fiume Po, per farne un monastero per Ochino e l'ordine che questi stava per fondare. Il 18 di agosto, accompagnato dai monaci suoi seguaci, Ochino infine arrivò a Ferrara. Non vi è dubbio che Vittoria si fosse lasciata influenzare in modo eccessivo da Ochino, accondiscendendo a tutte le sue pressanti richieste, ma fin dalla morte del marito la marchesa aveva inconsciamente ricercato qualcosa in cui investire tutte le energie. Gli anni del matrimonio, a posteriori dipinti da Vittoria come momenti felici, in realtà erano trascorsi quasi sempre in solitudine o in compagnia di donne; solo in età matura essa scelse di accettare un vincolo di amicizia con degli uomini, per molti dei quali nacque una violenta infatuazione. Come altre donne di carattere forte, Vittoria amava circondarsi di persone famose, che a loro volta non potevano che essere lusingate dalla compagnia della *Diva*, come ormai era chiamata in tutta Italia la marchesa di Pescara.

Durante la permanenza di Vittoria a Ferrara, e probabilmente proprio grazie alla sua presenza, i rapporti tra il duca e la duchessa si ammorbidirono. Vittoria piaceva al duca per la sua arte e per l'alto livello della sua conversazione, mentre ad attrarre la duchessa era il suo misticismo. Ferrara, a sua volta, ebbe l'effetto di rianimare Vittoria, che di lì a poco avrebbe abbandonato i vestiti luttuosi: «Questa mattina la signora marchesana di Pescara venne a far visita alla signora duchessa con indosso un abito molto volgare» si legge in una lettera indirizzata a Isabella Gonzaga (8 giugno 1537), che così prosegue: «Passarono molto tempo insieme, e poi la marchesa pranzò con loro». Questo accadeva pochi giorni prima della nascita della nuova principessa, battezzata il 19 giugno con il nome di Eleonora. Vittoria fu la madrina della bambina, destinata a diventare anch'essa una signora celeberrima, amica di Torquato Tasso e di Gesualdo da Venosa, nonché protettrice delle arti.

Pur conducendo generalmente una vita poco mondana, intenta com'era a scrivere interminabili missive, ad ascoltare e seguire Ochino e a sfruttare le proprie relazioni per aiutarlo, Vittoria partecipò ai ricevimenti di corte, recitandovi le sue poesie, ogni volta che c'era un incontro musicale o letterario. E quando Gian Matteo Giberti, vescovo di Verona, le mandò un messo per invitarla a fargli visita, essa si mostrò riluttante a lasciare Ferrara nonostante l'affetto che nutriva per il vescovo. Il messo di Giberti scrisse a Verona affermando di essere preso tra due fuochi, a causa del suo tentativo di far partire Vittoria da Ferrara: da una parte il rischio dell'esilio per mano del duca, e dall'altra quello di essere preso a sassate dalla popolazione, qualora fosse stata derubata di «un ornamento di tale bellezza». Un altro corrispondente di Vittoria era Pietro Aretino, al quale essa scrisse lettere che il poeta, opportunisticamente, rese pubbliche alcuni anni dopo per potersene gloriare. Essere in corrispondenza con Vittoria Colonna era infatti un grande onore, se non, come scrisse Ludovico Ariosto, un'assicurazione di fama eterna. A Pietro Aretino (1492-1556), soprannominato 'il flagello dei principi', era destinata una lettera di Vittoria datata 25 settembre 1537 e indirizzata «al magnifico Messer Pietro Aretino», nella quale il poeta veniva ringraziato per averle mandato «un'opera bella e di valore» e per «la [vostra] liberalità nel farmi dono della somma di 30 scudi, per i quali, assieme a quelli già resi, divenni debitrice per colpa altrui». A quel tempo Vittoria si trovava in difficoltà finanziarie, come già in passato. Nel prosieguo della lettera, Vittoria racconta qualcosa di sé: «...Da Lucca, ove son stata sempre (non a Pisa, come dice la vostra, ma passai de lì) et non possendo passar in Jerusalem, me stava qui consolata, ma son costretta da Sua Santità tornar a Roma istigata dal vostro e mio Marchese del Vasto, che li par se offenda la grandezza con la mia christiana bassezza». Due mesi più tardi, in risposta a una lettera dell'Aretino, Vittoria usa un tono leggermente più brusco: «Molto magnifico signor, io non so se debbo elogiarvi o censurarvi per il libro che mi mandaste: elogiarvi per lo stile, poiché voi in fede lo meritate; oppure censurarvi, poiché adoprate i vostri grandi talenti sopra altri soggetti che quelli della religione, così rendendovi meno grato a Dio e meno utile al mondo». Se solo avesse conosciuto le poesie erotiche dell'Aretino! La lettera ha una chiusura rapida, estremamente moderna: «Non ho il tempo di dare risposta a quel giovane servo vostro che mi mandò il libro. Vi prego di scusarmi». In calce, una firma molto formale, che stabilisce una certa distanza: «La marchesana di Pescara».

Ai tempi in cui vi soggiornò Vittoria, Ferrara registra la presenza di un'altra delle nostre protagoniste. Tullia d'Aragona, anch'essa autrice di poesie, non avrebbe potuto essere più diversa da Vittoria e, a differenza di quest'ultima, raggiunse la fama grazie al mestiere più antico del mondo.

Esile, piuttosto alta, vestita sontuosamente, Tullia (1505?-1556) era solita nascondersi tra la folla ferrarese per non farsi riconoscere quando andava ad ascoltare le prediche di Ochino. Era la cortigiana più famosa del suo tempo, e l'Aretino, enormemente irritato dalle sue pretese intellettuali, scrisse che a lui piacevano soltanto le prostitute che si dichiaravano tali, e in una lettera del 6 giugno 1537 aggiunse: «Tullia ha guadagnato un tesoro che, per sempre spenderlo, mai non iscemerà! E l'impudicizia sua per sì fatto onore può meritatamente essere invidiata e da le più pudiche e da le più fortunate».

Tullia si era stabilita in modo permanente a Ferrara, dove teneva uno sfarzoso salotto; andava famosa per i bei gioielli e per le vesti sontuose che indossava, e probabilmente non aveva mai messo piede nel castello degli Este, per quanto avesse certamente l'ambizione di essere invitata a corte. Precisamente in quel tempo Tullia dedicò a Ochino un sonetto, nel quale sfidava la condanna della musica, della danza e dei bei vestiti espressa dal monaco:

> Bernardo, ben potea bastarvi avere
> co'l dolce dir, ch'a voi natura infonde,
> qui dove 'l re dei fiumi ha più chiare onde,
> acceso i cuori a le sante opere eterne.
>
> Che se pur sono in voi pure l'interne
> voglie, e la vita al vestir corrisponde
> non uomo di fra le carne ed ossa immonde,
> ma siete in voi le schiere superne.
>
> Or le finte apparenze, e 'l ballo e il suono
> chiesti dal tempo e dall'antica usanza
> a che così da voi vietati sono?
>
> Non fora santità, fora arroganza
> torre il libero arbitrio, il maggior dono
> che Dio ne diè nella primiera stanza.

Grazie a questo componimento Tullia, che era tra l'altro una musicista di talento, si rese gradita alla corte estense, certo più al duca Ettore che non alla sua mistica moglie. Vittoria e Tullia si incontravano spesso durante le predicazioni di Ochino, e un giorno, dopo uno di questi incontri, all'uscita dalla chiesa si formarono dei capannelli di gente che chiacchierava. Gli intellettuali di Ferrara presenti – tra questi Girolamo Muzio, poeta di corte – si fecero intorno alle due celebri donne, formando due gruppetti distinti: uno intorno a Vittoria, la famosa poetessa discendente da una delle famiglie più nobili d'Europa, e l'altro intorno a Tullia, la cortigiana che componeva versi. Poiché tutti si conoscevano, secondo il racconto delle cronache del tempo, i due gruppi finirono per unirsi e le due signore, dopo essersi scambiate le cortesie di prammatica, presero a conversare «molto cordialmente». Per educazione e per gentilezza d'animo, Vittoria sarà stata cortese verso la donna di posizione inferiore alla sua; Tullia, a sua volta, avrà cercato di compiacere l'aristocratica allora in disgrazia (a Roma, non a Ferrara). Come Vittoria, anche Tullia era fuggita, e in gran fretta, da Roma, dove la sua reputazione era gravemente compromessa.

Circondandosi di un lusso sfarzoso, facendo mostra della sua erudizione, Tullia era diventata un'altra delle attrazioni di Ferrara. Il quarantenne Girolamo Muzio si innamorò di lei, e le belle rime che le dedicò (*Le Amorose*, *Belladonna*) furono la migliore pubblicità che Tullia potesse desiderare. Le descrizioni che Muzio rese di lei, anzi, eccitarono a tal punto la curiosità del duca, che questi cacciò Muzio da Ferrara in modo da avere tutto per sé il corpo di Tullia, e poi giudicare da solo.

Questi progressi di Tullia furono raccontati a Isabella Gonzaga, la zia del duca, da un corrispondente celato sotto lo pseudonimo di Apollo, che la teneva al corrente di tutti i pettegolezzi della corte di Ferrara. Isabella voleva sapere cosa succedeva nella sua città natale settimana per settimana, e Apollo, il cui vero nome era Battista Stabellino, usando un linguaggio appropriato per le orecchie di una nobildonna del rango di Isabella, descrisse Tullia come una cortigiana, assai incantevole, discreta e intelligente, dotata di maniere divine, in grado di cantare a vista qualsiasi mottetto o canzone. La sua voce aveva un fascino unico, ed essa si comportava in maniera ineguagliabile, sebbene vivesse lì anche l'«eccellentissima e illustrissima» signora Marchesa di Pescara.

In superficie, le due donne erano diversissime: Vittoria era più vecchia di Tullia (a cui alcuni attribuiscono come data di nascita il 1505, altri il 1508 o anche il 1510) e aveva sempre mostrato di provare sdegno, se non addirittura profondo disprezzo, nei confronti delle donne che mercificavano il proprio corpo. Ogni riferimento diretto alla sessualità la faceva inorridire, tanto che rimproverò un poeta suo contemporaneo di «fare bianchi i corvi» e di «dipingere le colombe di nero» dopo che questi aveva dedicato a un cortigiana un'elegia in latino. A differenza di Vittoria, Tullia usava gli uomini per divulgare la sua fama di poetessa, e aveva ragione di farlo, visto e considerato che gli uomini usavano lei.

Ad accomunare le due donne c'era però il piacere della compagnia degli uomini con cui esse avevano un legame intellettuale, e la lotta per conquistarsi un'individualità propria: nel caso di Vittoria, essere qualcosa di più che la moglie di un famoso condottiere, e nel caso di Tullia essere qualcosa di più che una celebre cortigiana. La vita di Tullia era sempre stata difficile: ovunque si trovasse era circondata dall'invidia e dalle calunnie, e persone come Pietro Aretino poterono dirsi soddisfatte solo quando la videro vecchia, malandata e ridotta in totale miseria.

Non è poi così azzardato un paragone tra queste due donne, se anche un poeta del tempo si arrischiò a commentare: «Vittoria è la luna, ma il sole è Tullia».

A Ferrara Tullia incontrò un giovane nobiluomo che voleva sposarla. In una lunga lettera indirizzata a Isabella Gonzaga, il suo informatore si compiace di narrare nei minimi dettagli quella storia divertente e scandalosa, guardandosi però dal menzionare il nome del giovane aristocratico coinvolto, in quanto costui apparteneva alla nobiltà ferrarese, che Isabella conosceva bene.

Il giovanotto in questione «era arso dalle fiamme dell'amore e traeva ardimento dalla sua intimità con Tullia». Dopo averle donato un gran numero di gioielli, le aveva detto che «alla presenza di qualcuno da lei prescelto a testimonio, era suo volere prenderla in moglie». Ma Tullia, congedandolo, aveva risposto che non era sua intenzione sposarsi: la sua vita sarebbe stata dedicata interamente alla poesia. Dopo qualche tempo il giovane aristocratico decise di ritentare, e le scrisse comunicandole che sua sorella e un'altra sua parente desideravano cenare con lei, avendo udito quanto incantevole fosse la sua compagnia. Tullia rispose che sarebbe stata lieta di riceverle, sicché il giorno stabilito il giovane mandò da lei il suo cuoco con una grande quantità di cibi prelibati. Tullia attese a lungo gli ospiti, ma invano.

A notte inoltrata si presentò da lei il giovane in compagnia di un amico, scusandosi per l'assenza delle sue parenti, impossibilitate a partecipare alla cena perché i loro mariti avevano loro proibito di uscire di sera. I tre cenarono da soli, e quando l'orologio suonò le due del mattino Tullia osservò che si era fatto tardi. «È ora, gentili giovani, che voi andiate a casa vostra». Ma a quell'ora, notò di rimando il giovane innamorato, era pericoloso girare per le strade della città, e dopo averle dato un gioiello di perle del valore di cento scudi e due anelli «di grande valore» sfilati sul momento dalle proprie dita, egli ripeté: «Chiama chiunque vuoi affinché sia qui presente e io ti sposerò!» Tullia rifiutò di nuovo, e l'amico del giovane uscì da quella casa lasciandolo pallido e taciturno «come una statua di marmo». Ma poco dopo il giovane si rianimò ed estratta la spada, in modo alquanto teatrale fece il gesto di uccidersi sotto gli occhi di un'imperturbabile Tullia. Dopo avere osservato che egli si era procurato solo una ferita, Tullia chiamò aiuto e si premurò di far venire in casa sua delle amiche per evitare uno scandalo (come se la gente non sapesse che spesso e volentieri gli uomini trovavano ospitalità nel suo letto). Il giovane se ne tornò a casa il mattino dopo, avendo perso tanto sangue da rischiare la vita.

Può sembrare strano che Tullia d'Aragona (la cui madre era originaria di Ferrara, il che probabilmente spiega come mai troviamo Tullia nella città degli Estensi) non avesse colto l'opportunità di un matrimonio che le avrebbe dato una certa rispettabilità. Può darsi che temesse, accettando, di provocare uno scandalo ancora più grosso: la nobiltà ferrarese, infatti, non avrebbe mai permesso che uno dei suoi discendenti sposasse una cortigiana malfamata. Inoltre, avrà pensato Tullia, il giovane aristocratico si sarebbe preso tutti i soldi che lei aveva così faticosamente accumulato, e i soldi erano la cosa che più le stava a cuore in quel momento.

Vittoria fu di certo messa al corrente dello 'scandalo di Tullia', a proposito del quale il duca sarà stato sicuramente tentato di fare qualche battuta scherzosa. Ma a dare maggior dispiacere a Vittoria deve essere stato quel sonetto che Tullia aveva scritto contro Ochino – il sant'uomo che Vittoria teneva sotto la sua protezione – muovendogli dei rimproveri, se non addirittura attaccandolo apertamente.

Capitolo tre

Donne a Roma

Roma era il simbolo della riscoperta dell'antichità. Filippo Brunelleschi (1377-1446) e Donatello (1386-1466), che insieme avevano dissotterrato ed esaminato capitelli e statue sepolte, si erano meritati l'appellativo di 'cercatori di tesori'. Precedentemente erano state distrutte tutte le statue pagane, tranne il monumento a Marco Aurelio, oggi sulla collina del Campidoglio, salvato dalla furia iconoclasta perché si credeva raffigurasse l'imperatore Costantino. Ma ora, con la nuova sensibilità, ogni statua dell'età classica ritrovata veniva accolta festosamente dai romani, e a volte coperta di ghirlande di fiori.

Roma però era anche un luogo pericoloso, molto più di quanto lo fossero città come Venezia o Ferrara. Ai pellegrini era ben noto il detto 'Roma è santa ma il suo popolo è empio'. Con il suo dedalo di viuzze, di notte non era un posto sicuro per nessuno e talvolta non lo era persino durante il giorno. Quella di rapinare la gente per strada era un'occupazione diffusa tanto allora quanto ai nostri giorni. Molte zone della città appartenevano a famiglie nobili spesso in lite tra loro o con il papato, e in 'tempo di guerra' si trasformavano in luoghi fortificati: pietre e materiale incendiario venivano lanciati in strada da più di trecento torri. I palazzi e le case più grandi avevano portoni molto piccoli, in modo da rendere difficoltose le irruzioni, e sempre per lo stesso motivo in alcuni edifici mancavano le scalinate interne. A ostacolare la circolazione nelle strade ingombre di detriti, di rovine, di rifiuti, di acqua sporca e di fogne a cielo aperto, c'erano anche masse di straccioni inferociti, di monaci elemosinanti o di donne in miseria. Chi aveva mezzi e denaro si muoveva in groppa a un mulo, non andava mai a piedi.

Martin Lutero, che aveva visitato Roma in gioventù, era rimasto inorridito dalla generale devastazione, dalle rovine che facevano da covo ai banditi e dalla vista del monumento, ancora in piedi, dedicato alla papessa inglese Giovanna. Si era recato a Roma per baciarne il suolo e confessare i propri peccati, ma tra gli ecclesiastici aveva trovato «uomini ignorantissimi». Se non avesse visto Roma, scrisse in seguito Lutero, non avrebbe mai creduto che potesse esistere una simile depravazione. «Invero» aggiunse, «Bembo, uomo colto, dopo avere attentamente osservato Roma concluse che essa era la latrina del mondo». E il Pasquino a sua volta decretò: «Se vuoi vivere una vita santa, lascia Roma. Qui tutto è permesso, a parte l'onestà».

Prima del 1490 c'erano a Roma 6800 prostitute ufficialmente registrate su una popolazione di 100.000 abitanti; intorno al 1520, le autorità tentarono di 'ripulire' la città, ma dovettero rinunciare dopo aver scoperto che ciò avrebbe comportato l'espulsione di 25.000 persone. Intorno alle cortigiane crescevano folle di protettori, i quali erano spesso usati come spie. Anche le cortigiane non di rado svolgevano quel ruolo, che lo volessero o no, dato che le migliori professioniste ricevevano i potenti, addirittura i re (come Veronica Franco, che a Venezia intrattenne Enrico III di Francia, forse solo per parlare di poesie, dal momento che Enrico era omosessuale).

La ragione per cui Tullia d'Aragona fu costretta a lasciare Roma è tipica del suo tempo e della sua collocazione sociale. All'apice della fama di prima cortigiana di Roma, Tullia aveva commesso lo sbaglio di acconsentire ad andare a letto con un tedesco, degradando in tal modo se stessa e anche i suoi clienti abituali, gentiluomini dai modi raffinati. La colpa era di sua madre Giulia: rimasta indietro rispetto a una professione le cui linee di confine erano impercettibilmente mutate, ritenendo che sua figlia Tullia sprecasse tempo – e denaro – con il suo salotto dove si discuteva delle poesie del Petrarca, Giulia Campana aprì le trattative con il ricco tedesco.

Giulia era giunta a Roma da Ferrara in cerca di fortuna con la più antica delle professioni. Era solo una delle tante giovani donne graziose e senza denaro che affluivano a Roma da ogni parte d'Italia, nonché dalla Spagna, dall'Olanda, dalla Germania e dalla Francia. Roma era la città degli scapoli ricchi: preti e cardinali (questi ultimi non necessariamente consacrati; anzi, lo erano solo di rado), viaggiatori e diplomatici, visitatori e pellegrini. La città eterna era addirittura definita 'terra di donne', anche se in realtà era vero il contrario, essendo Roma una terra di uomini in cerca di sesso. Nel Rinascimento vale ancora, seppure in modo meno accentuato, la norma per cui alle donne sposate era assegnato un ruolo essenzialmente materno, mentre le giovani e le vedove erano spesso obbligate a ritirarsi nei conventi; in ogni caso non sembra che le giovani donne ancora nubili comparissero in pubblico a Roma, come era il caso invece delle donne di Ferrara o di Firenze. Erano dunque poche le donne che oltre a offrire sesso fossero in grado di sostenere una piacevole conversazione o di intrattenere gli uomini con la loro compagnia. Le cortigiane più intelligenti, pertanto, andavano a occupare un posto che nella società romana era rimasto vuoto.

Al fine di trovare una schiera di uomini che potessero mantenerla – possibilmente negli splendori del lusso – la cortigiana del Rinascimento doveva attirare a sé l'uomo del Rinascimento, e per farlo, in mezzo a tante concorrenti agguerrite, doveva offrire bellezza, cultura e maniere squisite, le stesse descritte da Baldassarre Castiglione nel *Cortegiano*, il suo 'best seller'. Il termine *cortegiana*, cioè il femminile della parola che riassumeva tutte le buone qualità del gentiluomo, stava a indicare lo status di una geisha colta. Thomas Coryat, un inglese che visitò Venezia a quei tempi, spiegò che quella parola derivava da 'cortesia' e che la cortigiana era paragonabile all'*hetera* dell'antica Grecia, essendo con quel termine indicata una 'donna di società'. Entrando nei loro palazzi, scrive Coryat, si aveva l'impressione di vedere un paradiso di Venere ornato di sontuosi tappeti, di pannelli di cuoio e del ritratto della cortigiana, solitamente dipinto da un artista molto noto. Coryat inorridiva davanti alla quantità di cosmetici usati dalle cortigiane, la cui acconciatura era segno caratteristico del mestiere: trecce bionde raccolte sulla sommità del capo a formare una sorta di corno da entrambi i lati. Vestite con abiti incredibilmente ricchi, di damasco intessuto di fili d'oro, le cortigiane sfoggiavano orecchini, diamanti, catene d'oro e calze di seta dello stesso colore della pelle; profumati erano l'alito e tutto il corpo.

I censimenti dell'epoca rivelano che la denominazione ufficiale delle cortigiane era *meretrices honestae* (prostitute oneste), a cui seguivano le *cortesane de minor sorte* (cortigiane di rango inferiore) e quelle dette indifferentemente *de la candela* o *da lume*, probabilmente perché non avendo servitori dovevano reggersi il lume da sole. Sempre in questi censimenti si trovano accenni ad altre donne ancora, che oltre ad avere un qualche mestiere diurno, come quello di lavandaia o di venditrice ambulante, esercitavano la 'professione' di notte. Accanto alla tariffa compare una disinvolta descrizione delle prestazioni sessuali in cui la professionista era specializzata.

Va ascritta a merito delle cortigiane di successo l'introduzione di maniere e cibi raffinati a tavola, con «pietanze sontuose, e gli accessori per i più delicati ingredienti disposti su tovaglie e ricchi tappeti». Nella società le *meretrices* avevano piena libertà di movimento; per quanto riguarda le abitazioni, esse potevano concentrarsi in una specifica zona della città oppure stabilirsi in zone miste, mescolandosi ad altre persone e mestieri. Sino alla fine del pontificato di Leone X (1425-1521; pontefice dal 1513) Roma fu una città liberale: un censimento condotto probabilmente verso il 1518 rivela infatti che le cortigiane vivevano negli stessi edifici che ospitavano le famiglie della nobiltà. Effettivamente c'era una notevole commistione tra i diversi ceti: nella stessa casa a Santo Stefano in Piscinula troviamo l'aristocratica Vannozza Borgia (la madre di Cesare e Lucrezia), una lavandaia al piano terreno e un falegname fiorentino nelle «abitazioni superiori». Nella stessa casa in cui viveva una donna spagnola molto vecchia e poverissima, abitava Mastro Jacopo Antonio, fabbro, e un piano sotto di lui una cortigiana *de la candela*. A Campo Marzio un altro edificio ospitava una scuola per bambini (*di putti*), un vescovo e anche Donna Speranza e Donna Vasca, *cortesane*.

I viaggiatori che giravano per Roma, la sola città apostolica rimasta alla cristianità, erano accompagnati da una scorta armata e la loro visita era motivata da ragioni d'affari o dal sentimento religioso. Gli affari delle cortigiane come Giulia, la madre di Tullia, andavano a gonfie vele perché l'interesse dei viaggiatori era ancorato a pochi punti fermi: le antichità, le cortigiane e il Pasquino, la statua mutila ritrovata nel 1501. Tornando per un momento alle recenti disavventure di Tullia, bisogna dire che persino il Pasquino aveva divulgato la storia delle sette notti contrattate da Tullia con un 'ripugnante' tedesco in cambio dell'astronomica somma di cento scudi per notte, un fatto che dà un'idea della popolarità non solo di Tullia, ma anche della statua mutila che nemmeno i papi osavano far abbattere.

Pasquino era infatti divenuto il simbolo dei commenti satirici, dello sbeffeggiamento dei potenti, insomma delle 'pasquinate'. I versi satirici erano scritti da autori anonimi, e Pasquino divenne il personaggio immaginario a cui venivano attribuiti. Il Pasquino (il cui nome, bizzarramente, deriva da un barbiere che lavorava nelle vicinanze), dava anche consigli ai viaggiatori:

> Lassa andà le cortesane
> si non vuoi disfarte de tutto
> come l'altre son puttane
> ma più caro vendono 'l frutto.

Pietro Aretino era uno degli autori anonimi che contribuivano alle pasquinate, con commenti pungenti e rivelazioni che colpivano nel segno. Dicendo la sua sui metodi usati dai pontefici per accaparrarsi il seggio papale, sui favori che essi rendevano a figli e nipoti corrotti, sulla vastità delle ricchezze accumulate in tempi brevi, il Pasquino era un po' il *feuilleton* dell'età rinascimentale.

In mezzo a tanta violenza i salotti delle cortigiane erano un piccolo paradiso, in cui si discuteva di letteratura, sempre nella stretta osservanza delle regole stilististiche che imponevano un'impeccabile costruzione della frase. Le cortigiane sapevano a memoria i versi del Petrarca, il precursore della riscoperta del passato, l'autore che trascinava nella lettura e nella riflessione filosofica quegli stessi che durante il giorno erano immersi nei veleni e negli intrighi di potere dei palazzi.

Una sera, nella casa romana di Tullia, un gruppo di letterati stava discutendo appunto del Petrarca e del suo debito verso la poesia degli antichi. Il fatto ci è raccontato da un poeta contemporaneo, Ludovico Domenichini, stampatore di mestiere. Tutti dicevano la loro, esibendo la propria conoscenza, quando Umore da Bologna, un ritardatario famoso per le battute, fece il suo ingresso nel salotto di Tullia portando una boccata d'aria fresca nella conversazione. Egli disse che Petrarca era bravo e ingegnoso; aveva composto i suoi versi basandosi sugli autori classici e facendoli propri grazie all'aggiunta di qualche orna-mento, come gli spagnoli che nottetempo rubavano i mantelli e ne cambiavano le decorazioni in modo che l'indomani nessuno potesse riconoscerli. Umore non lo sapeva, ma nel gruppo degli illustri lette-rati vi era anche uno spagnolo, che non avendo afferrato il discorso in ogni sua parte, chiese: «*Que dizis vos, segnor, de los Espagnoles?*» For-tunatamente Umore da Bologna volse la cosa sul ridere invece di spiegare esattamente che cosa aveva detto, risparmiandosi in tal mo-do una sfida a duello: ordinato al servo di riportargli il mantello, si affrettò ad avvolgerlo sulle spalle e ad andarsene, come a volerlo met-tere in salvo dalle mani dello spagnolo. Nessuno spiegò lo scherzo al povero spagnolo, che non capiva come mai tutta la compagnia, Tullia compresa, non la finisse più di ridere.

Una cortigiana come Tullia era un po' come una diva del cinema di oggi, e quando usciva, vuoi in carrozza vuoi sul dorso di un mulo ric-camente bardato, il popolino usciva dalle case e dai tuguri per ammi-rare quella donna così elegante, con quegli abiti bellissimi e i gioielli sontuosi. Tullia aveva immancabilmente un seguito di servitori e di amici che si muovevano con lei, anche per motivi di sicurezza: quei suoi gioielli, infatti, attiravano i ladri come un'esca. Erano in molti a porgerle gli omaggi; i cardinali e i vescovi si fermavano a parlare con lei, facendo pubblicamente mostra di non disdegnare la compagnia di una cortigiana. Essendo le chiese importanti punti d'incontro, le cor-tigiane erano assidue frequentatrici di tali luoghi sacri (dove comun-que la gente andava anche per spettegolare, per guardare e farsi vede-re, per flirtare e per mettere in mostra i propri vestiti). All'interno le cortigiane prendevano posto vicino all'altare, a poca distanza dalle gran dame della nobiltà. A un'austera matrona che si mostrava secca-ta da quella vicinanza, una cortigiana dalla lingua sciolta sussurrò: «Non abbia paura, signora, il mio peccato non è contagioso, a meno che non siate voi a volerlo».

Le case delle cortigiane non erano aperte a tutti; era, anzi, piutto-sto difficile farsi ricevere da un personaggio come Tullia, a meno di non essere introdotti tramite presentazioni. Ciò spiega come mai l'e-pisodio del tedesco 'ripugnante' al quale Tullia si era concessa in cam-bio di denaro avesse offeso tanti, e attirato tanto ridicolo. Proprio

Tullia, lei che danzava così bene la pavana, la rosina, il brando... lei che cantava con voce così soave! Tullia, della quale Zilioli, uno dei suoi più fervidi ammiratori, aveva scritto: «Tale era la grazia, tanto rara l'eloquenza sia nello scherzo sia nel discutere di argomenti seri, da conquistare l'anima degli ascoltatori, come una seconda Cleopatra». Come aveva potuto abbassarsi a tanto?

Figlia di una prostituta, Tullia era di sangue reale per parte di padre. Poco dopo l'arrivo a Roma, infatti, Giulia era divenuta l'amante di Ludovico d'Aragona, un discendente della famiglia reale di Napoli fatto cardinale da Alessandro VI dopo la morte della moglie, una principessa della famiglia papale dei Cybo. Oltre a essere un uomo colto, Ludovico era il miglior protettore che Giulia potesse desiderare, perché l'amava e la mantenne a lungo, e quando nacque Tullia acconsentì a darle il proprio nome. I detrattori di Tullia – che erano numerosi – mettevano in dubbio che lei fosse un'Aragona. Un amico dell'Aretino insinuò bassamente: «Il mulo di Sua Eminenza deve essersi scaricato di tanto in tanto nel cortile della casa dove è nata Tullia». E ancora:

> Il nome regio invan s'usurpa e piglia
> la mal vissuta vecchia e l'empia figlia.

In realtà non sussiste alcun dubbio che Tullia fosse l'intelligente figlia del cardinale Ludovico, che si occupò personalmente della sua educazione, spendendo tempo e denaro tanto per la figlia quanto per l'amante. Tullia, che già da bambina leggeva e parlava il latino, studiò le lingue classiche e canto, manifestando ben presto un grande talento per la musica. Ma quando Ludovico dovette fuggire da Roma, temendo – al pari di altri prima e dopo di lui – il veleno dei Borgia, le due donne rimasero senza denaro. Si spostarono a Siena, dove Tullia poté perfezionare il proprio accento, essendo il senese considerato, allora come oggi, la migliore forma espressiva della lingua italiana. A Siena Tullia crebbe e divenne una giovane molto bella, anche se è difficile quantificare quel 'molto', dal momento che secondo certi commentatori contemporanei era troppo alta, con labbra troppo sottili, una bocca troppo grande e infine, giungendo al più grave dei difetti, con un naso imponente. Tuttavia Tullia sembra molto attraente, a giudicare dal ritratto che le fece Alessandro Bonvicino (detto il Moretto) quando essa aveva vent'anni: gli occhi hanno un bel taglio e sono ben distanziati; a illuminare il volto è una luce mista di intelligenza e di innocenza, e armoniose sono anche le linee del corpo. Con la mano sinistra regge lo scettro della Poesia, essendo già a quell'età conosciuta per i suoi versi. Successivamente, e con tutta probabilità al solo scopo di adattare il ritratto ai tempi della Controriforma, un'altra mano aggiunse un'iscrizione sul piedistallo di marmo su cui poggia il braccio di Tullia; per quanto essa trasformi la cortigiana in una Salomè, non vi è dubbio che la donna del ritratto sia lei, e quelli gli occhi che il Muzio copriva di elogi:

> [...] occhi belli
> occhi leggiadri, occhi amorosi e cari
> più che le stelle belli, e più che il sole
> [...]

A un certo punto Giulia riportò da Siena a Roma la figlia ormai 'matura', per avviarla all'unico mestiere con il quale avrebbe potuto mantenere se stessa e sua madre. Quale altro modo aveva una donna non nobile, seppure di ottima educazione come Tullia, per condurre una vita soddisfacente nell'agiatezza? Un'opzione alternativa avrebbe potuto essere il matrimonio, ma non con un membro dell'aristocrazia, dato che il fatto di avere una madre prostituta l'avrebbe vietato. Maritata a un borghese, Tullia non avrebbe potuto permettersi i servitori per portare dentro casa l'acqua attinta dalle fontane di Roma, e fuori di casa i vasi da notte contenenti urina e feci. Non avrebbe potuto comprare i costosi profumi che coprivano o neutralizzavano gli odori sgradevoli, né sarebbe stata in grado di difendersi dalle mosche che infestavano praticamente tutte le case.

All'epoca in cui Giulia era una delle cortigiane in auge, la vera stella era Imperia (1481-1511), una donna dalla bellezza leggendaria che venne più volte ritratta da Raffaello, al quale era legata da grande amicizia e forse più. Come tutte le cortigiane del tempo, Imperia trascorreva ore e ore davanti alla finestra, splendidamente abbigliata, un po' per guardare cosa succedeva per strada ma soprattutto per farsi adocchiare dai potenziali clienti.

All'età di diciassette anni Imperia era già madre di una bambina di nome Lucrezia, la cui paternità è da attribuire o al rinomato Jacopo Sadoleto, amico di Vittoria Colonna o, più probabilmente, ad Agostino Chigi, il ricchissimo e mondano banchiere fiorentino. Di altezza media, con gli occhi azzurri e il naso aquilino, Chigi era divenuto il banchiere più ricco del mondo, e Roma – dove allora come oggi si spendevano somme ingenti rispetto a quanto si produceva – era la Mecca dei banchieri. La fama di Agostino Chigi aveva raggiunto la corte del sultano, dove era conosciuto come *magnus mercator christianus*; lo stesso Solimano il Magnifico gli aveva mandato in dono una muta di cani da caccia di una razza assai rara e uno splendido cavallo.

Chigi era un banchiere ma anche, e fino in fondo, un uomo del Rinascimento: come amante aveva la bellissima Imperia, e a decorare la sua dimora sul Tevere furono artisti del calibro di Raffaello, Sebastiano del Piombo e del Sodoma; sua era la tipografia che pubblicò il primo libro greco stampato a Roma, sua la bandiera che battevano centinaia di navi. Per lui lavoravano 20.000 persone. Sistemò Imperia in una casa il cui lusso destò meraviglia nel frate Matteo Bandello, che ce ne ha lasciato una minuziosa descrizione:

Era tra l'altre cose una sala et una camera et un camerino sì pomposamente adornati, ch'altro non v'era che velluti e broccati, e per terra finissimi tappeti. Nel camerino ov'ella si riduceva quando era da qualche gran personaggio visitata, erano i paramenti che le mura coprivano, tutti di drappi d'oro riccio con molti belli e vaghi lavori; eravi poi una cornice tutta messa a oro et azuro oltramarino, maestrevolmente fatta, sovra la quale erano bellissimi vasi di varie e pretiose materie formati, con pietre alabastrine, di porfido, di serpentino, e di mille altre specie. Vedevansi poi a torno molti coffani e forzieri riccamente intagliati, e tali, che tutti erano di grandissimo prezzo. Si vedeva poi nel mezzo un tavolino, il più bello del mondo, coperto di velluto verde. Quivi sempre era o liuto o cetra co' libri di Musica et altri strumenti musici. V'erano poi parecchi libretti latini e italiani magnificamente rilegati. Imperia si dilettava di poesie in italiano e [...] aveva già fatto progressi tali da comporre alcuni leggiadri sonetti e madrigali.

Non c'è bisogno di far notare che Matteo Bandello, in quanto ecclesiastico, non avrebbe dovuto sapere niente della casa di Imperia e di com'era arredata. Di seguito alla descrizione, egli narra la storia della visita fatta a Imperia dall'ambasciatore di Spagna, dopo «che aveva sentito tanto parlare di lei, spinto dal desiderio di incontrarla». Imperia lo accolse sulla soglia di casa, come voleva l'etichetta, e lo spagnolo fu a tal punto colpito dal lusso dell'abitazione e dalla bellezza della donna che, sentendo la necessità di sputare, chiamò un servo e gli sputò in viso. «Non avertene a male» gli disse, «ma null'altro di comune vedo qui se non la tua faccia». Imperia ringraziò l'ambasciatore per quel suo 'complimento' alquanto obliquo, ma lo pregò di usare un tappeto appositamente destinato a quello scopo, che ebbe cura di mostrargli. Una visita successiva dell'ambasciatore spagnolo a Imperia ebbe luogo per motivi molto più personali, e a quanto scrive l'ambasciatore di Ferrara, solo venticinque ducati furono lasciati come 'mancia': quasi un insulto, per una donna del suo rango!

Imperia, il cui vero nome era Lucrezia, amava circondarsi di uomini potenti. Agostino Chigi non era il suo unico amante, e lo sapeva. Tra i suoi protettori vi era per esempio Jacopo Sadoleto, un rappresentante della gioventù dorata che si raccoglieva intorno a Chigi. Quest'ultimo fu ritratto da Raffaello nella loggia della sua nuova villa, costruita su progetto di Baldassarre Peruzzi. Un giardino di fontane, di vialetti simmetrici e di lauri profumati nella pace di una dimora moresca protetta da alte mura, una veranda ad archi affrescata, un decoro di fregi architettonici e di dei dell'Olimpo: le Delizie, oggi conosciuta come la Farnesina, il culmine dello spirito rinascimentale. Al piano nobile delle Delizie abbiamo il capolavoro del Sodoma nell'affresco della camera da letto di Chigi. La scena rappresenta un Alessandro Magno giovane, di fulgida bellezza, che si avvicina alla timida Rossane, sua sposa novella, pudicamente seduta sulla sponda del letto: un'aureola di riccioli biondi, un piccolo naso dritto, un sorriso da etrusca, un giovane corpo sensuale sotto il manto dei veli che l'avvolgono, circondata da un nugolo di impertinenti amorini impegnati in qualche malizioso gioco mentre sorridono soavemente. In procinto di uscire di scena, tre ancelle, una delle quali di colore, gettano un ultimo sguardo eloquente su Alessandro e sulla timida e trepidante Rossane. Mai si è dipinta una scena più seducente, mai si è uguagliata una simile pregnanza nel rappresentare la magia dell'anticipazione erotica. In questa stanza il Sodoma (il nome è un riferimento esplicito alla sodomia, con un tocco tipicamente rinascimentale: in quale altro periodo c'è stata altrettanta libertà nei costumi?) espresse il punto più alto del suo grande talento.

Nel 1511 Imperia si diede la morte con il veleno, lasciando dietro di sé un'aura di leggenda; la vecchiaia non l'aveva intaccata. Oltre alla bellezza, dove non vi era ombra di volgarità, Imperia possedeva intelligenza e spirito. Proprietaria di un palazzo e di una vigna nella campagna romana, era ricca, disponendo di tutto ciò che una cortigiana poteva desiderare. Si accompagnava a persone di una cerchia selezionata, quanto di più gradevole una donna potesse desiderare. Come scrisse Bandello:

Chi fosse l'Imperia Cortegiana di Roma e quanto a' suoi giorni sia stata bella, e senza fine da grandissimi uomini e ricchi amata, credo che la maggior parte di noi, o per udita o per vista, habbia conosciuto, che molti qui [Milano] sono che in Roma a quei tempi erano. Ma tra gli altri che quella sommamente amarono, fu il Signor Angelo del Bufalo, huomo de la persona valente, humano, gentile e ricchissimo. Egli molti anni in suo poter la tenne, e fu da lei ferventissimamente amato, come la fine di lei dimostrò.

Quando del Bufalo smise di amarla, Imperia dimenticò di essere una cortigiana, dimenticò di avere una figlia, dimenticò di essere giovane e ricca. Chigi, che a quel tempo aveva quarantacinque anni, mandò a chiamare i più valenti medici di Roma, ma prima di spirare Imperia ebbe appena il tempo di fare un testamento di cui Chigi doveva essere l'esecutore, e di rivolgere al potente amico una supplica affinché si prendesse cura della figlia Lucrezia, allora quattordicenne, badando di farla accasare presto e bene. Accadde il 15 agosto, mentre il vento di scirocco faceva esplodere nella notte tuoni e fulmini talmente spaventosi che alcuni romani vi scorsero la collera di Giove per una morte così prematura, altri la discesa di Zeus in terra, per portare Imperia con sé sull'Olimpo. E in un contrasto tipicamente rinascimentale con queste immagini pagane, così come con la professione e la morte nel peccato, sulla defunta Imperia scesero l'assoluzione e la benedizione del papa.

Il disperato (ma non per molto) Agostino Chigi le rese onore con un funerale a cui prese parte tutta Roma, scossa dallo scalpore provocato da quella morte. Imperia fu sepolta a San Gregorio al Celio, una delle chiese più eleganti di Roma. Per ordine di Chigi, sulla tomba fu incisa la seguente iscrizione:

> Imperia, cortigiana romana di tanto nome degna,
> la quale fu esempio di bellezza rara tra le genti.

La pietra tombale, che a Chigi era costata cinquecento ducati, scomparve poco tempo dopo: elogiare una così grande peccatrice nell'atrio di una chiesa non si confaceva ai tempi che seguirono. Oggi quel bel monumento finemente scolpito è ancora lì, ma non le spoglie di Imperia, il cui posto fu usurpato da un canonico del XVII secolo.

Imperia si era innamorata, cosa che Tullia si guardò bene dal fare. Indiscutibilmente bella, cosa che invece non si può dire di Tullia, Imperia non fece l'amara esperienza di eventi disastrosi come il sacco di Roma, e quando per la prima volta si vide respinta non trovò in sé la forza di accettare la situazione, non essendo abituata a ricevere un rifiuto. Imperia fu la personificazione del Rinascimento ai suoi albori, l'età che idolatrava la giovinezza e la bellezza; l'età antecedente al sacco di Roma, quando ancora le cortigiane allietavano la vita di tante città e di tanti uomini.

Imperia fu ritratta da Raffaello come una Musa nelle Stanze Vaticane, con i capelli biondi acconciati nella classica pettinatura a riccioli, che rivelano un collo da cigno nell'atto di protendersi verso un pubblico ammirato; come Sibilla a Santa Maria della Pace, come Galatea, la dea del mare, a cavallo di un delfino sulle pareti della Farnesina. In lei l'immagine della donna idealizzata si fuse con quella della

Musa e della cortigiana. Tullia d'Aragona, che si guadagnò fama eterna con le sue poesie, aspirava a diventare una Musa perenne, ma l'età la tradì: mentre Imperia si suicidò nel fiore degli anni, Tullia invecchiò fingendosi sempre più giovane, non diversamente da quelle attrici del cinema con la faccia irrigidita dal bisturi del chirurgo, la cui vera età trapela, nonostante le operazioni, sotto l'eccessivo belletto. Tullia fu abbastanza elastica da superare indenne i drammatici avvenimenti del tempo e i cambiamenti che a essi seguirono. Fece come se ignorasse quella linea di demarcazione che fu il sacco di Roma, una catastrofe durata più di due anni che spianò la strada alla Controriforma, al senso di colpa, agli abissi del peccato.

Tullia appartenne a un periodo più tardo rispetto a quello di Imperia, quando i tempi si fecero più duri per le donne sole, poiché la società iniziava a pentirsi di aver dato loro lo spazio e la libertà di pensare con la propria testa; e una cortigiana, pur se circondata da una schiera di uomini, era pur sempre una donna sola.

Capitolo quattro

La vita di Vittoria Colonna
fino al sacco di Roma

Vittoria era la figlia maggiore di Fabrizio Colonna. Sua madre, Agnese da Montefeltro, aveva diciott'anni quando la diede alla luce, a Marino. Dei figli avuti successivamente – Federico, Ferdinando, Camillo, Sciarra e Ascanio – solo Ascanio sopravvisse oltre l'età dell'adolescenza. Quella di Vittoria era un'importante famiglia romana, le cui origini risalgono all'antichità; nel XIV secolo ne aveva tessuto le lodi il Petrarca, che fu il modello letterario di Vittoria:

> Gloriosa Colonna in cui s'appoggia
> nostra speranza e il gran nom latino.

Fabrizio Colonna, duca di Paliano e principe di Tagliacozzo, aveva la sua dimora nella fortezza di Marino, una località sui colli Albani che costituiva un naturale sbarramento dell'accesso a Roma, distante una ventina di chilometri. Celebrata per i vigneti e le dolci ondulazioni delle colline, per i laghi e la mitezza del clima, la regione aveva quindi un'importanza strategica, permettendo l'accesso alla città eterna e al suo porto; per questo motivo essa era oggetto di perenne contesa tra le potenti casate dei Colonna «sempre turbolenti», degli Orsini e dei Savelli, ed ebbe a soffrirne per secoli, anche durante l'ultima Guerra mondiale e per le stesse ragioni. Disseminata di laghi di origine vulcanica, di boschi e di palazzi e castelli appartenuti un tempo a potenti cardinali, oggi la zona è abitata da una folta schiera di stelle del cinema.

Fabrizio era un condottiere, pronto a vendere al miglior offerente la sua perizia militare: combattere era la sua professione, e ogni causa era meritevole del suo apporto. Studioso e poeta, era anche un uomo del suo tempo. Se riportava una vittoria, le sue truppe erano libere di saccheggiare e distruggere; e con questo sistema edificò il potere dei Colonna, la cui decadenza ebbe inzio con l'espansione dello Stato Pontificio e la contemporanea fine del ruolo del condottiere.

È importante tenere il passo con i continui cambiamenti della scena politica se si vogliono comprendere le motivazioni che spingevano all'azione i nostri protagonisti. Per esempio, la gioventù di Vittoria Colonna si intrecciò con i grandi eventi del tempo: tanto suo padre che suo marito furono infatti direttamente coinvolti negli avvenimenti politici che sfociarono nel sacco di Roma del 1527. Perciò, nel delineare i momenti salienti della sua vita, arriveremo a farci un'idea più chiara dell'evento che tante defezioni provocò all'interno della Chiesa di Roma, e che pose fine alla prima parte dell'età rinascimentale, quella dell'ebbrezza edonistica: il sacco di Roma fu il grande spartiacque. L'età del dubbio introspettivo, della crisi, si affacciava ora alle coscienze dei singoli, le donne per prime. Ancora prima degli orrori e delle devastazioni portate dall'esercito imperiale si era verificato un altro fatto calamitoso, quasi una sua anticipazione: la discesa in Italia del re di Francia, Carlo VIII. Ricca d'arte, di cultura e di bellezze naturali, l'Italia esercitava sui vicini del Nord una particolare attrattiva, e molti di loro vi discesero per saccheggiarla e possederla.

I numerosi staterelli italiani furono considerati politicamente stabili dal resto d'Europa fino al 1494, l'anno appunto nel quale Carlo VIII di Francia penetrò in Italia alla testa di un esercito di 30.000 uomini, metà dei quali a cavallo. Alcuni dei suoi mercenari venivano dalla Svizzera, altri dalla Germania e dai Balcani; pochi erano invece i francesi. In quanto discendente degli Angiò, Carlo reclamava per sé la corona di Napoli, che gli spettava per via ereditaria. I Colonna, in quel frangente alleati della Francia, presero Ostia, minacciando di interrompere le forniture di prodotti agricoli a Roma, e condannando così la città alla fame. Il papa Borgia, dopo avere fatto allontanare da Roma l'amante Giulia Farnese affinché si nascondesse in un luogo sicuro, meditò di fuggire lui stesso a Venezia, non prima di avere scomunicato Fabrizio e Prospero Colonna e confiscato tutte le proprietà romane della famiglia.

L'imponente esercito di Carlo entrò in Roma dalla porta di piazza del Popolo il 31 dicembre del 1494, preceduto di quattro giorni da un'avanguardia composta da 1500 soldati. Con il re entrarono poi a Roma 20.000 soldati armati di trentasei tra cannoni, colubrine e obici. Dello spettacolo, iniziato alle tre del mattino e finito alla luce delle torce alle cinque del pomeriggio, ci dà un quadro Michelet, uno scrittore contemporaneo, che parla di «barbari svizzeri e tedeschi multicolori» in marcia «al ritmo dei tamburi, e insieme a loro gli uomini della Guascogna, i migliori marciatori d'Europa». Carlo faceva il suo ingresso a Roma da nemico.

L'occupazione degenerò in saccheggio quando il papa rifiutò di firmare un trattato con Carlo. Tutti gli ebrei furono strangolati; il 3 gennaio del 1495 fu eretto il primo patibolo a Campo dei Fiori; il 6 gennaio il papa si rifugiò a Castel Sant'Angelo e una banca fu presa d'assalto. La casa di Vannozza Cattaneo, l'amante più nota del papa Borgia, fu depredata e distrutta, mentre il saccheggio si estese a tutta la città il 15 gennaio. Quattro giorni dopo, quando il sacco ebbe fine, molti capolavori dell'arte italiana erano in viaggio per Parigi (non per la prima e nemmeno per l'ultima volta). Alla fine il papa firmò un trattato di pace. Con l'appoggio del cardinale della Rovere e della famiglia Colonna, Carlo di Valois era libero di rivendicare – o meglio, di accaparrarsi – la corona di Napoli.

Era trascorso un mese da quell'ingresso violento a Roma quando il re francese e il suo esercito si diressero alla volta di Napoli, portandosi dietro Cesare Borgia come ostaggio: il Valois si garantiva in tal modo che l'esercito del papa non lo attaccasse alle spalle. Mentre Carlo marciava verso sud senza incontrare resistenza, il re di Napoli, Alfonso d'Aragona, abdicava in favore del figlio rifugiatosi nel frattempo a Ischia.

La situazone sembrava volgere in favore dei francesi, quando questi si accorsero di essere presi in trappola: da una parte la sifilide che andava decimando l'esercito di Carlo, dall'altra la nuova alleanza dei potenti in funzione antifrancese. Non appena la nobiltà napoletana reagì alle vessazioni dei francesi e il popolo, oberato dalle tasse, mostrò apertamente il suo malcontento, a formare la Lega Santa concorsero il re cattolico Ferdinando di Spagna, il doge di Venezia e il duca di Milano. Fabrizio Colonna cambiò bandiera, passando dal campo dei Valois a quello della Lega. Per legarlo indissolubilmente alla causa, gli Aragonesi lo convinsero a promettere in sposa la figlia Vittoria allo spagnolo Ferrante, figlio del defunto marchese di Pescara Alfonso d'Ávalos, legato alla casa d'Aragona da vincoli di parentela. Accerchiato da ogni parte, abbandonata Napoli, Carlo fu sconfitto dall'esercito della Lega nei pressi di Fornovo. Alessandro VI sperava che Massimiliano, sovrano del Sacro Romano Impero, si unisse alla Lega; costui invece scese a Milano e in accordo con Ferdinando il Cattolico combinò il matrimonio tra suo figlio Filippo e l'infanta di Castiglia. Dopo aver stretto legami con gli Asburgo tramite il matrimonio di due dei suoi figli, Ferdinando promise la mano della sua secondogenita Caterina d'Aragona al re d'Inghilterra, che nel 1496 si era unito alla Lega contro i francesi. Se Ferdinando stava accerchiando la Francia con il solo aiuto della diplomazia e di un'oculata politica matrimoniale, gli Asburgo, a loro volta, stavano facendo incetta di tutti i troni d'Europa.

Quando Fabrizio cambiò partito e sua figlia fu promessa all'orfano di Ferrante d'Ávalos, i due bambini avevano entrambi cinque anni, e furono mandati dalla zia di Ferrante, Costanza, duchessa di Francavilla, donna eccezionale e illuminata. Della duchessa, che aveva il titolo ufficiale di castellana di Ischia, Vittoria era praticamente un ostaggio; tuttavia Ischia, oltre a essere situata in una posizione strategica all'imboccatura del Golfo di Napoli, era l'antico centro della civiltà fenicia e micenea, nonché uno dei posti più belli del Mediterraneo. A picco su un mare blu, il castello aragonese si ergeva – e si erge tuttora – su un isolato sperone di roccia a guardia dell'isola. Le sorgenti termali erano rinomate per i loro effetti benefici, e dal castello le signore potevano scendere a piedi al mare turchese, oppure andare a cavallo per i pendii scoscesi o avventurarsi nelle selve. In breve, la prigione di Vittoria in realtà era un paradiso, e la sua carceriera una Pallade Atena.

Costanza era una patrona degli studi umanistici, e la sua corte un vero e proprio cenacolo di letterati. Per il giovane Ferrante e per Vittoria aveva assunto un ottimo precettore: Giovan Battista Musefilo, insigne letterato, classicista e filosofo. Da Costanza Vittoria imparò le 'belle maniere' insieme al contegno, all'arte di parlare in pubblico e di abbigliarsi. Quella di Costanza fu la miglior scuola di 'perfezionamento' che una giovane della nobiltà potesse frequentare. Con la sola eccezione dell'arte militare, Vittoria ricevette la stessa educazione di un maschio, come era del resto in uso tra le persone del suo rango. Ma mentre Ferrante si limitava a imparare, Vittoria assorbiva fino in fondo ogni singola nozione impartitale dall'eccellente precettore o da Costanza stessa.

Quando aveva tredici anni, suo padre e suo cugino fuggirono dalla Francia e si rifugiarono a Ischia, dove rimasero per alcuni mesi. È tuttavia improbabile che tra padre e figlia ci sia stata una frequentazione assidua, persino quando i due vissero sotto lo stesso tetto. Fabrizio era un uomo di mondo avventuroso e galante, tanto da fornire materia d'ispirazione a Machiavelli, che utilizzò il personaggio per illustrare la nobile figura del condottiere. Non era, però, quello che si direbbe un padre ideale. Probabilmente voleva bene alla figlia, che era peraltro la sua unica figlia femmina, ma avendola vista solo di rado non poteva certo dire di conoscerla veramente, e per di più Vittoria era per carattere simile a sua madre Agnese, cioè timida e riservata. Ad assolvere una funzione genitoriale nei confronti di Vittoria fu semmai la duchessa Costanza, autorevole fonte di educazione e di amicizia, tant'è vero che nelle sue lettere essa chiama Vittoria 'figlia', malgrado la formalità delle missive di allora, nelle quali tra fratello e sorella o tra genitori e figli ci si rivolgeva all'altro usando il titolo nobiliare.

Quella di Costanza fu la vita solitaria di una donna trovatasi a capo della casata dei d'Ávalos dopo che il padre venne assassinato e i fratelli uccisi in guerra. Aveva studiato italiano e latino; aveva scritto un libro dal titolo *Le sfortune e le difficoltà del mondo*, dal tema cupo. Cognata del deposto sovrano di Napoli, essa svolgeva la funzione di castellana perpetua d'Ischia e gestiva gli affari di famiglia con avvedutezza, da vera donna del Rinascimento, rispettata per la sua intelligenza e personalità. Grandi poeti come Jacopo Sannazzaro, Paolo Giovio e Bernardo Tasso soggiornavano nel suo castello, dove trovavano ospitalità anche i tanti nobili in fuga da una Napoli dilaniata dalle guerre, dalle sommosse e dalle epidemie. Vittoria trasse tutto il vantaggio possibile dalla compagnia di persone così interessanti, e lo stesso fece Ferrante, divenuto un «garzone avvenente» anche se non si direbbe a vederne i ritratti, dove il naso a becco, lungo e sottile, gli dà un'aria da rapace e i capelli rossi un che di selvaggio. Ferrante, inoltre, preferiva vestirsi secondo la foggia iberica ed esprimersi in spagnolo piuttosto che in italiano o in latino.

Nel 1506 Costanza si trasferì a Napoli portando con sé Ferrante e Vittoria, all'epoca sedicenni, in quanto, secondo il criterio dei tempi, maturi per il matrimonio. Nella città fervevano i preparativi per la visita del re di Spagna Ferdinando d'Aragona, che nel 1503 aveva usurpato il trono di Napoli. La moglie del re, Isabella, era morta due anni prima, lasciando il trono di Castiglia in eredità non al marito ma alla figlia Giovanna, andata in sposa a Filippo d'Asburgo, figlio dell'imperatore. Nel 1506, morto Filippo e dichiarata pazza Giovanna, Ferdinando d'Aragona era divenuto reggente della Castiglia in nome del nipote Carlo di Gand, il futuro imperatore Carlo V, che all'epoca aveva sei anni.

La visita del re a Napoli era l'avvenimento dell'anno. Una tenda d'oro eretta sul molo avrebbe accolto l'imbarcazione reale insieme a molti altri festeggiamenti; l'arco trionfale che ancor oggi adorna l'entrata del Maschio Angioino era stato progettato dal Laurana, che è forse il più grande scultore italiano del primo Rinascimento. Re Ferdinando rimase oltremodo impressionato dal fatto che le nobildonne napoletane gli baciassero la mano, e non mancò di notare il brillante Ferrante d'Ávalos, che danzava con splendida grazia. «Il giovane promette bene» fu il suo commento.

Da Napoli Vittoria proseguì per Marino, in modo da separarsi da Ferrante fino allo scambio dei contratti matrimoniali, che doveva avere luogo l'anno successivo. Quel giorno il re di Napoli donò a Fabrizio Colonna la tenuta di Pescocostanzo, e il 6 giugno del 1507, nel castello di Marino, Vittoria, *illustris domicella Romana* che viveva *more magnatum*, acconsentì a sposare Ferrante d'Ávalos, marchese di Pescara. Il 13 giugno il contratto matrimoniale fu firmato a Napoli e sottoscritto da Fabrizio Colonna, dalla duchessa di Francavilla nonché da Prospero Colonna, duca di Traetto. Le nozze vere e proprie ebbero luogo due anni più tardi a Ischia, quando Vittoria aveva diciannove anni. Giunta da Marino con un folto gruppo dell'aristocrazia romana al seguito, essa portava ricchi doni per lo sposo, oltre a una dote di

14.000 ducati che comprendeva anche oggetti per un valore di 2000 ducati, ma nessun territorio. I doni di Ferrante per la sposa avevano un valore complessivo di oltre 4000 ducati.

Essendo i Colonna e i d'Ávalos due tra le famiglie più importanti d'Europa, il matrimonio tra Ferrante e Vittoria fu un avvenimento mondano, tanto che giunsero anche invitati da luoghi lontani, e tutti accettarono di intraprendere la traversata della baia nonostante le nozze fossero celebrate alla fine di dicembre. Se dalle descrizioni dei contemporanei Ferrante emerge come un bell'uomo, l'aggettivo a cui si fa maggiormente ricorso per Vittoria è 'interessante', più che 'bella'. Benché nel *Parnaso* di Raffaello Vittoria ci appaia bellissima, nel tesserne le lodi i poeti si riferivano perlopiù alle sue «auree chiome», alla sua «chioma straordinariamente luminosa». Filonico Alicarnasseo, il suo primo biografo, ne descrive l'aspetto in tutta franchezza:

> ...Veggendosi in nodo matrimonial legata con tanto huomo, attese ad accrescer le doti dell'animo suo già che per non esser di gran beltà posseditrice [...] e a provvedersi di beltà non atta a mancare, come fan l'altre, e a sfiorire con l'intervallo del tempo che ogni cosa divora e strugge.

Per conto suo Paolo Giovio, che avendo soggiornato a Ischia nel castello di Costanza di Francavilla conosceva molto bene Vittoria e a lei rimase sempre legato da amicizia, ci parla di lei quando, all'età di quarant'anni (15 luglio 1530), essa chiaramente manteneva ancora intatto il suo fascino. Giovio amava Vittoria di un «amore celestiale, santo e molto platonico», e di lei ammirava «i seni tondeggianti, come balzano mollemente e leggiadramente al ritmo del respiro, su delle piccole fasce, che severamente li premono e, a guisa di colombe giacenti, si gonfiano a dolci intervalli». All'epoca delle nozze, Vittoria era una giovane palliduccia e timida, ma già fiera delle sue origini e dell'educazione ricevuta.

Sappiamo che Vittoria fu rappresentata da Michelangelo nel *Giudizio Universale* tanto nelle vesti della Vergine Maria che in quelle di sant'Anna (la testa che spunta immediatamente sopra a quella di san

Lorenzo): in entrambi i casi il volto idealizzato di Vittoria ha lineamenti regolari, tratti morbidi e grandi occhi. Sappiamo inoltre che Vittoria fu ritratta da Sebastiano del Piombo; la modella del *Ritratto di donna* conservato nel Museo Nacional de Arte de Cataluña di Barcellona potrebbe essere proprio lei: è noto infatti che la nipote di Vittoria portò in Spagna un ritratto della sua famosa zia. Il dipinto conservato a Barcellona è ormai molto rovinato e la scritta sul libro indicato con il dito dalla donna in posa non è più leggibile.

Fisicamente, Vittoria aveva preso più dai Colonna che dai Montefeltro: viso ovale, labbra piccole e carnose, limpidi occhi castani e mani forti con dita affusolate. Non era, il suo, un viso con tratti accentuatamente femminili, e non è un caso se Vittoria si attirava un amore platonico, puro, piuttosto che quello passionale e travolgente proprio dell'attrazione sessuale. Un elemento centrale della grazia di Vittoria era la pelle, che non era butterata a differenza di quella di tante sue contemporanee. Ma pur non avendo la bellezza di una Lucrezia Borgia o di un'Imperia, e nemmeno il fascino di un'Isabella Gonzaga o di una Tullia d'Aragona, Vittoria aveva dalla sua l'intelligenza, quella qualità tutta speciale che dà luce al viso, e quando manca rende opaca ogni bellezza. «Era una donna con più riserbo che vanità, più devota che sensuale, e più contemplativa che piena di sé» scrisse di lei il contemporaneo Alicarnasseo.

Nel 1511 il viceré di Napoli don Ramon Cardona, zio di Ferrante, fu posto al comando dell'esercito pontificio, e finalmente l'impaziente Ferrante poté prendere le armi. Quando Ferrante marciò con le sue truppe attraverso il Nord dell'Italia, Isabella di Mantova e le sue dame di compagnia – famose per la loro bellezza e per l'eleganza degli abiti – accorsero ad ammirarlo su tre carrozze. Ferrante e i suoi ufficiali avevano preparato dei magnifici cavalli per le signore, ma le leggiadre damigelle preferirono rimanere a bordo delle loro pesanti carrozze, proseguendo la passeggiata «con molta festa e gloria» e portandosi al seguito tre muli carichi di prelibati bocconi per farne dono ai capitani. Questo spaccato su Isabella Gonzaga che viaggia insieme alle sue damigelle e incontra Ferrante per la prima volta, scambiando con lui frasi scherzose e vivande, getta una luce inaspettata sulle modalità con cui si svolgevano le guerre durante il Rinascimento. Tanto

Fabrizio Colonna che Ferrante d'Ávalos combattevano contro la Francia e il suo alleato, il duca di Ferrara, che era poi il fratello di Isabella. Entrambi erano dei temerari uomini d'azione, non dei politici, e non erano interessati alla causa per la quale combattevano; a loro piaceva stare in prima linea e vestire i colori sgargianti del campo prescelto, lasciando le considerazioni politiche a menti più femminili come quelle delle donne e, in taluni casi, degli ecclesiastici.

Vittoria e Ferrante trascorsero i primi tre anni del loro matrimonio a Villa Pietralba – una delle proprietà dei d'Ávalos, in seguito demolita – e nella memoria di Vittoria quegli anni si impressero come un tempo felice, centrato sul «sole» e sul «dolce e giovane sorriso» del marito, colui che era «la luce più vivida a ornamento e ricchezza di un'epoca». La villa sorgeva sulla collina di Sant'Ermo, a quei tempi ingentilita dai giardini digradanti verso Pizzofalcone. Vittoria era al fianco dell'uomo che amava, e sotto ai suoi occhi si stendeva un paesaggio stupendo (anche se si stenta a crederlo, oggi che Napoli è soffocata dal cemento): a fare da cornice al golfo scintillante erano il Vesuvio e, più in là, sull'orizzonte, le isole di Capri, Procida e Ischia. Ben presto la loro casa si aprì ai talenti letterari che vivevano a Napoli o vi giungevano in visita. Tra questi vi era il poeta Jacopo Sannazzaro, che abitava poco lontano di lì, a Mergellina, e a Villa Pietralba era di casa, esercitando una profonda influenza sullo sviluppo artistico di Vittoria. Ma c'erano anche Benedetto Cariteo, anch'egli poeta, e poi Bernardo Tasso, Antonio Minturno e altri ancora. La giovane marchesa di Pescara faceva gli onori di casa; i suoi genitori giungevano spesso in visita, anche perché dopo la nomina ad alto connestabile di Napoli, Fabrizio Colonna si era stabilito in quella città. Vittoria ebbe così modo di conoscere i due fratelli che le erano rimasti: Federico, il suo preferito, e Ascanio, debole di carattere e avido. Ma suo marito, il ventenne Ferrante, pensava solo alla guerra e mal sopportava la tranquillità della vita famigliare. E comunque la moglie non sembrava dargli un erede. Ambizioso, aspirava alla nomea e all'ammirazione che il suocero si era già guadagnate.

Quando nel 1503 lo scandaloso papa Borgia morì, il marchese Gonzaga scrisse alla moglie Isabella: «Il suo funerale fu cosa tanto miseranda che la moglie del nano zoppo di Mantova ebbe sepoltura più onorevole di cotesto papa». Nel 1498 Isabella Gonzaga aveva scritto a Cecilia Gallerani, la bella milanese che aveva per amante il marito della sorella, il duca Ludovico Sforza detto il Moro. Cecilia, una delle più sfolgoranti bellezze del suo tempo, teneva un salotto letterario e sono suoi il viso dall'ovale perfetto e i grandi occhi intelligenti dallo sguardo altezzoso che possiamo ammirare nella *Dama con l'ermellino* di Leonardo, ora a Cracovia. «Ricordando che Leonardo ha dipinto il vostro ritratto, vi chiediamo se potete usarci la gentilezza di farci avere il ritratto tramite cotesto messaggero, sicché potremo non solo confrontare le opere di due artisti [Bellini e Leonardo], ma anche avere il piacere di vedere di nuovo il vostro viso». Cecilia esitava a esaudire tale desiderio nel timore che Isabella, notoriamente a corto di denaro, potesse tenersi quel suo ritratto invece di restituirglielo. Alla fine il quadro non pervenne mai a Isabella. Anche al vecchio Mantegna Isabella non faceva che domandare oggetti d'antiquariato e pitture in visione, o gli comandava di venderle o di dipingere tavole che il pittore ben sapeva non sarebbero state mai pagate.

Anche i figli del papa, Cesare e Lucrezia, erano a corto di denaro e videro sfumare tutto il loro potere dall'oggi al domani. I papi avrebbero presto imparato che era meglio cautelarsi accasando i propri congiunti con membri di famiglie potenti, e se possibile di sangue reale. Al Borgia succedette Pio III, il cui regno durò solo pochi mesi; dopo di lui fu eletto papa il cardinale Giuliano della Rovere, che prese il nome di Giulio II (1503-1513). Mentre i Borgia avevano fatto delle conquiste solo per se stessi, Giulio, l'implacabile oppositore del loro regime, diede alla Chiesa tutti i beni che via via incamerava; tuttavia, malgrado il suo motto fosse «Via i barbari!», lui più di chiunque altro fece sì che l'Italia si riducesse a una provincia della Spagna. È possibile che in qualità di cardinale ad Avignone fosse giunto a conoscere fin troppo bene i francesi e a temere la loro politica espansionistica: l'avido Valois infatti mirava al possesso di Napoli e Milano, e qualora fosse riuscito a conquistarle avrebbe stretto in una morsa lo Stato Pontificio. Quel papa dispotico ma perspicace sbagliava invece sul conto della Spagna, e fu così che l'antico alleato francese divenne il nemico, e si giunse alla guerra contro Luigi XII, re di Francia, che rivendicava per sé il ducato di Milano in virtù del diritto ereditario.

Alla testa di un esercito formato da milizie papali e mercenari svizzeri, il celeberrimo padre di Vittoria lasciò Napoli. Al fianco di Fabrizio Colonna erano 400 cavalieri; combattendo per la sopravvivenza dei domini territoriali della Chiesa, i Colonna andavano contro la connotazione ghibellina delle loro origini, che li collocava a fianco dell'Impero.

I francesi e i loro alleati ferraresi erano guidati dal travolgente Gastone di Foix, duca di Nemours. La mattina dell'11 aprile i due eserciti si scontrarono sulla piana di Ravenna in una battaglia che si protrasse per undici ore e si concluse con un massacro: i francesi ottennero una vittoria schiacciante, ma al prezzo della perdita del loro valoroso comandante. Il padre e il marito di Vittoria Colonna – quest'ultimo due volte ferito – furono presi prigionieri.

Vittoria ricordava quel giorno come uno dei più tristi della sua vita. Erano trascorsi solo tre anni dalle sue nozze, e in quella Pasqua piovosa essa si trovava a Ischia, turbata da una strana premonizione, al punto di parlare dei suoi timori con Costanza di Francavilla, che le disse di non disperarsi poiché quello della Lega era un grande esercito. Quando sopraggiunse un messaggero con le ultime notizie, Vittoria scrisse al marito una lettera in forma di poesia. Si tratta della sua prima poesia, o meglio della prima poesia di cui ci è rimasta traccia:

> Tu vivi lieto, e non havi voglia alcuna:
> che pensando di fama il nuovo acquisto,
> non curi farmi del tuo amor digiuna.
> Ma, col volto disdegnoso e tristo,
> servo il tuo letto abbandonato e solo,
> tenendo co' la speme il cuore misto,
> e col vostro gioir tempro il mio duolo.

Vittoria si duole della triste sorte che tocca alle donne: l'ansiosa attesa in casa, mentre i mariti sono in guerra o in viaggio. Secondo la sua concezione, la vita coniugale si fondava sull'unione e sull'armonia, ma proprio quell'unione le era negata. Nel primo dei suoi molti lamenti, Vittoria parla con voce di donna tormentata dall'amore e non più amante di Ischia: «L'atmosfera tutta pareva una densa nube, come una caverna di fumo nero, e la vegetazione appariva stagnante, e il mare inchiostro». Vittoria era una donna che ricordava al marito in cerca di *vittoria* che «lasciando me, essa è perduta»; che nel muovergli il rimprovero di averla lasciata sola prendeva le parti di tutte le donne condannate all'attesa; era una donna che ricordava al marito il letto vuoto: non era forse lì, il suo posto? Per una giovane come Vittoria si trattava di un discorso coraggioso rivolto a un marito che sentiva allontanarsi da lei.

Sia Fabrizio Colonna sia Ferrante d'Ávalos vennero condotti a Ferrara, dove fu loro riservato un trattamento da amici più che da prigionieri nemici. Abbiamo già visto come Fabrizio Colonna trascorresse il suo tempo a Ferrara, e il genero, l'impetuoso Ferrante, innamoratosi anch'egli di una nobildonna del luogo, cominciò a mostrarsi apertamente infedele a Vittoria. Le sue ferite, soprattutto quelle sul viso, si stavano ormai rimarginando; quando Isabella d'Aragona Sforza, che era ospite di Lucrezia Borgia, lo vide, incominciò a flirtare con lui. Gli disse: «Vorrei essere un uomo, mio signore, solo per ricevere ferite in faccia come le vostre, e vedere se la cicatrice si addice al mio viso come si addice al vostro». Dopo averla corteggiata senza successo, Ferrante disse a Isabella che faceva bene a respingerlo. Lei ribatté che egli era un buon capitano, e come tale doveva dedicarsi a espugnare le città piuttosto che a infrangere i cuori delle donne. «Voglio essere un soldato codardo, mia signora» replicò Ferrante, «perché non cercherò di infrangere questo vostro posto, ove non mi riuscisse di prenderlo d'assedio». «Cosa direbbe il signor marchese, s'io dovessi raccontare tutto ciò a sua moglie?» ribatté la duchessa. «Essa vedrebbe in me un valoroso soldato» fu la risposta che diede Ferrante. Possiamo immaginare che la famosa bellezza alla fine fosse espugnata. Ma poco tempo dopo Ferrante dovette spostarsi nella grande e raffinata Milano, essendo stato ceduto in ostaggio dagli Este ai francesi che a quel tempo la occupavano. Per il suo riscatto i francesi fissarono una cifra di 8000 ducati.

Durante quel periodo di ozio forzato – le ferite non gli permettevano alcun esercizio fisico – il marchese di Pescara stette a riposo e rispose alla lettera inviatagli dalla moglie con un poema intitolato *Un dialogo d'amore*. Prova eccezionale da parte di Ferrante, che nutriva più interesse per le armi che per la letteratura, anche se non è da escludere che questa lunga poesia fosse stata commissionata a un poeta di professione, come allora si usava. Nell'opera, andata perduta, Ferrante esprimeva il suo amore per la giovane moglie compagna della sua infanzia. Felice di ricevere un messaggio così rassicurante, con la sua risposta da Ischia Vittoria gli fece recapitare in dono un suo ricamo raffigurante Cupido nell'intreccio con un serpente.

Ma anche a Milano Ferrante ebbe una storia amorosa con Delia, dama di compagnia di Isabella Sforza. Di questa e altre infedeltà del marito probabilmente Vittoria non sapeva niente, né voleva sapere. A rattristarla, o forse addirittura a farla disperare, era piuttosto la sua apparente sterilità, con cui si scontrava il desiderio di dare un erede ai d'Ávalos e avere un figlio suo e di Ferrante.

Proseguivano intanto i negoziati per riscattare l'illustre prigioniero, che a Milano continuava a spassarsela un mondo. A quel punto la somma richiesta si era abbassata – presumibilmente a 4000 ducati – ma Vittoria non aveva abbastanza denaro e perciò scrisse a Federico Gonzaga, ricordandogli i 4000 ducati che egli doveva a Ferrante (8 maggio 1523): «Vi scrivo e vi imploro, mandate la somma dovuta: con molta difficoltà sono riuscita a rimandare di venti giorni la vendita di un castello». Alla fine Vittoria riuscì a mettere insieme il denaro necessario per il pagamento del riscatto di suo marito.

Il quale però, appena la libertà gli fu restituita, non fece ritorno da lei: lassù nel Nord dell'Italia, al centro della scena politica, Ferrante si divertiva. Pur non facendo rivelazioni sulla sua vita privata, né allora né dopo, Vittoria non era contenta di stare in casa ad aspettare, come le altre, sebbene si sforzasse in ogni modo di essere paziente. Il fatto è che Vittoria amava Ferrante ma Ferrante non era innamorato di lei. Erano cresciuti insieme, ma per lui Vittoria era troppo seria e poco mondana, così schiva e incline all'introspezione. Ogni volta che «suo marito era impegnato con le guerre e con le rivolte, essa era a Ischia, e risiedeva a Napoli quando il marito, e non di rado anche Alfonso del Vasto, si trovavano in quella città» scrive l'Alicarnasseo.

Alfonso del Vasto, il giovane nipote di Ferrante, viveva presso Vittoria, che insieme a Ferrante lo aveva adottato dopo l'uccisione di suo padre Inigo, marchese di Vasto e fratello maggiore di Ferrante, avvenuta nel 1503. Vittoria si occupò dell'educazione di quel bambino cocciuto e selvaggio e a poco a poco la forte influenza che esercitava su di lui lo portò a cambiare. Più tardi Vittoria avrebbe affermato di non avere figli ma di avere generato Alfonso dal suo intelletto («... sendo nato dal mio intelletto, costui»).

Pur sentendosi meno sola grazie ad Alfonso, Vittoria si struggeva per il ritorno del marito. Quando finalmente egli arrivò, lei scrisse: «Il mio amato torna a casa, per dare lustro al giorno!» In realtà Ferrante si comportò malissimo con lei e si appropriò di una sua collana per darla a un'altra bellissima Isabella, la moglie del Viceré. Persuaso che «in un secolo d'oro, l'oro abbagliasse chiunque, mentre conversava amabilmente con lei e la corteggiava», non veduto da altri, Ferrante fece scivolare in grembo a donna Isabella un gioiello di perle e pietre preziose. Costei non disse nulla, ma l'indomani rimandò il gioiello a Vittoria avvertendola di stare in guardia dai ladri che si aggiravano nella sua stessa casa. Quando Vittoria sgridò il marito – «sopportar ben potrei che l'haver nostro spargi per soddisfatione del tuo cuore; purché l'esser tuo non mi furi» – costui disse che era convinto che gli studi avessero resa Vittoria immune da qualsiasi interesse per gli oggetti preziosi. Ferrante seguitò a corteggiare Isabella, a un certo punto arrivando a darle un «ingannevole» bacio. A un ballo le dedicò un sonetto:

> Più fè e minor fortuna
> la memoria è mia nemica.
> Ma sol nella memoria
> si compirà mia gloria.

L'altra Isabella, la duchessa di Milano, Isabella d'Aragona Sforza, forse irritata dalla rapidità con cui Ferrante passava da un'alleanza femminile all'altra, si accorse di quel biglietto con i versi d'amore passato dal marchese alla moglie del Viceré – ormai conquistata – e lo strappò. Fu in quella circostanza che Vittoria scrisse delle «carezze fraudolente et vane di Circe maga, di Medea strega et di Ecate incantatrice», afflitta da questa e da altre infedeltà del marito, poiché circolavano voci anche a proposito di un'altra donna, una 'dama' che era rimasta incinta di Ferrante. La scena dell'azione si spostò improvvisamente a nord quando Ferrante si recò di nuovo a Milano, il 7 ottobre del 1512. L'anno seguente papa Giulio II morì e gli succedette il cardinale de' Medici con il nome di Leone X.

Nel 1514, mentre Ferrante era lontano da Napoli, vi giunse da Roma la famosa Isabella Gonzaga, quarantenne e sempre bella; era stata a Roma per far visita al figlio, ostaggio del papa a garanzia dell'appoggio di Mantova contro i francesi. Mentre era a Napoli scrisse al figlio l'ennesima lettera mandandogli carezze e baci materni e, sempre a Napoli, pur essendo piena di debiti, acquistò numerosi oggetti d'antiquariato con del denaro preso a prestito. Tra questi vi era «uno dei primi casi di falsificazione in campo artistico», come dice Mary McCarthy in *Le pietre di Firenze*. Il giovane Michelangelo, infatti, aveva scolpito un *Cupido dormiente* alla maniera degli antichi e, seguendo il consiglio di un mercante d'arte, lo aveva imbrattato di fango in modo da farlo sembrare un reperto archeologico. Il cardinale che l'aveva acquistato, accortosi che si trattava di un falso, rivendette la stuatuetta a Isabella, «la più grande collezionista del suo tempo».

A Napoli Isabella Gonzaga fu ricevuta con grande splendore e conobbe 'tutti', Vittoria Colonna compresa. Era il loro primo incontro. Vittoria era timida e più giovane della famosa marchesa. Se Isabella era estroversa, sicura di sé e imperiosa nei modi, Vittoria, all'opposto, era introversa, e pur essendo già allora una scrittrice non aveva ancora raggiunto la fama, mentre Isabella Gonzaga era una celebrità le cui brillanti doti di conversatrice echeggiano tuttora nelle sue lettere (più di 25.000, pare). A Roma Isabella si era recata senza il consenso del marito poiché i loro rapporti erano tesi, ma i cardinali avevano fatto a gara nell'organizzare cene, balli e feste in suo onore: ricevuta come una regina, Isabella aveva trovato spesso delle scuse per posticipare la sua partenza da quella città. In novembre fu rappresentata in suo onore una commedia del cardinal Bibbiena, *La Calandria*, e Isabella fu piuttosto sconcertata dal fatto che in un simile ambiente si mettesse in scena un testo così immorale. Essendo una donna efficiente, cercò di parlarne con Leone X, ma trovò in lui una persona «egoista e scostante».

Correva voce che si stesse combinando un matrimonio tra la figlia di Isabella d'Aragona Sforza, Bona, allora a Napoli, e il figlio di Isabella Gonzaga, Federico, all'epoca quattordicenne e di bell'aspetto, come si può vedere nell'affresco di Raffaello in Vaticano. L'inviato di Mantova aveva già fatto sapere a Isabella Gonzaga che Bona era «una donna matura e brutta», per quanto tentasse «con ogni artifizio di migliorare il proprio aspetto»; l'erede dei Gonzaga invece era viziato dalle damigelle di Isabella, che nei loro dolci messaggi gli mandavano baci non solo sul «labbro superiore» o sul «labbro inferiore», sulla «mano sinistra» oppure sulla «mano destra», ma anche su parti più intime.

Quando Ferrante d'Ávalos ritornò a Napoli, nel 1515, nella scena politica si era determinato un altro rivolgimento. In quell'anno, infatti, era morto Luigi XII di Francia e gli era succeduto Francesco I che, ansioso di riscattare la sconfitta della Francia in Italia, era disceso in Lombardia conquistando Milano. Papa Leone X, il primo dei papi medicei, scese a patti con Francesco di Valois. Nello stesso anno morì anche Ferdinando il Cattolico, e il suo poco amato nipote Carlo di Gand ereditò la corona d'Aragona, con Napoli e la Sicilia, insieme alla reggenza della Castiglia e degli annessi possedimenti americani, formalmente condivisa con la madre, Giovanna detta 'la pazza'. Si incarnava così in un solo uomo quell'unità tra Castiglia e Aragona realizzata mediante il matrimonio tra Ferdinando e Isabella, anche se l'unione tra i due regni fu formalizzata solo nel XVIII secolo. Carlo era giovanissimo e si sapeva molto poco del suo carattere, per cui il viceré di Napoli, giudicando pericolosa la situazione, tenne segreta la notizia della morte di Ferdinando per cinque giorni, servendosi nel frattempo di Fabrizio Colonna e di Ferrante d'Ávalos per tastare il polso della nobiltà napoletana. Dopo che i due ebbero riferito le loro impressioni, Giovanna fu proclamata regina anche a Napoli e Carlo (che di lì a breve doveva diventare Carlo I di Spagna e Carlo IV di Napoli, e quattro anni dopo Carlo V imperatore del Sacro Romano Impero) suo successore.

Ora Ferrante era nuovamente chiamato a combattere, questa volta contro un suo parente, o meglio un parente di sua moglie Vittoria. Nel tentativo di assicurare al nipote Lorenzo de' Medici il ducato di Urbino, Leone X aveva infatti scatenato una nuova guerra contro Francesco Maria della Rovere, che di Vittoria era appunto il nipote. Il ducato di Urbino era vassallo del papa e apparteneva al figlio di Giovanna da Montefeltro, la sorella di Agnese Montefeltro Colonna. Nel 1517, dopo la firma di un trattato di pace con Francesco I, re Carlo aveva pensato di pacificare la nobiltà napoletana spogliata dei suoi averi ordinando la restituzione di tutto quello che gli spagnoli avevano confiscato. Persuaso che un simile provvedimento potesse solo creare un immenso caos, il Viceré mandò Ferrante a Bruxelles per discuterne con il giovane sovrano. Vittoria ne fu estremamente compiaciuta, poiché una missione diplomatica tanto delicata e importante avrebbe conferito un notevole prestigio a Ferrante, distraendolo al tempo stesso dalle sue scappatelle napoletane. Ferrante fu ricevuto con gli onori del caso da Carlo, che dopo averlo ascoltato si dichiarò d'accordo con lui. Compiuta la missione, Ferrante non si affrettò a ripartire dal Nord dell'Europa, dove anzi si attardò per cinque mesi. In un momento in cui la bilancia del potere pendeva a sfavore degli staterelli italiani, Ferrante giudicava che la vicinanza al nuovo e potentissimo re, al quale contava di diventare indispensabile, costituisse un'ottima occasione per fare carriera, dimostrando in tal modo di non avere compreso la ferrea determinazione di Carlo a governare in piena autonomia, tenendosi a distanza tanto dagli intrighi dei papi che da Roma. Ma Ferrante, essendo a corto di denaro, sperava anche in una concessione di qualche feudo: Vittoria non gli aveva portato in dote nessuna terra, nessun castello; la sua dote era consistita in una cospicua somma di denaro, in un prestigioso nome patrizio e nella sua intelligenza.

Ancora una volta Vittoria rimase ad attendere il marito a Ischia, dove nel febbraio del 1519 allestì i preparativi per il matrimonio tra Costanza del Vasto, sorella di Alfonso, e Alfonso Piccolomini, duca di Amalfi, uomo tanto crudele quanto era bella e dolce la donna destinatagli. Le nozze si celebrarono a Ischia, e poiché la sposa era orfana, fu Vittoria a provvedere ai festeggiamenti: nutriva un grande affetto per Costanza, che pareva somigliarle in spirito. Un'eco di queste vicende può essere giunta a John Webster, che in Inghilterra scelse di intitolare a *La Duchessa di Malfi* la sua splendida e sanguinosa tragedia nella quale le donne sono vittime della brutalità maschile.

Più tardi, in quello stesso anno, vi furono altre nozze: il 6 dicembre Vittoria dovette recarsi a Napoli perché la brutta ma ricchissima Bona Sforza, respinta da Isabella Gonzaga come possibile futura nuora, andava sposa al re di Polonia, il vedovo Sigismondo. Bona era restia ad abbandonare il Sud dell'Italia, e le lettere che successivamente scrisse dalla Polonia danno ampia testimonianza della sua infelicità. Quando infine fece ritorno in patria, fu solo per essere sepolta in una magnifica tomba a Bari. La cerimonia nuziale fu sontuosa: dopo tutto, il sangue aragonese esigeva un matrimonio regale.

«La signora Vittoria, marchesa di Pescara» è scritto in una cronaca del tempo, «giunse a Castel Capuano accompagnata da sei dame di compagnia vestite di damasco azzurro, e con un seguito di sei palafrenieri con le mantelle di raso giallo. Essa era in sella a un cavallo bianco e nero con una bardatura di velluto cremisi dai bordi d'oro». In questa occasione vediamo Vittoria, per la prima e ultima volta, nel suo ruolo di personaggio di spicco in seno alla corte di Napoli, una donna eccezionale e degna di ammirazione. Quel giorno indossava una veste di velluto e di broccato cremisi, impreziosita da un disegno in oro; sull'elaborata acconciatura dei capelli portava una cuffia intessuta di fili d'oro, e alla vita una cintura anch'essa intessuta di fili d'oro. Alle sei di sera, terminata la celebrazione, Vittoria e le altre dame sedettero a tavola. Tra una profusione di vivande e di intrattenimenti, il banchetto si protrasse fino alle cinque del mattino, seguito da un secondo e poi da un terzo giorno di banchetti e intrattenimenti musicali: Napoli a quel tempo era una delle città più creative per quanto riguardava la musica. Mentre gli invitati banchettavano, tra i tavoli fu fatto passare il corredo di Bona, pezzo per pezzo, per mostrare la ricchezza di biancheria, abiti, scrigni d'oro e vassoi. Ferrante arrivò al terzo e ultimo giorno delle celebrazioni. Ancora in uniforme militare – poiché gli era mancato il tempo per cambiarsi, ma anche probabilmente per farsi bello in veste di guerriero tra tanto sfarzo femminile – si recò direttamente a Castel Capuano dove fu ricevuto dalla madre di Bona, quella stessa Isabella d'Aragona Sforza che egli aveva corteggiato a Milano e che lo aveva rimproverato per le sue scandalose infedeltà. Il giorno seguente Ferrante cavalcò al fianco di Bona, ora regina di Polonia, accompagnandola fino a Manfredonia. Da lì Bona, passata sotto la scorta dei rappresentanti del marito, iniziò il suo viaggio verso il Nord.

Non abbiamo notizie su ciò che mangiarono gli invitati a quel regale ricevimento, ma disponiamo di informazioni particolareggiate sul modo di intrattenersi della nobiltà rinascimentale. Sappiamo che genere di musica si suonava durante quei banchetti lunghissimi e sontuosi; sappiamo quando e come le signore si truccavano, aiutate dalle loro cameriere personali (visi bianchissimi, rosso sulle labbra e sulle guance, sopracciglia assottigliate a formare un leggero arco sottolineato dal nero del kohl, come le ciglia), e quali elaborate acconciature adorne di gioielli esse preferivano.

Concluse le celebrazioni per le nozze, partito Ferrante, un nuovo gruppo di persone si riunì intorno a Vittoria, che presiedeva il suo salotto letterario nel quale si disquisiva di poesia e di Platone. Uno dei frequentatori più assidui e più che benvenuti era il nobile Galeazzo di Tarsia. Donna di grande ingegno, ricercata per l'eleganza stilistica della sua scrittura, Vittoria aveva infiammato di passione il giovane poeta. Galeazzo era alto, magro, e aveva un aspetto delicato, forse anche effeminato.

> Io benedico il dì che 'l cor m'apriste,
> man bianche e molli, e te, veloce e presta
> a legarlomi poi, crespa aurea testa;
> occhi e più voi che di bel foco empiste
>
> Quest'occhi miei, onde a far poi veniste
> che del pianto la torbida tempesta
> i vaghi fiori e verd'erbe di questa
> falda di monte rese umidi e triste:
> [...]
>
> Tempestose sonanti e torbid'onde
> tranquille un tempo già, placide e chete

>   voi fuste al viver mio simile, e sete
>   simili a le mie pene ampie e profonde.

Tutto quello che sappiamo di questo amore proviene dai sonetti di Galeazzo, ma coloro che si occuparono di Vittoria tra il XVII e il XIX secolo non vollero credere che lei ne ricambiasse i sentimenti. I contemporanei si limitano a un breve accenno al Tarsia, ma dal punto di vista della critica moderna pare probabile che quell'amore fosse reciproco. Vittoria era una donna del Rinascimento, età in cui l'adulterio era frequente, soprattutto tra persone delle classi alte, e Galeazzo era un uomo con cui era possibile comunicare e discutere, per chi avesse, oltre alla sua ammirazione, un'affinità di interessi con lui. Il fatto che fosse più giovane, poi, deve avere stimolato gli istinti materni frustrati di Vittoria. In ogni caso, il giovane poeta non era il solo a essere infatuato di lei. Anche Girolamo Britonio, un soldato del contingente di Ferrante, subì il suo fascino e le dedicò svariati componimenti in versi, osando anche indirizzarle una missiva (1519) contenente un elogio delle sue doti.

Nella primavera del 1519, forse temendo che troppe attenzioni fossero dirette a sua moglie, Ferrante condusse Vittoria a Roma per un viaggio mondano. Naturalmente l'aristocratica coppia fu subito invitata alla corte di papa Leone X, che sperperava più denaro di quanto si possa immaginare, e a proposito del quale il Sannazzaro scrisse il seguente epigramma per il Pasquino:

>   Ti chiedi forse perché
>   Leone non poté
>   ricevere i sacramenti nell'ultima sua ora?
>   Li aveva venduti.

Tutti scrivevano poesie. Nei banchetti dedicati alle discussioni su Platone si potevano incontrare persone come Giovio, Bembo e Michelangelo Buonarroti, e ogni cardinale era patrono di qualche Accademia di spiriti eletti dove si disquisiva dei grandi autori del passato. Vittoria fece parte di molte di queste Accademie o cenacoli, e per quanto tutto ciò le piacesse, non poteva fare a meno di notare l'ostentazione di ricchezza e il lusso sfrenato delle corti romane, ma soprattutto la mancanza di princìpi tra gli uomini di Chiesa, dai quali Vittoria si sarebbe invece aspettata una profonda spiritualità. Può darsi che ciò l'abbia intimamente rattristata, ma il suo dovere era quello di mostrarsi in pubblico al fianco del marito, promuovere la sua carriera, compiacere cardinali e principi.

Capitolo cinque

Una donna in tempi di grandi sconvolgimenti

A Roma Vittoria incontrò personaggi di rilievo con i quali strinse una duratura amicizia: oltre a Pietro Bembo e Jacopo Sadoleto (il primo era stato l'amante di Lucrezia Borgia, il secondo aveva amato Imperia), entrambi scrittori di grande talento, ebbe modo di incontrare anche Baldassarre Castiglione, lo scrittore che a Urbino era stato al servizio di suo zio, e di Gian Matteo Giberti, il giovane segretario del cardinal de' Medici, e di sfuggita (in quell'occasione, almeno) Michelangelo e Ludovico Ariosto.

Il legame di amicizia con Castiglione era talmente profondo che questo eminente personaggio le chiese consigli sull'opera che stava scrivendo. In realtà Castiglione l'aveva già terminata, ma assillato dai dubbi, desiderava che Vittoria gli esprimesse un suo illuminato parere: solamente una donna come lei, che con la sua intelligenza profonda era l'incarnazione del Rinascimento, poteva dargli un'opinione. Quel testo, che trattava di come l'individuo rinascimentale dovesse agire, parlare e condursi, lontano dalla volgarità e sempre ricercando la discrezione e le buone letture – pubblicato con il titolo *Il Libro del Cortegiano* – era destinato a diventare il best seller del XVI secolo.

Stimolato dall'interesse di Vittoria, Castiglione le inviò il manoscritto. Poiché a distanza di diversi mesi esso si trovava ancora nelle sue mani, le scrisse per ricordarle che essendo in procinto di partire per la Spagna ne avrebbe gradito la restituzione. Vittoria gli rispose che avrebbe desiderato tenerlo ancora per qualche tempo:

Avendo promesso di darvi la mia opinione, e non importandomi di esprimerla con un linguaggio lusinghiero che voi conoscete meglio di me, semplicemente dirò la pura verità, affermandola con sacramento tale che mostri la efficacia che devesi [...] Io non ho visto mai, né credo veder altra opera in prosa, meglio o simile, né forse meritamente seconda a questa; perché oltre al bellissimo soggetto e nuovo, la eccellenza dello stile è tale, che con una soavità mai sentita vi conduce in uno amenissimo e fruttifero colle, salendo sempre senza farne accorger mai di non esser più nel piano dove entrasti [...] Lasciamo stare le maravigliose arguzie, le profonde sentenze che ci rilucono non meno che gemme legate in sì poco oro che solo gli serve per necessaria compagnia, senza togliere pur una minima parte della lor luce [...] Ma che dirò io della proprietà delle parole, che veramente dimostrano questa chiarezza di poter usare altro che 'l toscano? [...] Non di quella parte, che più mi piace ed obbliga, le forse debite laude che date alla continenza e virtù delle donne, determino tacere. [...] Ed il novo vostro vulgare porta una maestà con seco sì rara, che non deve cedere a niuna opera latina. [...]

20 settembre 1524

Come si vede da queste righe, Vittoria ammirava l'uso che Castiglione faceva del *vulgaris*, ossia dell'italiano, il dialetto che ormai molti usavano sia nella corrispondenza epistolare che nel parlato. Qui, tuttavia, la cogliamo in fallo per essersi trascritta diverse parti del *Cortegiano*, uno dei testi più importanti del Rinascimento, pubblicato ancora oggi e ancora oggi lettura di sicuro godimento.

A questo proposito il Castiglione le scrisse una nuova lettera: un gentiluomo napoletano che si trovava in Spagna gli aveva detto che molti capitoli erano stati visti a Napoli nelle mani di persone che si vantavano di averli ricevuti dalla stessa Vittoria Colonna. Questo lo infastidì grandemente e lo indusse non solo ad affrettare la pubblicazione del suo capolavoro, ma anche a rendere pubblico il disdicevole comportamento di Vittoria, nonostante l'affetto che nutriva per lei, stampando a prefazione del libro una 'lettera' dedicatoria indirizzata a tale Don Miguel:

Ritrovandomi adunque in Ispagna ed essendo di Italia avvisato che la signora Vittoria dalla Colonna, marchesa di Pescara, alla quale io feci copia del libro, contra la promessa sua ne aveva fatto transcrivere una gran parte, non potei non sentirne qualche fastidio, dubitandomi di molti inconvenienti che in simili casi possono occorrere; nientedimeno mi confidai che l'ingegno e prudenzia di quella Signora (la virtù della quale io sempre ho tenuto in venerazione come cosa divina) bastasse a rimediare che pregiudicio alcuno non mi venisse dall'aver obedito a' suoi comandamenti. In ultimo seppi che quella parte del libro si ritrovava in Napoli in mano di molti; e, come sono gli omini sempre cupidi di novità, parea che quelli tali tentassero di farla imprimere. Ond'io, spaventato da questo periculo, determinaimi di riveder subito nel libro quel poco che mi comportava il tempo, con intenzione di publicarlo; estimando men male lassarlo veder poco castigato per mia mano che molto lacerato per man d'altri.

Il riprovevole comportamento di Vittoria, così insolito in lei, ebbe dunque una conseguenza positiva: Castiglione, meticoloso com'era, fu finalmente costretto a dare alle stampe il manoscritto che teneva in serbo da anni, inserendovi aggiunte e correzioni, e ne uscì un libro di grande importanza storica, che dimostrò quanta disponibilità a imparare vi fosse a quel tempo. *Il Cortegiano* non tratta soltanto temi quali le regole di comportamento e le belle maniere; non è soltanto un prontuario di norme e consigli (un genere che iniziava a fiorire allora e fiorisce ancor oggi): è un manuale che insegna che le gioie più grandi sono quelle dell'anima, la quale deriva il suo nome dal latino *anemos*, vento. Castiglione e Vittoria aderivano alla concezione aristotelica secondo la quale l'anima infonde la vita nel corpo e nella *psyche* (il termine che in greco antico significa respiro).

Roma però stava cominciando a perdere quella finezza dello spirito che aveva caratterizzato la prima fase del Rinascimento, e la Chiesa, un tempo fonte di lustro e preminenza, stava attirando sulla città il biasimo universale. Fortemente abusata era la porpora cardinalizia, a cui aspiravano tutti – non solo i d'Ávalos – al fine di arricchire il proprio casato e costruire un centro di potere e di clientele. I cardinali, allora in numero di circa trenta, non erano necessariamente passati per la consacrazione episcopale; nelle cerimonie pubbliche essi godevano di dignità pari a quella dei duchi e in quanto tali erano preceduti solo dal papa e dai personaggi di sangue reale. Vivevano in modo principesco grazie alla vendita di indulgenze (simonia), ai feudi di cui erano proprietari e al denaro che proveniva loro dai tribunali episcopali sui quali esercitavano la giurisdizione (e dove facevano rare apparizioni, a meno, che non fossero caduti in disgrazia). Il seguito dei 'famigli' dei cardinali si aggirava solitamente sulle trecento persone tra armigeri, segretari, cuochi e stallieri, ma i più ricchi avevano alle loro dipendenze anche musici, giullari, poeti, pittori e nani, per non essere da meno delle corti di duchi e principi, o addirittura per superarle. Il segretario di Isabella Gonzaga fu talmente impressionato dai lussi di cui si circondavano i cardinali, che scrisse al marchese marito di Isabella: «Il cardinal Riario ha dato per noi una cena di una sontuosità così fuor dell'ordinario ch'essa sarebbe bastata per tutte le regine di questo mondo». L'ambasciatore veneziano, nel descrivere il banchetto offerto dal cardinale Cornaro, racconta che furono servite ben sessantacinque portate su raffinatissimi piatti d'argento e che il pasto fu accompagnato ininterrottamente da un concerto di strumenti e voci.

Principi e cardinali offrirono ricchi banchetti in onore di Vittoria marchesa di Pescara, la donna che a Roma era al centro di ogni conversazione e riscuoteva un grande successo personale, recitando le sue poesie ogni volta che le veniva richiesto.

Mentre Vittoria soggiornava a Roma, Ferrante si recò all'incoronazione di Carlo V ad Aquisgrana, e successivamente accompagnò l'imperatore nella sua visita a Enrico VIII d'Inghilterra, dove Carlo V porse omaggio a sua zia, la regina Caterina d'Aragona, e al cardinale Wolsey. Il matrimonio di Caterina doveva avere un tale impatto sulla storia dell'Inghilterra e di Roma, nonché sulla vita di Vittoria, che sarà meglio soffermarci un momento sulle ragioni che fecero di quella bistrattata principessa una pedina nei grandi giochi del tempo.

Figlia dei regnanti di Spagna, Caterina era un ottimo partito per la monarchia inglese. Dopo lunghe trattative Enrico VII, il re che sedeva alquanto precariamente sul trono d'Inghilterra, se ne assicurò la promessa di matrimonio per il suo primogenito Arturo, principe di Galles. Grazie a quella riservata e timida principessa spagnola Enrico poteva non solo consolidare la dinastia dei Tudor, ma anche tenere a bada la Francia. Il 4 novembre del 1501, la gente ammassata nelle strade per l'arrivo di quella principessa reale così profondamente devota rise di fronte alla stranezza dell'abbigliamento suo e del suo seguito. Secondo l'usanza spagnola, infatti, Caterina aveva il capo coperto da un velo, sicché nessuno poteva vederla in viso. Enrico VII si preoccupò: che fosse deforme? Sfigurata dal vaiolo? Con gesto villano le sollevò il velo, rivelando così un viso estremamente grazioso.

Arturo e Caterina, che tra di loro parlavano in latino e parevano andare d'amore e d'accordo, danzarono e si divertirono finché il 14 novembre si celebrò il loro matrimonio, con una magnificenza tale che la cerimonia lasciò stupefatti persino gli ambasciatori fiorentini. Concluse le celebrazioni, i due giovanissimi sposi, svestiti con l'aiuto dei rispettivi camerieri personali, furono lasciati soli, entrambi nudi, sotto il baldacchino reale. Sei mesi più tardi Arturo era morto e Caterina, appena sedicenne, vedova. Fu deciso allora che l'infanta di Spagna avrebbe sposato il secondo figlio di Enrico VII, malgrado egli fosse suo cognato e di cinque anni e mezzo più giovane.

«Ero vergine pura e intoccata dall'uomo» affermò ripetutamente la principessa, dichiarandosi ancora vergine nonostante il precedente matrimonio, tanto che si vestì di bianco per la sua incoronazione, avvenuta nel 1509, in concomitanza delle nozze con Enrico VIII. Era vero? O diceva il falso per appoggiare la politica dei Tudor e del padre Ferdinando? Il quale invece la trattò malissimo, lasciandola priva di danaro e di affetto. Caterina continuò a sostenere che il matrimonio con Arturo non era stato consumato; anche in seguito, quando il regale consorte, innamoratosi di Anna Bolena, decise di divorziare da lei, Caterina non si rimangiò mai quell'affermazione. Pur conoscendola a malapena, suo nipote Carlo V la rispettava non solo in quanto parente stretta e moglie di un altro sovrano, ma anche in quanto donna saggia; purtroppo non sappiamo nulla del loro incontro in Inghilterra, paese di cui Carlo cercava l'alleanza, avendo ereditato una serie di dispute e guerre con la Francia, oltre al titolo e ai possedimenti; tra il 1519 e il 1559, in ogni caso, le guerre tra gli Asburgo e i Valois domineranno la scena europea.

Poiché le potenze europee avevano bisogno dei servigi di bravi diplomatici, tutte le volte che non era impegnato a combattere Ferrante veniva inviato in missione, sicché Vittoria non lo vedeva mai. Non che Ferrante fosse un abile diplomatico; era però entrato a far parte della cerchia di Carlo V e si trovava presso di lui nel 1520, l'anno della sua incoronazione a imperatore ma anche della morte del padre di Vittoria. Fu in quel periodo che Leone X si alleò con l'imperatore. Nel 1521 a Prospero Colonna e a Ferrante d'Ávalos fu affidato il comando congiunto delle forze imperiali e pontificie. In quello stesso anno per Alfonso del Vasto, il figlio adottivo di Vittoria e Ferrante, giunse il momento di iniziare la carriera militare. Il padre non sapeva decidersi, perché Alfonso era l'unico erede maschio del casato, ma Vittoria si appellò a lui: «Venga il marchese del Vasto con voi! Poiché se per cattiva sorte egli morisse, sarebbe un male minore del vedere la gloria dei vostri antenati macchiata dalla codardia dei loro discendenti». Ad Alfonso regalò una tenda riccamente ornata, con un disegno di datteri – simboleggianti la crescita – e un motto in latino da lei stessa ricamato.

Il ricamo però era l'ultima delle preoccupazioni di Vittoria, che in quel periodo si stava infatti pian piano richiudendo in una sua particolarissima forma di religione. Il genere di spiritualità che andava sviluppando la portava a pregare in solitudine e a dubitare di quella forma di religione che aveva avuto modo di osservare tanto a Roma, alla corte del papa, quanto a Napoli, dove all'uscita dalla chiesa di Santa Chiara, con i suoi splendidi rituali, non poteva non imbattersi in una folla di poveri, di lebbrosi, di storpi. E ora, come se Dio volesse punirla, Vittoria riceveva la notizia che Ferrante si era ammalato. La sua salute non era mai stata buona dai tempi delle ferite ricevute in battaglia, e ciò destava in lei molta preoccupazione. Ma nonostante la malattia, Ferrante tornò a combattere, e dopo avere inflitto una sconfitta ai francesi, nel novembre del 1521 prese Milano. Nel dicembre dello stesso anno la morte del papa fu celebrata in mezzo al generale tripudio, quasi fosse un evento fausto. Il 17 agosto, accompagnato da Gian Matteo Giberti, il nuovo papa Adriano VI arrivò a Roma. Uomo saggio e di spirito conciliante, costui fu l'ultimo papa non italiano prima dell'elezione a pontefice del cardinale Karol Wojtyla avvenuta nel 1978, ossia 455 anni più tardi. Nativo di Utrecht, Adriano VI era stato il tutore di Carlo V, e per la sua formazione erasmiana era portato a desiderare una convivenza pacifica tra le varie confessioni religiose allora in perenne disputa. In Adriano, inoltre, Carlo V vedeva l'uomo che avrebbe finalmente posto un freno alla corruzione della curia.

Ferrante d'Ávalos e Prospero Colonna porsero il benvenuto al nuovo pontefice e gli chiesero di assolverli, poiché erano incorsi nella pubblica censura: nonostante le enormi ricchezze che affluivano dal Nuovo Mondo, l'Impero era in bancarotta a causa delle numerose guerre e l'esercito imperiale, mal pagato, si era abbandonato a razzie e saccheggi in Lombardia. Il papa si rifiutò di concedere l'assoluzione. Ferrante si affrettò a tornare a Roma e da Vittoria, la cui madre era appena morta all'età di cinquant'anni mentre si trovava in pellegrinaggio alla Madonna di Loreto. «Persino dietro al suo severo aspetto si celava una vivida luce» scrisse Vittoria in un poco ispirato sonetto dedicato ad Agnese. Ferrante rimase al suo fianco durante il funerale, che si svolse ad Albano, e poi la lasciò ancora una volta da sola.

Nel 1523, dopo un pontificato di breve durata, l'austero Adriano morì. I più erano convinti che fosse stato avvelenato, cosa probabile dato che durante il Rinascimento, e non solo in quell'epoca, il veleno era utilizzato di frequente per mutare le decisioni dello Spirito Santo. Adriano aveva perseguito con molta determinazione una politica indipendente, e con la sua incorruttibilità si era alienato la curia romana. Se Adriano era stato l'uomo prescelto da Carlo V, determinato ad attuare un cambiamento all'interno della Chiesa, il 19 novembre fu proclamato papa un altro Medici, con il nome di Clemente VII. A quel punto Carlo dovette capire che nemmeno un impero potente come il suo poteva emendare la corruzione che infangava le chiavi di san Pietro.

Due giorni dopo l'elezione di Clemente, mossa dal desiderio di stabilire buoni rapporti con il nuovo papa, Vittoria scrisse all'amico Gian Matteo Giberti, che occupava un'alta carica nello Stato Pontificio: «Questa sera udii la sperata notizia che Sua Eminenza il Vostro Cardinale è stato eletto papa». Nel prosieguo della missiva, in termini involuti e formali Vittoria chiedeva al Giberti di baciare per lei i piedi a Sua Santità. Un mese dopo essa scrisse una nuova lettera, questa volta indirizzata direttamente al papa. Ferrante nel frattempo si trovava in Lombardia; da sola, Vittoria trascorse l'inverno ad Arpino, un piccolo possedimento infeudato ai d'Ávalos, e da lì si trasferì a Marino nella primavera del 1524, per soggiornare insieme al fratello nel castello dov'era nata.

Giberti le fece pervenire alcuni madrigali scritti dall'Aretino; a parte uno a lode del Giberti stesso, tutti gli altri tessevano gli elogi di Vittoria. «Il nostro messer Aretino mi ha ben mostrato come ottenere due grandi successi: innalzare il livello del suo verso così che la sua mente poté cantare il vostro valore, e senza abbassare quello dare al mio un poco di nobiltà, senza portare alcuna degna lode al primo Madrigale» (26 maggio 1524). Il Giberti, che era un politicante consumato e a quel tempo accentrava un notevole potere nelle sue mani, aveva una tale fiducia in Vittoria da svelarle la strategia politica del papa in una delle sue lettere. Ciò ci dà un'idea della stima di cui godeva Vittoria, se politici di quella statura giungevano a discutere con lei del loro agire.

Il nuovo papa vedeva con crescente sospetto la presenza delle truppe imperiali in Italia, e giudicando che quelle francesi fossero un male minore, ancora una volta rovesciò le alleanze dello Stato Pontificio. La scelta di contrapporsi a Carlo V era tuttavia un grave errore, considerate le dimensioni della potenza imperiale. Sottovalutandole a sua volta, Francesco I discese in Italia e cinse d'assedio Pavia. Il 24 febbraio i due eserciti si scontrarono: le truppe imperiali di Ferrante sfondarono lo sbarramento della cavalleria francese e il re di Francia, pur appiedato dopo l'uccisione del suo cavallo, seguitò a battersi disperatamente. «Tutto è perduto fuorché l'onore» scrisse in una lettera alla madre, coniando una delle frasi più citate di tutti i tempi. Francesco di Valois fu preso prigioniero; 10.000 soldati erano morti. Nell'accampamento francese furono trovate alcune missive del papa che, fornendo all'imperatore le prove di quanto stretti fossero i legami di Clemente con i francesi, lo resero determinato a punire il tradimento. Nel frattempo, approfittando della gran confusione, il de Lannoy, uno dei comandanti spagnoli, si era imbarcato per la Spagna portandosi dietro la più preziosa delle conquiste, cioè il reale di Francia prigioniero.

Sanguinante a causa di tre ferite, Ferrante aveva procurato a Carlo una vittoria della massima importanza. Infuriato per la scomparsa del prigioniero – un bottino enorme, il cui riscatto avrebbe riempito le sue casse sempre più vuote – Ferrante scrisse all'imperatore (12 maggio 1524): «Mi ha procurato somma meraviglia il fatto che il Viceré non mi abbia informato». Carlo, che in realtà sospettava di Ferrante e stava dalla parte del Lannoy, forse volendo esprimere la sua gratitudine senza però rivolgersi direttamente a Ferrante, il 26 maggio indirizzò una lettera a Vittoria da Madrid. È ovvio che Ferrante non era simpatico a Carlo V; se ne serviva ma non gli piaceva.

Serenissima e cara parente,
quando ci è pervenuta la nuova della grande e memorabile vittoria che il sommo Iddio ha avuto la grazia di concederci contro i francesi in Lombardia, si aggiunge a molte altre cose per noi lietissima la memoria del vostro nome [...] dacché voi derivate da una stirpe e appartenete a una famiglia che a noi e ai nostri antenati in tutti i tempi ha reso non comuni servigi; e siete unita a un consorte al cui valore, alla cui esperienza nelle cose di guerra ed al felice modo di condurla, noi dobbiamo in gran parte la vittoria menzionata.

Come si vede, l'imperatore chiamava Vittoria 'parente' e faceva menzione della sua famiglia, ma non di quella di Ferrante.

Vittoria, che sperava nella ricompensa tanto ambita dal marito – un buon feudo con un titolo importante, oppure una porpora cardinalizia per Alfonso – scrisse in risposta una lettera che è un capolavoro di diplomazia. Con somma eleganza di stile, essa chiedeva alla potentissima maestà di ricompensare Ferrante: «Né so quale sia più da stimare, se ricevere il premio di tanto gran Principe, o la gloria di chi dice esserne debitore». Carlo infatti aveva generosamente ricompensato Lannoy ma non Ferrante, il quale era indebitato per somme enormi. Il connestabile Carlo di Borbone avvertì Ferrante e l'imperatore: «A Roma, così come altrove, si comincia a complottare».

La rabbia di Ferrante di fronte alla magra ricompensa per quella vittoria che gli era costata la salute era di dominio pubblico, tanto che Girolamo Morone, il cancelliere di Milano, lo avvicinò nella speranza di guadagnarlo alla sua causa: non solo il papa, ma anche i signori italiani temevano Carlo V. Dei negoziati che si svolsero in segreto si occupava Gian Matteo Giberti, l'amico di Vittoria. I cospiratori capeggiati dal papa, così come i veneziani e Morone, ritenevano che fosse giunta l'ora di sbarazzarsi degli spagnoli, contando sul fatto che in un'Italia del Nord divenuta terra di scorribande e di saccheggi, dove le truppe imperiali senza paga e senza cibo opprimevano gravemente le popolazioni, si sarebbe con ogni probabilità scatenata una ribellione generale.

Morone offrì a Ferrante la corona di Napoli in cambio dell'assunzione del comando delle forze italiane che si sarebbero opposte all'esercito imperiale. Tremando al solo pensiero, in una delle sue numerose lettere a Ferrante, Vittoria scrisse:

> Titoli e regni non conseguono il vero onore senza virtù e senza principi, che soli consentono a un nome di giungere senza macchia ai posteri. Non desidero essere moglie di re, sì bene di quel gran capitano, che non solamente in guerra col valore, ma in pace ancora, con la magnanimità, aveva saputo vincere i re più grandi.

Purtroppo di queste sue lettere ce ne sono giunte poche, solo quelle intercettate dalle spie imperiali.

Contro i sospetti dei contemporanei, secondo i quali egli era fortemente tentato dalla proposta di Morone, Ferrante informò il Borbone del complotto, e con una lettera del 30 luglio lo stesso Carlo: «Queste pratiche non mi piacciono. Ma siccome necessità mi stringe e il caso così richiede, mi allieto di prestar servizio a Vostra Maestà, certamente non senza molta vergogna, perché ben riconosco che pecco contro qualcuno, per non peccare contro quello al quale sono debitore più che a tutti».

In realtà Ferrante non si sentiva in debito verso Carlo, ma lo temeva e allo stesso tempo sperava nella tanto sospirata ricompensa; inoltre aveva prestato orecchio al consiglio di Vittoria. In quella stessa lettera egli segnalava all'imperatore anche l'impopolarità dell'esercito imperiale in Italia: «Non vi è nessuno qui che non tema la grandezza di Vostra Maestà, nessuno che non aborrisca il peso del suo esercito». I duchi di Ferrara e di Milano si erano schierati anch'essi contro l'imperatore, riferiva inoltre Ferrante, e lo stesso poteva dirsi di Genova, Firenze, Mantova, Lucca e Siena. «Non avete amici, e solo pochi servitori che sono stanchi e scoraggiati».

Da Novara, il 22 ottobre, un Ferrante indebolito, «stanco e scoraggiato» mandò a chiamare il cancelliere Morone, al quale riuscì a strappare ancora una volta tutti i particolari del complotto. Fatto arrestare Morone al termine del colloquio, Ferrante diramò immediatamente ordini volti a salvaguardare il controllo imperiale sulle città coinvolte nella ribellione, e per conto suo si affrettò a occupare Milano con fanti e cavalieri. Venezia, la Serenissima, così informò del fatto i suoi ambasciatori a Londra (4 novembre): «Il marchese di Pescara lasciò Pavia e raggiunse Milano la sera con 200 lancieri e un gran numero di cavalieri, oltre a 3000 soldati e 18 cannoni. E subito egli andò in cerca del duca [Sforza] dicendogli che era venuto a occupare la città e il castello nel nome dell'Imperatore». Il magnifico e arcigno castello degli Sforza – uno dei grandi interventi di Leonardo, a guisa di fortezza cinta da mura, con 62 ponti levatoi e 1800 macchine da guerra, difeso da 1000 mercenari in tempo di pace e quattro volte tanti in tempo di guerra – dichiarò la resa. Muovendosi con tanta rapidità, Ferrante consegnava l'Italia intera alla Spagna.

Da Marino, Vittoria seguiva le gesta del marito e scriveva lettere tanto al pontefice, le cui speranze di spostare a proprio favore l'equilibrio dei poteri si erano ormai vanificate, quanto al Giberti, l'agente di papa Clemente nell'alleanza contro Carlo V, ignorando che essi ormai si collocavano dalla parte avversa. Morone firmò una confessione; il 26 novembre del 1525, dopo aver dato ordine che i beni di costui non fossero confiscati, Ferrante scrisse all'imperatore supplicandolo di risparmiargli la vita. Ma Ferrante era talmente indebolito dalle ferite ricevute che, sentendo ormai prossima la fine, mandò un messaggero a Vittoria con la richiesta di raggiungerlo. La notizia della sua morte però colse Vittoria poco oltre Roma, nella città papale di Viterbo, mentre lei era ancora in viaggio.

Ferrante moriva all'età di trentasei anni. Immediatamente iniziò a circolare la voce che fosse stato avvelenato, forse per ordine del papa. Benché un accenno al veleno si trovi anche nelle pagine del suo biografo contemporaneo, l'ipotesi era piuttosto improbabile, dato che Ferrante era effettivamente debole a causa delle lesioni subite in battaglia e già in cattiva salute. Lasciava tutti i suoi averi alla moglie e al figlio adottivo Alfonso del Vasto, che con il beneplacito dell'imperatore ereditò anche il titolo di marchese di Pescara. Dopo un grandioso funerale a Milano, le spoglie di Ferrante furono traslate a Napoli, ma il monumento funebre, per cui l'Ariosto aveva scritto un epitaffio, non fu mai eretto. I suoi resti si trovano tuttora nella sacrestia di San Domenico Maggiore a Napoli, in attesa di essere sepolti in Spagna, e ancora pendono dalla sua polverosa bara la bandiera lacera e la spada strappata di mano al re di Francia nel corso della battaglia di Pavia.

«Se mai misero visse in doglia e pena / avvolto in nero duol, in nero manto / quella son io che vivo sol di pianto» lamentò Vittoria in un sonetto. Sconvolta dal dolore, fece ritorno a Roma e qui entrò nel convento di San Silvestro in Capite, una chiesa molto vicina alla famiglia Colonna. Il papa, ormai apertamente nemico delle forze imperiali, debole e indeciso, impotente e isolato, non aveva alcun legame di amicizia con i Colonna. In una lettera (7 dicembre 1525) egli vietò alle suore di San Silvestro, pena la scomunica, di permettere a Vittoria di prendere i voti, in quanto poteva trattarsi, in quel doloroso frangente, di una decisione affrettata. La verità era che non voleva intorno Vittoria.

Nel frattempo Ascanio Colonna consigliò alla sorella di uscire dal convento e di abbandonare immediatamente la città. Vittoria fuggì allora a Marino, dove i Colonna, in lega con l'imperatore, stavano preparando l'attacco contro il pontefice e Roma. Era la vendetta di Carlo per i complotti di Clemente. Il giorno 20 settembre 1526 Pompeo Colonna (che era un cardinale) cinse d'assedio il Vaticano con una cavalleria forte di 800 uomini e una fanteria composta da 3000 soldati, che si autoproclamarono i liberatori dalla tirannia del papa. A costoro, intenti a saccheggiare il Vaticano, si unirono anche la popolazione di Roma e persino la milizia pontificia. Mentre i soldati depredavano il palazzo, la sacrestia e la chiesa, Clemente si rifugiò a Castel Sant'Angelo.

Vittoria era profondamente afflitta dalla perdita di Ferrante. Ora che suo marito non c'era più, la vita le era divenuta insopportabile, tanto da farle scrivere: «Ch'io di lui sempre pensi, o parli, o pianga!» Dato che i Colonna erano diventati i più implacabili nemici del papa, Vittoria dovette spostarsi più a sud, verso Aquino, e di qui a Napoli; infine, quando Napoli si trovò ancora una volta sotto la minaccia dei francesi, al «caro scoglio» di Ischia.

Nell'aprile del 1527, durante una battaglia navale tra gli spagnoli e la flotta genovese nel golfo di Salerno, i genovesi fecero prigioniero il solo fratello rimastole, Ascanio, insieme ad Alfonso del Vasto. Vittoria mandò medicine e denaro e scrisse preghiere al Giberti affinché intercedesse in suo favore. Ma com'era possibile conciliare due fazioni così fieramente opposte come il papato e i Colonna? In quel periodo Vittoria scrisse anche un gran numero di sonetti, nei quali si descriveva come un donna sola, abbandonata alla malinconia, mentre Ischia assumeva l'aspetto di «uno scoglio solitario e orribile», buono solo per nascondersi da chi amava e anche da se stessa. Non avrebbe mai più rivisto il marito; almeno quando rimaneva sola, prima, sapeva che egli era vivo, e che un giorno sarebbe tornato da lei.

Nella primavera del 1527 le truppe imperiali si erano ammutinate, devastando tutti i territori al loro passaggio. Dodicimila lanzichenecchi luterani, affamati e senza paga, si unirono alle truppe imperiali e insieme a queste calarono su Roma, la sede di quel pontefice che aveva tradito il loro padrone. I luterani vedevano in Clemente l'Anticristo, e ne bruciarono l'effigie proclamando papa Lutero. Il loro capitano, Georg von Frundsberg, originario del Tirolo, dichiarò: «Il papa è nemico acerrimo dell'imperatore e ha iniziato la guerra. Per onor di Dio, egli dovrà essere impiccato». Certamente Carlo era intenzionato a punire Clemente fingendo di ignorare ciò che faceva l'esercito, ma aveva sottovalutato gli umori di quelle orde da tempo private del soldo. Il 7 maggio, 40.000 ammutinati forzarono l'ingresso a Roma dando il via a otto giorni di massacri, saccheggi e torture.

L'assalto a Roma iniziò al mattino, dalle alture alle spalle di San

Pietro. Una foschia densa, quasi una nebbia, avvolgeva la città. Ad avanzare per primi furono gli spagnoli e i mercenari luterani, scarsamente visibili in quella poca luce. Al comando supremo dell'esercito imperiale era il connestabile Carlo di Borbone, che morì al primo assalto. Le truppe attaccarono per primi gli ecclesiastici e i beni della Chiesa; quando ebbero finito, passarono al saccheggio delle abitazioni private e al massacro dei cittadini. A soffrirne di più furono le donne, che vennero quasi tutte stuprate. Lo storico Guicciardini sostenne che i crimini più efferati furono compiuti dagli spagnoli, ma nell'esercito imperiale ammutinato c'erano anche degli italiani. Dopo la fase più violenta, quella tra il 6 e il 14 maggio, il sacco di Roma si protrasse per un altro mese.

Contro la Chiesa di Roma esplodeva tutto l'odio dell'Europa. Frati e preti furono decapitati, e «molte giovani suore furono stuprate e fatte prigioniere». San Pietro venne trasformata in una stalla. «Tutti i peccati furono commessi a Roma» scrisse un contemporaneo. «Sodomia, simonia, idolatria, ipocrisia, frode. Se ciò avvenne certamente non fu per caso, ma per il giudizio di Dio». Nell'afosa metà di giugno di quell'anno, mentre le truppe imperiali abbandonavano la città, esplose un'epidemia di peste che durò fino all'autunno, quando le truppe tornarono a Roma per svernarvi. Per tutto questo periodo continuarono le devastazioni; intere biblioteche, arredi e oggetti di grande valore furono bruciati dai soldati per riscaldarsi.

Quando il papa de' Medici riparò a Orvieto con indosso i vestiti del suo maggiordomo, lo raggiunse un'ambasciata proveniente dall'Inghilterra. La sua autorità era invocata da Enrico VIII per sciogliere il nodo del matrimonio con Caterina d'Aragona. Ma Caterina era la zia di Carlo V e quindi Clemente poteva solo fare qualche vaga promessa: ottenere l'amicizia di Enrico VIII era desiderabile, ma il papa era virtualmente prigioniero dell'imperatore.

Anche la pestilenza si prese la sua vendetta sulla capitale, causando la morte di 20-25.000 persone. I due terzi della città erano ridotti a rovine. Il sacco di Roma fu visto come la fine di un'epoca di splendore: l'età delle arti, della bellezza, del Rinascimento era tramontata. Il Sadoleto, un tempo allegro e spensierato, dopo essere stato testimone del saccheggio scrisse: «Se attraverso le nostre sofferenze una soddisfazione è data all'ira divina, se coteste spaventose punizioni aprono la via a migliore legge e morale, la nostra disgrazia non sarebbe la più grande [...] e davanti a noi vi è una vita di riforma...»

Sconvolta, Vittoria Colonna si trovava a Ischia insieme a Costanza e alla figlia di suo fratello, chiamata anch'essa Vittoria. Vestita in nero, la testa coperta da un velo, Vittoria praticava il digiuno e non voleva ricevere nessuno. Al suo lutto si era aggiunto un altro dolore: come accennato prima, il fratello e il figlio adottivo Alfonso erano stati fatti prigionieri dai genovesi. Vittoria scrisse ad Andrea Doria, implorandolo di non cedere alle richieste dei francesi e di tenere i suoi parenti a Genova come propri prigionieri. Corrispondenze febbrili, incontri politici, suppliche e viaggi riempiono questa fase della vita di Vittoria.

Scriveva e scriveva per placare la sua disperazione, come essa stessa ebbe a confessare più tardi; piangeva ancora la morte di Ferrante, ma piangeva anche la sorte toccata a Roma, alla cristianità, al ruolo del suo casato; afflitta, lamentava il triste destino che le era toccato. «Scrivo per esprimere il mio grande dolore». Perché la morte non la prendeva con sé? Per la prima volta Vittoria, lei così religiosa, giunse al punto di meditare il suicidio. Che lo sapesse o no, un nuovo capitolo doveva invece aprirsi nella sua vita. Un nuovo papa avrebbe mutato il corso della sua esistenza, mentre il Rinascimento chiudeva le porte a Roma.

Dopo tanti eventi tragici (le truppe ammutinate avevano saccheggiato mezza Italia, oltre a Roma) e constatando che gli italiani avevano perduto il loro *status* e la loro indipendenza, molti ebbero una reazione di rifiuto verso il passato, verso la vita spensierata condotta fino ad allora e verso la mancanza di una direzione spirituale. Gli amici si strinsero gli uni agli altri. Vittoria ricevette una lettera dal Castiglione in cui questi la perdonava per la sua indiscrezione in merito al manoscritto del *Cortegiano*. In fin dei conti erano successe tante cose, ed essi erano tutti infelici vittime degli eventi:

Non ho osato questi tempi scrivere a V.S. per non essere sforzato a commemorare quello, che né io poteva dire, né vostra Signoria ascoltare senza estremo dolore. Ora che le calamità intervenute sono tanto grandi, che quasi come universale diluvio hanno fatto le miserie d'ogni uno eguali, pare che a tutti sia lecito, e forse debito, scordarsi ogni cosa passata e aprire gli occhi, o almeno uscir dalla ignoranza umana insino a quel termine che la nostra imbecillità ci concede, che è il conoscere che niuna cosa sapremo.

Il sacco di Roma impresse un marchio a fuoco nella vita di quanti lo subirono e in particolar modo di coloro che erano fisicamente e spiritualmente deboli, tra i quali si contavano, naturalmente, le donne.

Capitolo sei

Vittoria, Giulia e Tullia
(1527-1538)

Nel febbraio del 1527 erano giunte a Roma Tullia e sua madre, in fuga da una Siena saccheggiata e ridotta alla fame dalle truppe imperiali che vi erano discese. Le due donne non immaginavano di avere lasciato il primo girone dell'inferno per andare a cadere dritte nel suo punto più fondo. Assistettero al sacco di Roma vedendo i soldati depredare una casa dopo l'altra, torturare finché la vittima non confessava dov'era nascosto l'oro, e rubare ovunque, dalle case dei più ricchi a quelle dei più poveri. Giulia perse tutto quello che aveva pian piano accumulato: il denaro e i gioielli portati da Siena nella speranza di mettere in salvo il suo tesoro le furono rubati. Del resto chi avrebbe mai immaginato che le truppe ammutinate avessero la temerarietà di irrompere nella città santa, e che l'imperatore potesse permettere il sacco di Roma? Per madre e figlia non c'era scampo dallo stupro, dalla rapina e dall'umiliazione: se Giulia aveva sognato di preservare Tullia (che all'epoca aveva circa diciassette anni) dallo squallore della strada imboccata da sua madre, ora che le due donne avevano perso tutto non restava altra scelta.

Anche Isabella Gonzaga, avendo in un primo momento sottovalutato il pericolo, si trovava a Roma. Si era barricata nel palazzo Santi Apostoli, vicinissimo a palazzo Colonna; aveva ordinato polvere da sparo e fatto murare porte e finestre; generosa, in quella sede aveva dato rifugio a ben duemila persone! Isabella stessa era stata salvata da un fratello di una delle sue damigelle.

Isabella fuggì per nave, da Ostia. Giunta a Civitavecchia proseguì per terra, mentre tutti i suoi averi, oltre che vari uomini e donne del suo seguito, venivano catturati dai pirati che le chiesero fortissimi riscatti. Finalmente in salvo, scriveva al marito ringraziando Dio per essere riuscita a fuggire sana e salva dalla città in preda al saccheggio,

«...cosa veramente miracolosa perché di quante case erano in Roma nessuna si è salvata tranne la nostra». E Francesco così commentava quella calamità disumana: «Si può ben dire che Dio vuole dare un flagello alla cristianità».

Persino il Mediterraneo era diventato pericoloso, non solo perché i pirati facevano scorribande in lungo e in largo, ma anche perché i francesi minacciavano Napoli e persino Ischia. «Di tutti i nobili di questo regno» scriveva il contemporaneo Gregorio Rosso, «alcuni andarono a Salerno e altri a Ischia, nella casa del Marchese del Vasto, della sua bellissima moglie donna Maria d'Aragona, della dotta Marchesa di Pescara, Vittoria Colonna; della Duchessa di Amalfi e della Principessa di Salerno, e di Lucrezia Scaglione, bella e 'sconveniente'».

Lucrezia Scaglione, moglie di Paolo Carafa e amante del viceré di Napoli, era davvero 'sconveniente', e infatti di lei Carlo V, ammirato e invaghito, disse: «Sebbene non fosse nata con un titolo, tra tutte quelle dame era famosa e celebrata e si conduceva come fosse titolata, coraggiosa, di eccellente conversazione e bellissima!» Su di lei Vittoria scrisse un epigramma, ma né quello né altri sono giunti fino a noi.

In una lettera a Baldassarre Castiglione, Vittoria Colonna accenna alla biografia di Ferrante da lei commissionata a Paolo Giovio e che quest'ultimo le aveva fatto recapitare insieme a una lunga lettera in latino. La lettera, in cui il Giovio menziona il «maggiore desiderio» di Vittoria, e cioè che la memoria del marito non muoia mai, chiude in bello stile sottolineando la 'virilità' di Vittoria stessa, ossia la forza maschile della sua intelligenza: «Essendo un'eccellente donna dalla mente virile che, oltre che con la sua prosa scorrevole, compete con i migliori poeti nello scrivere versi...» Nella nuova temperie spirituale, l'onestà di Vittoria era altamente lodata, e furono molti i contemporanei a elogiarla in versi, da Giano Anysio a Luigi Tansillo nella sua *Apologia pro mulieribus*. Vittoria divenne il simbolo della nuova intellettuale, non più solo figura di spicco della nobiltà ma anche donna assolutamente non frivola, la personalità cioè che meglio si adeguava a quei momenti di tragedia, al post-sacco, a un tempo che vide tutta l'Italia in pianto e che testimoniò l'incrinatura del Rinascimento.

Vittoria era adesso una donna sola, con la responsabilità di un figlio adulto. Ma la sua solitudine era alleviata dalla profonda amicizia stretta con alcune donne di Napoli, che parevano in cerca di una guida spirituale. A un'epoca di godimenti spinti all'eccesso era seguita un'ondata di pentimento, in un fenomeno di reazione che coinvolgeva tutti quanti, Vittoria inclusa.

Il protestantesimo era diventato causa di instabilità politica, ed era risaputo che l'imperatore era preoccupato dall'eventualità di uno scisma. Fuori dall'Italia si stampavano giornalmente 10.000 pagine di un libro intitolato *Das Newe Testament Deutzsch* (*Il Nuovo Testamento in tedesco*): Martin Lutero aveva tradotto la Bibbia nella lingua dei suoi connazionali, e nel settembre del 1522 ne apparvero 3000 copie. In undici anni ne furono pubblicate cinquantotto edizioni: nonostante i decreti imperiali che in talune città tedesche ordinavano di bruciarne gli esemplari, la Bibbia di Lutero si era guadagnata un'enorme popolarità. La novità rivoluzionaria consisteva nella traduzione nella lingua vernacolare, poiché ciò significava che la voce di Dio era accessibile a chiunque non attraverso l'interpretazione del clero né in giorni e luoghi specifici, bensì tramite la lettura individuale. Presto quella Bibbia sarebbe circolata anche nella traduzione francese e italiana.

Pur essendo ostile alla rivolta luterana, Carlo V desiderava che la Chiesa di Roma si riformasse dall'interno, e poiché sull'Impero e sull'Europa gravava la minaccia turca, risuscitò l'idea delle crociate – questa volta come strumento di difesa e non di aggressione –, spostando tutta l'attenzione sulla potenza di Solimano. Carlo, che aveva ottenuto l'Impero attraverso giochi dinastici, si considerava il capo di una cristianità indivisa; e se il papa non concordava su quello che doveva essere il ruolo dell'imperatore, quest'ultimo lo avrebbe costretto con la forza. Clemente firmò un trattato di pace con Carlo e dovette concedere ai Colonna il perdono ufficiale.

Ciò significava che Vittoria poteva tornare a Roma, dove nel 1530 troviamo sia lei sia Tullia. Malgrado il saccheggio, la capitale era ancora terreno propizio per le cortigiane, essendo abitata da numerosi uomini soli, membri del clero, viaggiatori, pellegrini e ambasciatori. La madre di Tullia aveva iniziato la figlia al mestiere («per necessità», come avrebbe detto in seguito la stessa Tullia) e l'aveva sistemata alla grande, non come cortigiana *de la candela* ma in un palazzo con sei servitori.

La tristezza di Vittoria era alleviata dalla compagnia di nuovi amici, come Reginald Pole (1500-1558), vescovo inglese di sangue reale, e Juan Valdés, riformatore spagnolo. Jacopo Sadoleto, che vent'anni prima aveva amato alla follia Imperia, si era trasformato in un personaggio austero che tuttavia rimpiangeva i tempi dell'umanesimo, delle accademie, della gaiezza, dell'estetismo paganeggiante: «Oh, quando ripenso a quei giorni andati, quando in tanti eravamo riuniti» scrisse in tono nostalgico a un amico, «e quanto spesso ricordo quelle cene [...] quando tenevamo convegno con tanti amici brillanti [...] E come, dopo i nostri banchetti, sapidi più di arguzie che di golosità, usavamo recitare poesie e discorrere...» Tutto ciò era svanito nell'atmosfera cupa che regnava dopo il sacco della città. Era come se il Rinascimento italiano fosse stato punito per la sua laicità, per la sua capacità di innovazione e di ricerca.

Anacronisticamente, Tullia cercò di far rivivere quei tempi aprendo un salotto in cui si danzava e si cantava, oltre a dibattere su Platone e sul Petrarca. Un mezzo molto in voga per dissipare la tristezza era la musica, con la 'frottola', una canzone che si poteva cantare a una sola voce, o il madrigale, un'altra forma di musica non religiosa. Vestita con abiti sontuosi, dopo il pasto Tullia intratteneva gli ospiti con quella musica, aiutata dai suoi servitori. È forse il caso di notare, a questo riguardo, che pur avendo dei domestici né Tullia né Vittoria possedevano schiavi, sebbene i portoghesi li vendessero ai ricchi romani ormai da sessant'anni. Papa Innocenzo VII aveva ricevuto in dono 100 schiavi mori e li aveva a sua volta regalati, ma ufficialmente la Chiesa disapprovava il commercio di carne umana. A Venezia era considerato elegante avere come paggio un moro, possibilmente giovanissimo, e molte cortigiane amavano farsi accompagnare da una ragazza mora, che con la sua carnagione metteva in risalto il candore della loro.

I ricchi che volevano darsi un certo tono avevano un numero consistente di servitori. Quando viaggiava, Vittoria doveva 'prendere in prestito' o assoldare sei o sette soldati. Una corte, invece, ne teneva un gran numero. A Urbino, per esempio, c'erano trecentocinquantacinque persone, che comprendevano quarantacinque conti del ducato, diciassette tra gentiluomini e membri della nobiltà minore, cinque segretari, ventidue paggi, diciannove camerieri particolari, diciannove servitori alla mensa, ventuno valletti, cinque cuochi, cinquanta stallieri sotto cinque padroni e centoventicinque lacché. La duchessa (era questo il tempo in cui il signore di Urbino era lo zio di Vittoria) aveva sette dame di compagnia. Una corte di quel genere offriva anche molti impieghi temporanei: a quella di Mantova lavoravano in tal modo ottocento persone. Era questa la categoria dei 'famigli', cioè i servi che si occupavano degli aspetti più intimi della vita dei signori, come era il caso dei valletti, dei paggi e dei servitori in livrea. La categoria di grado più basso era quella dei 'galoppini', ovvero coloro che dovevano correre qua e là tutto il giorno per fare commissioni e consegne. I loro vestiti conservavano ancora l'antica magnificenza, emulando nei colori e nella lavorazione i ricchi tessuti usati per l'abbigliamento dai bizantini, e contribuivano a definire la condizione sociale di chi li indossava.

Mentre Vittoria disdegnava la ricercatezza nel vestire, Tullia spendeva tempo e denaro per acquistare broccati e velluti ricamati in oro; mercanti e sarti portavano direttamente in casa sua splendide stoffe dall'Oriente per mostrarle all'incantata cortigiana circondata dai servitori, dalla madre e dagli amici. Da costoro Tullia comprava anche gli incensi da bruciare in casa, estratti di rose provenienti dalla Persia e pietre semipreziose, come i turchesi, da cucire sui corpetti. I mercanti le offrivano anche nastri di seta a tinte delicate, che le cameriere personali avrebbero intrecciato alle ciocche dei tanto ammirati capelli della padrona.

Il Rinascimento inventò la moda, cioè un genere di abbigliamento che, modellando il corpo, ne faceva un centro di attenzione, in netto contrasto con le cappe avvolgenti dell'età medievale. A differenza di quel che accade oggi, dove la spinta a uniformarsi alla moda fa sì che tutti comprino lo stesso tipo di vestiti, le donne di quei tempi ricercavano la singolarità. Persino le calze avevano un colore differente per gamba! L'abito rivelava la cultura, lo *status* e la personalità di chi lo indossava. I tessuti erano ricchi: sete damascate, velluti e broccati, quasi sempre impreziositi da lavorazioni in filo d'oro o d'argento. Essendo così rare e costose, le stoffe svelavano già al primo sguardo la posizione sociale di chi ne era rivestita. Tra i poveri e i ricchi c'era una differenza enorme anche nell'aspetto: bastavano le scarpe a tradire la collocazione sociale di coloro che dovevano percorrere a piedi le strade fangose delle città. Donne come Tullia calzavano scarpine di seta, solitamente ricamate e a volte anche adorne di gioielli, spesso con tacchi molto alti o, per meglio dire, veri e propri piedistalli. Gli abiti avevano sempre un'ampia gonna a vita alta e maniche a sbuffo. Lo scollo dei vestiti era profondo – le donne caste potevano sempre coprirsi con una stola di seta – e i corpetti molto aderenti. La città che vantava l'abbigliamento più raffinato era Firenze.

Secondo Mary McCarthy e altri, «i fiorentini furono gli inventori del Rinascimento, che è come dire che essi inventarono il mondo moderno, un fatto in sé positivo, seppur non certo esente da risvolti negativi».

Filippo Strozzi, ricchissimo fiorentino e vero *dandy* rinascimentale, al suo arrivo a Roma destò grande ammirazione per la sua originale interpretazione della moda, per la sua gaiezza e per la sua brillante conversazione. Di nobili origini e studioso di musica, sposato a Clarice de' Medici, si era recato a Roma per una missione politica: contava di raccogliere sostenitori per scacciare le truppe imperiali e la famiglia de' Medici. Firenze infatti si era ribellata al governo mediceo, ma la rivolta era stata sedata grazie all'aiuto del papa de' Medici e dell'esercito imperiale.

Repubblicano in gioventù, spirito libero, Filippo Strozzi era stato un entusiastico frequentatore delle cortigiane fiorentine. Durante la sua visita a Roma conobbe Tullia e poco dopo andò a vivere con lei. Mentre egli scriveva, Tullia suonava per lui oppure lo aiutava nella stesura delle lettere, essendo essa stessa un'ottima scrittrice e godendo della confidenza di Filippo sulle delicate questioni della diplomazia. Tuttavia Tullia frequentava molte persone altolocate che avrebbero voluto sapere cosa tramavano i fiorentini. «Perché mi scrivete avendo accanto Tullia?» si legge in una lettera indirizzata allo Strozzi da Firenze. «Non voglio che voi leggiate le mie lettere quando ella è d'intorno. Amandola voi come femmina che ha spirito – poiché la sua bellezza non è tale da giustificare ciò – non voglio essere da voi messo nella posizione ch'essa possa nuocere alla mia reputazione con coloro di cui vi scrivo». In effetti nel piacevole salotto di Tullia si chiacchierava molto e di tutto, tanto che la sua nomea aveva raggiunto anche Firenze. O forse Tullia era una spia a tempo perso, come tante altre cortigiane? È un'ipotesi plausibile, come vedremo più avanti.

Tullia stava diventando uno dei personaggi più popolari di Roma, soprattutto perché grazie a lei si rinnovavano quei giorni felici che al di fuori del suo *salon* non esistevano più. Erano soprattutto i giovani – «quegli uomini imberbi» – spesso anche più giovani di Tullia, a sentirsi attratti dall'atmosfera sensuale e intellettuale del suo circolo.

Tanto che sei di loro, venuti a sapere che la «loro» Tullia era stata calunniata, firmarono una petizione lunga e un pochino sarcastica nella quale asserivano che «l'illustrissima Signora Tullia», piena di virtù, era «la miglior donna del tempo presente, passato e futuro». Qualora avessero udito qualcosa in contrario, erano pronti a battersi per lei, e sfidavano «ogni lingua invidiosa» a duello. Di tali lingue ce n'erano molte, e più che invidiose erano sdegnate: nel nuovo clima riformista, religioso e sobrio che si era instaurato, non c'era più spazio per una cortigiana che parlava del Petrarca. Filippo Strozzi era tra i firmatari della galante dichiarazione in difesa di Tullia. Era una musicista di tale talento! I due cantavano insieme, e quella per la musica era una passione che li univa fortemente.

Una successiva lettera, dello stesso pugno di quella in cui si chiedeva a Filippo di leggere la corrispondenza in privato, avvertì il fiorentino che battersi in duello per una donna simile non era degno di lui, per poi concludere: «Sistema gli affari al più presto e torna qui». E così fece Filippo. Viene da domandarsi se Tullia abbia sentito la mancanza di quell'uomo ricco, elegante e arguto, pur sapendo che non le era permesso di innamorarsi di nessuno.

Vi fu un altro ricco giovane che spese per lei ingenti somme di denaro. «Tullia giocò con lui impietosamente e mai gli si diede, facendogli patire mille tribolazioni». Cosa aveva di speciale Tullia, per incantare tanti uomini? Era graziosa e sapeva danzare molto bene; conquistarla era un'impresa difficile, così come era difficile essere ammessi nel suo salotto: per un uomo occorreva una presentazione speciale, e anche in quel caso non era scontato che Tullia gli avrebbe concesso i suoi favori, pur accettandone i doni. Tullia, «mostro, miracolo, sibilla», pur essendo una cortigiana era quasi irraggiungibile.

In un clima di rinnovato fervore religioso, e nel quale dilagava la superstizione, i detrattori di Tullia fecero circolare la voce che essa ricorreva a formule magiche per incantare tutti quei giovani. Un monaco diede una minuziosa descrizione di una scena in cui Tullia, vestita di nero e con un nastro vermiglio che le circondava la fronte, dopo essersi lavata per tre volte le mani nell'acqua pura avrebbe gettato del sale sul fuoco ripetendo alcune formule magiche. Sul suo conto cominciarono a circolare anche dei racconti che l'attaccavano ferocemente. «Vendendosi agli uomini e mascherandosi sotto l'ingannevole pretesa di doti letterarie, Tullia attirava e seduceva non soltanto i giovani» scrisse Giovan Battista Giraldi, il cronachista fonte di tante storie, tra le quali l'*Otello*, «ma anche gli uomini maturi e di cultura». Austeri intellettuali si vedevano costretti a ballare la pavana al solo scopo di dilettarla, e anche dopo Tullia rifiutava di concedere loro il proprio corpo, notava poi Giraldi. Invece Ippolito de' Medici, giovane e di bell'aspetto, la pensava diversamente:

> Se 'l dolce folgorar dei bei crin d'oro
> e 'l fiammeggiar dei begli occhi lucenti
> e 'l far dolce acquetar per l'aria i venti
> co 'l riso ond'io m'incendio e mi scoloro
> [...]

Destinato al matrimonio con la giovane Isabella Colonna, figliastra di Giulia Gonzaga, Ippolito era un galante giovane con dei baffetti sottili e una barba curatissima. Elegantissimo, si vestiva nelle fogge più svariate, tanto che si fece ritrarre da Tiziano con un abito di velluto rosso e in testa un cappello piumato, ma anche, come annotò il Vasari, «con un'armatura indosso in un secondo ritratto».

Musicista, poeta e donnaiolo, Ippolito era nipote di Leone X e cugino di Clemente VII, essendo il figlio naturale di Giuliano de' Medici, duca di Nemours. Entrambi i papi lo amavano: Leone si era fatto ritrarre da Raffaello con accanto Ippolito bambino, Clemente lo fece cardinale nel 1529 e poco dopo vicecancelliere dello Stato Pontificio, precisando che a ciò si era disposto «giudicando ch'egli si potesse accomodare a pigliar gravità d'animo». Quando conobbe Giulia Gonzaga, la giovane parente di Vittoria che avrebbe dovuto diventare sua suocera, Ippolito se ne innamorò. Quello per Giulia era un amore profondo; niente a che vedere con l'amor profano che lo legava a Tullia. Ma Giulia aveva paura degli uomini, e proprio in quel periodo lasciò il castello ereditato dal marito, una costruzione medievale che si ergeva sulla rocca a protezione di Fondi, per stare insieme a Vittoria a Napoli.

Vittoria era disperatamente bisognosa di pace, e dopo Ischia andò a Napoli, poi a Roma, ad Aquino e a Orvieto, dove si fermò per qualche mese, ospite di un convento. Sempre in movimento, divenne molto amica di Giulia Gonzaga, che si era imparentata con lei grazie al suo primo matrimonio. Nata nel 1513 e pertanto più giovane di Vittoria di ventitré anni, la quattordicenne Giulia aveva sposato Vespasiano Colonna, conte di Fondi e duca di Traetto, ed era rimasta vedova quando aveva diciott'anni. Viveva a Fondi, un ricco e incantevole centro situato al confine tra lo Stato Pontificio e il regno di Napoli, in una zona che produceva e produce la migliore mozzarella di bufala al mondo. Nel suo castello riceveva poeti e scrittori di chiara fama – in pratica si trattava della stessa cerchia che faceva capo a Vittoria, ma a differenza di quest'ultima Giulia era una donna di incredibile bellezza, tanto da essere celebrata dall'Ariosto:

[...]
ecco qui a quante oggi ne sono, toglie,
e a quante o greche o barbare o latine
ne furon mai, di qual la fama s'oda,
di grazia e di beltà la prima loda;

Iulia Gonzaga, che dovunque il piede
volge e dovunque i sereni occhi gira,
non pur ogn'altra di beltà le cede,
ma, come scesa dal ciel dea, l'ammira.
[...]

(*Orlando furioso*, canto XLVI)

Quando Ippolito de' Medici chiese a Sebastiano del Piombo, l'allievo più dotato di Michelangelo, di fargli un ritratto della sua amata, il pittore scrisse (8 giugno 1532): «Credo dimane partirmi da Roma et andar insino a Fondi a retrarre una signora, et credo starò quindici jorni». Nel giro di un mese egli terminò il ritratto, «il quale venendo dalle celesti bellezze di quella signora e da così dotta mano, riuscì una pittura divina» commentò il Vasari. Dopo la morte di Ippolito, il quadro passò nelle mani di Caterina de' Medici, cugina di Ippolito e innamorata di lui. I molteplici ritratti di Giulia hanno purtroppo subìto lo stesso destino di quelli di Vittoria: negli ultimi anni della sua vita, Giulia fu considerata persino più eretica della sua lontana parente e amica, e le tele che la ritraevano furono per la gran parte bruciate.

In Vittoria, Giulia vedeva una guida spirituale e una fonte di autorità. Esse discutevano di religione e di riforme, due grandi temi che ne implicavano molti altri. Tutte e due erano delle mistiche, e insieme andavano ad ascoltare le prediche di Juan de Valdés nelle principali chiese di Napoli oppure alla riviera di Chiaia, dove il frate riformatore abitava, e gli sottoponevano le loro domande. Dal 1533 Juan de Valdés si era stabilito a Napoli, dove aveva convertito più di 3000 fedeli. Seguace di Erasmo, predicava contro la corruzione e la simonia, ma condannava la separazione dalla Chiesa di Roma attuata da Lutero; il suo intento era riformare l'umanità, non la vita ecclesiastica, e denunciava perciò una religione fondata sull'osservanza di una ritualità tutta esteriore. Al pari del suo gemello Alfonso, Juan de Valdés era un umanista, e i suoi seguaci rimasero stupefatti quando l'ira dell'Inquisizione si abbatté su di loro. Alfonso, che fu segretario di Carlo V fino alla sua morte, avvenuta nel 1532, cercò di proteggerlo dai domenicani e dall'Inquisizione, che in Spagna (non ancora in Italia) aveva raggiunto il culmine dell'oscurantismo. Poco prima di essere messo sotto processo dall'Inquisizione spagnola (dalla quale fu con ogni probabilità condannato per eresia *in absentia*), Juan de Valdés si rifugiò a Roma, dove fu benevolmente accolto dal papa e dal suo segretario di allora, Pietro Carnesecchi; di qui si spostò poi a Napoli, dove intorno a lui si raccolse un gruppo di intellettuali riformisti profondamente devoti. Per un certo periodo i riformatori moderati come Valdés non incontrarono particolare opposizione in Italia, ma le idee viaggiavano in fretta, e grazie ai legami commerciali che univano Venezia alla Germania le idee di Lutero si diffusero con la rapidità di un incendio. In quanto eresia dai contenuti meno radicali di quella calvinista, il luteranesimo aveva maggiori possibilità di penetrazione tra coloro che desideravano una riforma della Chiesa, ed era per ciò stesso potenzialmente più pericoloso. L'università di Padova divenne un centro di propagazione delle dottrine riformatrici, e il ducato di Ferrara un rifugio per i protestanti.

Anche Napoli diventò una sorta di rifugio, malgrado la potente e ultrareazionaria famiglia dei Carafa fosse napoletana, e malgrado la forte presenza spagnola, che premeva per introdurvi l'Inquisizione.

Oltre a predicare, a Napoli Valdés discuteva di importanti questioni con un gruppo di colte signore: insieme a Vittoria e Giulia, ne facevano parte la duchessa di Amalfi, la principessa Caterina Cybo e persino la sorella del Grande Inquisitore di Spagna Alfonso Manriquez de Lara. I tempi erano maturi per il misticismo: l'Europa era sotto la minaccia ottomana, il sacco di Roma non poteva essere dimenticato, il papa si era giocato l'Inghilterra e l'indipendenza dell'Italia.

I tempi erano maturi anche per una rivitalizzazione degli ordini religiosi. Alcuni richiedevano il voto monastico ma non si unirono a nessun ordine preesistente, come nel caso dei teatini, un ordine fondato nel 1524 con il patrocinio del vescovo Gian Piero Carafa. Costui era un 'falco', mentre altri, come il Contarini e Reginald Pole, erano invece le 'colombe', ossia coloro che, tra i vescovi, avevano nei confronti dei riformisti un atteggiamento più conciliante. Sia falchi che colombe, però, sapevano che si doveva mettere fine alla disonestà che allignava all'interno della curia papale, così come alla corruzione degli ordini monastici, alla vendita di benefici, alle dispense concesse in cambio di denaro e al commercio di cariche ecclesiastiche: in breve, alla simonia. D'altra parte, finché la nuova basilica di San Pietro era in costruzione, non c'era altro modo di raccogliere le enormi somme di denaro necessarie per proseguire i lavori.

Fu il bisogno di una religione spirituale più che l'insoddisfazione verso la Chiesa di Roma a spingere Vittoria e il suo cenacolo al seguito di Valdés prima, e poi di frate Bernardino Ochino. Un giorno Giulia Gonzaga, che era andata ad ascoltare la predica di Valdés, uscì dalla chiesa in compagnia del frate e gli parlò dei propri tormenti religiosi. Fu lo stesso Valdés a trascrivere il loro dialogo:

Giulia: Dentro di me sento una battaglia. Le parole di frate Ochino mi riempiono di terrore dell'Inferno, ma temo le male lingue. Ochino mi dà l'amore del Paradiso, ma sento al tempo stesso l'amore del mondo e della sua gloria. Come sottrarmi a questo conflitto? Col mettere d'accordo le due inclinazioni o col sopprimerne una?

Valdés: Quest'agitazione è segno che l'immagine di Dio si ripristina in voi. Solo temo che cerchiate regolar la vostra vita cristiana in modo che quei che vi stanno intorno non si accorgano di cangiamento. Voi dovete scegliere tra Dio e il mondo. Amate Dio sopra ogni cosa e il prossimo come voi stessa.

Giulia: Ma se ho sempre inteso che solo i voti monastici guidano alla perfezione...

Valdés: Lasciate dire. I monaci non hanno perfezione cristiana se non in quanto hanno l'amore di Dio: non un soldo di più.

Non tutti gli ecclesiastici amano Dio, sembra dire Valdés a Giulia. E la salvezza, aggiunge, deriva dalla fede, dalla parola di Dio: dalle Scritture.

Anche Vittoria sentiva un bisogno profondo di ritornare alle fonti, alla perduta purezza evangelica. Come vediamo in un suo sonetto, essa credeva di essere stata 'riformata' dalla parola di Dio, dalle Scritture:

> Me reformò la Man che formò il Cielo
> e sì pietosa al mio prego offerse
> che ancor lieto ne trema ardendo il core!

Da allora in avanti il 'sole' di Vittoria, cioè suo marito o quanto meno ciò che lui rappresentava per lei, cedette il posto a un grande trasporto religioso.

Mentre queste donne, quasi tutte vedove, si raccoglievano intorno a Valdés e a Ochino, a Roma Tullia se la passava talmente bene che poté permettersi di comprare una tenuta nella campagna romana – il sogno di tutte le cortigiane. A lei le questioni religiose non interessavano: aveva spartito il suo letto con troppi ecclesiastici per non provare altro che un profondo disprezzo per la Chiesa, e preferiva consolarsi con gli effimeri successi che le portavano la musica e la poesia, arti in cui desiderava ardentemente eccellere. In tal modo essa riuscì a preservare tanto la sua integrità che la sua indipendenza, e non si innamorò mai di nessuno di quei giovani che tanto l'adoravano.

Il giovane cardinale de' Medici non frequentava più la cerchia di Tullia, e ogni volta che se ne presentava l'occasione correva a Fondi da Giulia Gonzaga. Per farle capire quanto grande fosse il suo amore per lei, Ippolito tradusse il secondo libro dell'*Eneide* e glielo mandò con una dedica appassionata: se aveva deciso di tradurre quel testo era perché il suo cuore era in fiamme, come Troia, e se i suoi sospiri e le sue lacrime non avevano ancora commosso Giulia, forse nell'intento sarebbe riuscito Virgilio; forse nella descrizione di Troia in fiamme essa avrebbe ravvisato il cuore ardente che le chiedeva amore.

Ippolito de' Medici non fu il solo uomo che amò Giulia, poiché erano in molti ad aspirare alla mano di quella donna ricca e famosa. Tuttavia l'esperienza matrimoniale con un uomo anziano e per giunta «*infirmus claudus ac mancus*» (malato, claudicante e senza una mano), rendeva Giulia molto riluttante ad arrischiare un coinvolgimento fisico con un uomo. Benché si mormorasse (e scrivesse) che morendo Vespasiano Colonna aveva lasciato una moglie ancora vergine, chiaramente le cose non stavano così. Il disgusto di Giulia verso ogni contatto fisico con gli uomini, persino con un giovane galante e innamorato come Ippolito, nasce probabilmente dal fatto di essere stata costretta ad avere rapporti sessuali a quattordici anni con un marito di ventisei anni più vecchio di lei. Fortunatamente Vespasiano era quasi sempre lontano, in guerra; fortunatamente era troppo malato per esigere molto da lei, e ancor più fortunatamente era morto quattro anni dopo il matrimonio.

Giulia si sentiva in colpa per il sollievo provato alla morte del marito, che l'aveva lasciata con una figliastra (la ragazza che in teoria Ippolito avrebbe dovuto sposare), con una vasta tenuta a Fondi e altre terre in feudo, con una grande quantità di denaro e con il titolo di duchessa di Traetto, benché Giulia, come del resto molte altre donne di pari rango, fosse conosciuta con il suo nome da ragazza. Ogni volta che se ne presentava l'occasione, dunque, Ippolito cavalcava sino a Fondi e vi soggiornava per due o tre settimane. Entrambi amavano la musica e la poesia, ma anche cavalcare. Ippolito non la trovava mai da sola, poiché essa si circondava di una piccola corte di poeti e di scrittori dei quali però stava cominciando a stancarsi. Giulia e Ippolito diventarono amanti.

La bellezza di Giulia era fin troppo famosa. Khair ad-Dīn detto il Barbarossa, ammiraglio della flotta turca, faceva base sulla costa settentrionale dell'Africa e nel 1534 aveva conquistato Tunisi per conto del suo signore, Solimano il Magnifico. L'8 agosto di quello stesso anno, il Barbarossa e i suoi pirati sbarcarono a Sperlonga e con il favore della notte si arrampicarono a Fondi. Il Barbarossa voleva consegnare al suo sultano la più bella tra le bellezze cristiane, perché fosse il fiore più pregiato del suo harem. Rapido e silenzioso, circondò il castello di Giulia con 2000 uomini: «volando, si potrebbe dire, essi lo raggiunsero e abbatterono le porte» scrive Giovio in proposito. Fondi fu occupata talmente di sorpresa che Giulia ebbe appena il tempo di fuggire «mezza nuda», come scrive il vescovo. In sella al suo cavallo, «dopo aver gettato un'occhiata ai suoi nemici», andò a rifugiarsi sulle montagne. Furiosi per non avere trovato la bella nella sua camera da letto, il Barbarossa e i suoi uomini perlustrarono tutte le zone circostanti. A poca distanza da Fondi c'era un convento di venti suore, e lì il pirata, certo di trovarvi Giulia, fece accorrere i suoi uomini. Non avendo trovato traccia della Gonzaga, gli infedeli interrogarono le suore, terrorizzate al punto di «non aver fiato in gola» e di non poter rispondere a nessuna delle loro domande. Le religiose furono tutte stuprate e poi uccise. Dopo essersi abbandonati ai saccheggi, i saraceni distrussero un monumento funebre all'interno della cattedrale vicina al castello di Giulia e catturarono parecchi abitanti del luogo per venderli come schiavi. Quel sepolcro di marmo è tutt'ora sventrato, testimone silenzioso della razzia e della rabbia di quella notte. Mentre si svolgevano quelle scene truculente ma tutt'altro che insolite, Giulia stava ancora cavalcando nella notte sui terreni accidentati e selvaggi in direzione di Campodimele. In questo suo feudo giunse all'alba, simile a una ninfa pagana, scarmigliata e con ben poche vesti a coprire il suo giovane corpo.

Il papa accolse le notizie con orrore, e subito ordinò che l'esercito muovesse all'attacco del Barbarossa. Ippolito, che aveva sentito raccontare dai messaggeri la disavventura dell'amata, lo supplicò di affidargli il comando delle truppe. Tuttavia, quando lui e i suoi uomini arrivarono a Fondi, il Barbarossa e i suoi pirati se n'erano andati. Ippolito restituì le chiavi della città a Giulia con tutte le formalità del caso, felice di farsi vedere vestito della sua armatura. Giulia gli raccontò come si erano svolti i fatti e ripensò alla sua disavventura con orrore, poiché aveva rischiato di essere violentata. Come un'eroina mozartiana, aveva evitato per un soffio di essere rapita e portata nel serraglio di Solimano il Magnifico.

Di quella sua disavventura si fece un gran parlare, e tanto Ludovico Ariosto che Bernardo Tasso ne trassero motivo d'ispirazione per i loro poemi. La leggenda secondo la quale Giulia fece uccidere un paggio perché l'aveva vista nuda è invece apocrifa. Un poeta che ne narrava le vicissitudini in un lungo panegirico, nella chiusa si rivolse direttamente a lei: «Pensi così forse perpetuamente passar la verde tua fiorita etade, vedova e sola, senza alcun diletto? Ascolta il mio ragionar». Giulia – proseguiva lo scritto – era come la vite che dovrebbe avviticchiarsi all'olmo. E quell'olmo, che il papa chiamava affettuosamente «diavolo scatenato», continuava a sperare.

Ippolito, che a Roma aveva riunito intorno a sé una cerchia di giovani festaioli, amava i giochi e il teatro; aveva molti talenti, ma nessuno di essi si indirizzava verso la devozione o la spiritualità. Giovio ci informa che egli aveva «un infinito numero di bei cani e di costosi cavalli» e spesso, quando era a caccia con gli amici, si faceva apparecchiare la tavola in mezzo a un bosco, in prossimità di una fonte d'acqua fresca, dove a tutti i presenti veniva servito un lauto pasto: «Amava fuor di modo aver nella sua corte barbari di più di venti lingue. Tra questi furono mori di Barberia nati del sangue de' signori...» e persino tartari, mori indiani e turchi, «potentissimi a maneggiare le armi nelle caccie, talché e di giorno e di notte li aveva sempre a guardia della sua persona...» Il papa suo cugino disapprovava quell'ostentazione dei godimenti mondani e pensava di inviarlo in Ungheria (ragion per cui Ippolito si fece ritrarre da Tiziano in costume da capitano ungherese), ma il cardinale Ercole Gonzaga ritenne che fosse una pazzia mandare Ippolito «alla disciplina dell'imperatore, la quale è grave e severa». Ippolito giocava con la politica, ma al pari di suo cugino era irresoluto e incline a cambiare facilmente partito: a un certo punto si era unito ai ribelli repubblicani di Firenze che volevano sbarazzarsi di Alessandro de' Medici, ma poi aveva deciso di tenersi fuori da quella situazione confusa quanto pericolosa e aveva preso gli ordini, dal momento che Giulia, pur ricambiando il suo amore, non avrebbe mai acconsentito a sposarlo. A volere che diventasse cardinale era stato il papa mediceo, Clemente VII, perché Ippolito avrebbe potuto essere un serio pretendente per l'ultima dei Medici, la pallida e poco appariscente dodicenne Caterina, che lo amava e sulla quale si concentrava ora tutta l'attenzione del papa, che per lei desiderava un matrimonio più importante. Ippolito, Alessandro e Caterina de' Medici erano cresciuti insieme, e per quanto Caterina amasse fin dalla tenera età quel suo elegante cugino, per consolidare il potere del casato dei Medici il papa voleva che essa sposasse un discendente della casa reale di Francia, mentre Alessandro era destinato al matrimonio con la figlia naturale di Carlo V. In cambio dell'accettazione della porpora cardinalizia, Clemente VII pagò tutti i debiti di Ippolito, che erano «una considerevole somma». Ippolito promise inoltre di non frequentare più Filippo Strozzi, insieme al quale era stato visto più volte ridere, andare con le prostitue e complottare.

Nella calda estate del 1535 Ippolito de' Medici si trovava con Giulia a Fondi, da dove avrebbe raggiunto Tunisi per unirsi a Carlo V nella 'crociata' contro il Barbarossa. Dopo aver trascorso qualche giorno in compagnia della sua amata, Ippolito proseguì il cammino in direzione di Itri, altro feudo di Giulia. Qui il 2 agosto fu colto da una febbre altissima, forse dovuta ad avvelenamento, e il giorno seguente, mentre il male si aggravava, inviò un messaggero a Giulia, implorandola di accorrere al suo capezzale perché temeva di morire senza rivederla. Da Fondi Giulia si lanciò a cavallo sull'Appia antica, e poi su fino alle montagne di Itri. Stando al Giovio, che era presente, intorno al mezzogiorno del 10 agosto «questo fioritissimo giovane, per nobiltà d'ingegno erudito, per bellezza di volto e per splendor di vita illustre» morì. Ma «gli fu men dura la morte per esser vicino a Donna Giulia, la quale gli usò assai virtuose cortesie».

Non sappiamo cosa provò Tullia quando le fu annunciata la morte di Ippolito. Probabilmente non piangeva la morte dei suoi clienti, essendosi vietata di amarli, ma Ippolito era un caso speciale, così giovane, bello, audace ed elegante e con tanta inclinazione alla poesia: un vero figlio del Rinascimento. Poiché si era circondata della fama di donna inaccessibile, l'aver accettato nel suo letto un barbaro tedesco per un'intera settimana aveva attirato su di lei l'odio di chi non era ammesso nel suo salotto; inoltre, l'atmosfera a Roma si stava facendo opprimente e le cortigiane non erano più viste di buon occhio. Tullia decise perciò di lasciare la città, adducendo come scusa il desiderio di visitare Bologna. Ma c'era un'altra buona ragione per abbandonare Roma: era incinta di qualcuno di cui non sappiamo il nome, e probabilmente non lo sapeva nemmeno lei. Invece che per Bologna, partì con sua madre per Adria, dove diede alla luce Penelope. Per salvare le apparenze, la bambina fu fatta passare per una sorellina e le fu dato il cognome d'Aragona, nonostante il cardinale Luigi d'Aragona fosse morto sedici anni prima. Questo, naturalmente, le attirò il ridicolo e ulteriori attacchi. Quando la neonata aveva già qualche mese e le acque parevano più calme, Tullia riprese a esercitare la professione, non potendo permettersi il lusso di ritirarsi a vita privata.

Trasferitasi a Venezia – città non toccata dai saccheggi del 1527 e dove l'influenza della Chiesa era meno pesante –, Tullia prese in affitto un intero palazzo che riempì di arazzi fiamminghi e cuoi impreziositi da lavorazioni in oro. Per coprire i pavimenti comprò tappeti provenienti dalla Turchia, e per i tavoli tappeti di Bukhara. I mobili ornati di intarsi o intagli, insieme alle ceramiche di Faenza, ai cristalli veneziani e ai vasi d'argento, facevano sì che le stanze somigliassero a quelle di una dimora patrizia. I veneziani avevano inventato un nuovo oggetto, lo specchio. L'elemento di novità era dato dall'impiego del mercurio che rendeva molto più nitida la superficie riflettente, con grande costernazione di chi, come Tullia, poteva scorgervi ora le prime rughe che sfiguravano la sua carnagione alabastrina. È con lo specchio che inizia l'arte dell'autoritratto, da Artemisia Gentileschi a Rembrandt. Né mancavano quadri, armature e libri elegantemente rilegati, mentre sui tavolini erano disposti con grazia i suoi strumenti musicali, primi tra tutti il liuto (al cui suono si attribuivano effetti afrodisiaci) e la mandola. A ognuna delle finestre che si affacciavano sul Canal Grande Tullia fece sistemare dei vasi di fiori e di verde, oltre alle gabbiette per gli uccellini. Nel salone d'ingresso vi era un'elaborata gabbia di maiolica con dentro delle scimmiette, e altre che ospitavano dei pappagalli. Tullia offriva vini eccellenti e pietanze rare – la cucina veneziana andava famosa per le elaborate preparazioni importate da Bisanzio – ed era in grado di servire un lauto pasto a un ospite importante e a tutto il suo seguito a qualsiasi ora del giorno.

Tuttavia Tullia non avrebbe potuto offrire un'ospitalità del tenore di quella di duchi e principi, con tavoli su cui si alzavano tre ripiani decorati con statue di zucchero colorato, «dipinte così da sembrare vere». In uno di quei principeschi banchetti, per esempio, quarantotto candelieri erano appesi al soffitto e 104 tovaglioli ripiegati in forme differenti (come ancora si usa fare in Cina per i banchetti più solenni). A tavola c'erano i coltelli, mentre le forchette, che erano un oggetto raro e particolarmente ricercato, le portavano gli invitati, o meglio quella minoranza tra loro che intendeva usarle. Accanto ai tovaglioli c'era un assortimento di pani di diverse qualità e forme, e fiori dorati e sete profumate, e alla fine di ogni portata le mani dei commensali venivano lavate con acqua odorosa. Per la prima portata c'erano cibi in abbondanza: svariate qualità di insalate e di tuberi oltre a grandi limoni, acciughe, ravanelli tagliati in forme umane o animali, e poi prosciutti, lingua (servita con una salsina di zucchero e cannella), polpette di carne di cinghiale – a quei tempi una carne d'uso molto comune – e pesce fritto con foglie d'alloro. Alcuni di questi cibi vennero serviti in 'piattelli' individuali, uno per ciascun commensale, altri invece in venticinque piatti più grandi. Tutto ciò costituiva probabilmente una specie di *hors d'oeuvre*, perché la seconda portata, chiamata 'vivanda', consisteva invece in piatti più grandi e sostanziosi, come capponi glassati, quaglie, varie specie di fegato, arrosto di fagiano alle arance, pasticcio di cipolle, trote e anguille avvolte in una pasta sfoglia con le mandorle, solo per citarne alcuni. L'ingrediente principale era però la musica, sicché Madonna Dalida, accompagnata da un coro a quattro voci, cantò canzoni scritte da Alfonso della Viuola mentre gli invitati si servivano. Poi fu il turno della voce maschile, questa volta accompagnata da un coro a cinque voci. C'era anche un'orchestra formata da cinque viole, un liuto, un clavicordio a due registri, un flauto contralto e uno soprano. Successivamente fu servita una vivanda formata da dieci pietanze diverse, su venticinque piatti: cervella fritte, animelle cucinate con zucchero e cannella, capponi alla tedesca con vino dolce, carpe, razze e grossi gamberi fritti all'aceto. Mentre si consumava la «vivanda» quattro voci «bellissime» cantavano dei madrigali.

La capitale dell'alta cucina era Venezia, che doveva alla raffinata Bisanzio i suoi piatti estremamente elaborati. Non a caso Caterina de' Medici, quando divenne regina di Francia, portò con sé a Fontainebleau alcuni dei migliori cuochi veneziani, gettando così le basi della grandezza della cucina francese. Venezia era – ed è – una città di stupefacente bellezza che sorge dalle onde spumose del mare, come Venere, dedita però ai commerci e non all'amore: «I veneziani non erano sentimentali, erano efficienti» scrive Mary McCarthy in *Venezia salvata*. «All'età di venticinque anni il giovane aristocratico veniva iniziato al labirinto degli uffici e dei cerimoniali [...] Alla nobiltà era prescritto un certo tipo di abbigliamento, benché vi fossero dei nobili decisamente impoveriti, tanto che a Venezia non era infrequente la vista di mendicanti in vesti di seta, il tessuto prescritto per gli abiti dei nobili».

Nell'atmosfera più libera di Venezia Tullia si fece conoscere ben presto, ma senza mai acquistare una vera popolarità. Le rivali erano troppe, e il suo intellettualismo piaceva ad alcuni ma dispiaceva ad altri. Piaceva per esempio a Bernardo Tasso, il maturo genitore di Torquato, a sua volta poeta affermato. Abile nello svolgere gli incarichi diplomatici e le delicate trattative che gli venivano affidate, Bernardo si innamorò di Tullia e lei lo usò: stava perdendo la giovinezza e aveva bisogno di uno scrittore famoso che decantasse le sue qualità, e che magari l'aiutasse anche a rifinire i suoi componimenti in versi. La migliore pubblicità che Tullia potesse augurarsi giunse in un momento molto opportuno, nella forma di un 'dialogo' alla Platone – molto in voga a quel tempo – scritto da un umanista che insegnava a Padova, in cui Tullia e Bernardo discutevano dell'essenza dell'amore. In quel genere di dialoghi erano rappresentati personaggi realmente esistenti, che in un linguaggio 'alto' esponevano la propria concezione sui temi più dibattuti del momento, ad esempio l'amor sacro e l'amor profano, oppure le relazioni tra uomo e donna o i canoni dell'estetica.

Nel dialogo Tullia è presentata come una donna superiore. Se per Bernardo Tasso l'amore è «nient'altro che il desiderio di qualcosa che esiste o che appare desiderabile all'osservatore», per Tullia esso è invece una commistione di passione fisica e comunione intellettuale. Nel prosieguo dell'opera Tullia torna con i piedi per terra, affermando: «So quel che sono e so cosa dovrei essere per divenire degna di voi. Ma se non cambierò vita e non sarò la donna che desidero essere, che io piuttosto muoia nel tentativo». Un terzo personaggio consola Tullia dicendo che «è naturale per una donna condurre la vita della cortigiana, e coloro che non lo fanno disobbediscono alle leggi di Natura», e aggiunge poi che persino Dio era dalla parte delle cortigiane. Queste affermazioni fanno prorompere Tullia in un'esclamazione di protesta: «Se voi sapeste il servilismo, lo squallore, la tristezza e la precarietà di una simile vita, biasimereste chiunque [...] dice che ciò è bene e ne fa ammenda». Tullia era dunque disposta a dichiarare quanto fosse orribile fingere desiderio e amore e quanto fosse deplorevole la condizione della prostituta, anche se la si chiamava cortigiana per renderla più accettabile. Vivere in quel modo era umiliante e triste, ed essa sapeva che la sua esistenza non sarebbe cambiata. Perlomeno sapeva scrivere, e infatti in questo dialogo si tessono le lodi dei versi che componeva e si afferma che il suo nome sarebbe stato ricordato dalle generazioni future.

Non c'è bisogno di dire che la pretenziosità del ruolo di Tullia, così come esso veniva presentato in quel testo, fu motivo di irritazione non solo per le altre cortigiane di Venezia, ma anche per coloro che non erano incantati dalle sue grazie. In particolare Pietro Aretino, che si sentiva in dovere di divulgare in tutta Venezia i pettegolezzi che circolavano a Roma (l'equivalente veneziano del Pasquino era il Gobbo, una statua vicina a Rialto), disse che lodare una donna come Tullia significava recare offesa a tutte le veneziane virtuose. Tullia voleva apparire come una principessa, una musa, una ninfa, quando non era altro che un'ipocrita. In un altro dialogo, dal titolo *Il ragio-*

nare di Zoppino, una figlia chiede alla madre come mai certe donne insediatesi a Venezia non riscuotano il successo sperato. Con cruda franchezza la madre risponde che agli uomini piacciono «il sedere, i seni e il corpo sodo e morbido di chi ha quindici o sedici anni, non di chi ha superato i venti, e di tutta quella paccottiglia del Petrarca non gli importa proprio niente». Quegli insulti su carta stampata fecero il giro della città. Venezia era altresì la città in cui viveva Veronica Franco, cortigiana famosa ma anche rinomata poetessa, che aveva ricevuto la 'visita' del re di Francia e di un duca inglese, entrambi premiati con una terzina incatenata per la loro aristocratica degnazione. In effetti a Venezia si apprezzavano le cortigiane che sapevano cantare e poetare, ed è lecito affermare che la città non solo andava fiera di loro, ma ci lucrava anche sopra, dal momento che la Serenissima imponeva pesanti tasse. E tuttavia i tempi stavano cambiando, persino a Venezia.

Poiché le cortigiane più celebri erano piuttosto addentro agli affari di Stato, gli ambasciatori riferivano sui loro movimenti: dove andavano, quanti erano i servitori al seguito, quanti bagagli portavano con sé entrando in una città con i loro cortei di valletti in livrea, e quanto denaro avevano. Ciò era imputabile non solo a uno sviscerato amore per il pettegolezzo (in mancanza di giornali), ma anche al fatto che le cortigiane erano considerate delle spie potenziali. Per esempio, che uso aveva fatto Tullia delle informazioni contenute nelle lettere a Filippo Strozzi?

L'anonimo corrispondente che, come abbiamo visto, scriveva allo Strozzi a Roma, pareva sospettare Tullia di essere incaricata dalla fazione imperiale di spiare i ribelli fiorentini. Filippo Strozzi si trovava anch'egli a Venezia dopo essere fuggito da Firenze, non potendo tollerare oltre lo spietato dominio di Alessandro de' Medici, da lui inizialmente aiutato nella scalata al potere. Lo Strozzi, in effetti, stava cercando di organizzare un esercito per combattere quel suo depravato parente che alla fine fu assassinato da Lorenzaccio de' Medici.

Pur essendo spesso in lotta con Firenze per ragioni di rivalità commerciale, i veneziani avevano chiesto ai fiorentini di andare a Venezia a insegnar loro le nuove tecniche artistiche, cosa che i Medici erano dispostissimi a concedere: il vecchio Cosimo, e ancor più Piero e Lorenzo il Magnifico, incoraggiarono infatti i 'loro' pittori a viaggiare e a diffondere il verbo di Firenze, senza alcuna gelosia degli artisti che essi stessi avevano allevato, il più delle volte a proprie spese. Da Giotto a Sansovino, Venezia fu enormemente arricchita dai toscani, che vi introdussero la pittura, la scultura e l'architettura: in sostanza, il Rinascimento, le cui forme artistiche a Venezia si innestarono sull'eredità bizantina e sui preesistenti influssi orientali. Venezia per parte sua ebbe il merito di tenere accesa la fiaccola perché, come i veneziani stessi fecero notare, la Serenissima rimase l'unico stato italiano libero dalla dominazione spagnola, ragion per cui la Spagna e la Santa Sede cercarono ripetutamente di annientarla.

Fu attraverso Venezia che la nuova tecnica della pittura a olio si diffuse nel resto d'Italia, probabilmente grazie a Van Eyk e poi ad Antonello da Messina. Con Giovanni Bellini e i suoi allievi – Giorgione e Tiziano – la scuola veneziana toccò le vette del sublime. Tele magnifiche ci restituiscono, mollemente adagiate, donne veneziane tanto più sensuali di quelle fiorentine, con i biondi capelli intrecciati di perle sia che incarnino Venezia o la Vergine, una cortigiana o una contadina. Negli affreschi del Veronese a Maser la padrona di casa ci guarda inquadrata dalla cornice di una porta, ed è una donna che ci parla dall'interno del suo ambiente domestico.

Quando il Veronese fu chiamato dall'Inquisizione a giustificare quel grandioso dipinto che è l'*Ultima cena* (ora *Il banchetto in casa di Levi*), gli furono poste domande a cui era impossibile rispondere. Perché nello stesso dipinto in cui si raffigurava Gesù comparivano anche nani, cani, buffoni, guerrieri tedeschi e altre cose mondane?

Quella che segue è, a titolo di esempio, una delle domande fatte al Veronese:

«Lo sapete che in Germania e in altri luoghi infettati dall'eresia è d'uso con svariati dipinti pieni di scurrilità e invenzioni similari irridere, vituperare e spregiare le cose della Santa Chiesa Cattolica al fine di trasmettere empie dottrine a gente sciocca e ignorante?»

«Sì, questo è un errore ma io sono in obbligo di tornare a ciò che ho detto, che sono in obbligo di seguire ciò che hanno compito i miei superiori».

«Cosa hanno fatto i tuoi superiori? Hanno forse fatto simili cose?»

«Michelangelo a Roma, nella Cappella Pontificia, dipinse il Nostro Signore Gesù Cristo, la Madre di Lui, San Giovanni, San Pietro e gli angeli tutti rappresentati ignudi – persino la Vergine Maria – in pose differenti e con poca riverenza».

La pittura del Veronese era laica quanto le abbuffate dei cardinali romani. E forse l'Inquisizione voleva mettere il bavaglio a Venezia più che al Veronese, considerato che quella repubblica mancava sistematicamente di sottomettersi al dettato del Santo Padre. C'erano anche dei sospetti di calvinismo. «Cosa vuol dire calvinista? Siamo cristiani quanto il Papa e cristiani moriremo a dispetto di chi non lo vorria». Con queste parole il mercante Leonardo Donato rispondeva all'accusa di eresia mossa alla Serenissima.

Un altro feroce attacco fu lanciato contro Tullia. *La tariffa delle prostitute a Venezia* consiste in un dialogo tra un forestiero e un veneziano che, ben conoscendo quella città di donne, svela i pettegolezzi sulle qualità delle varie cortigiane. Tullia, dice il veneziano, «è la più abbietta delle prostitute»: una definizione quanto mai offensiva per una donna che aveva fatto di tutto per presentarsi nel ruolo di poetessa, oltre che di cortigiana. Tullia ne usciva umiliata, ma fortunatamente c'era Bernardo Tasso a difenderla con la sua penna. Tuttavia, la pubblicazione del dialogo tra il Tasso e Tullia era motivata dalla separazione ormai prossima dei due amanti, in quanto il Tasso, divenuto segretario del principe di Salerno, era in procinto di trasferirsi a sud. Con la partenza del Tasso, nel 1537, Tullia perdeva un appoggio importante, benché egli fosse povero (e lei interessata al denaro). Privata del suo miglior difensore letterario, decise di spostarsi altrove, e una corte ricca e liberale come quella di Ferrara, la città dove l'abbiamo incontrata per la prima volta, fu la scelta più naturale.

Il Tasso andò a Salerno, dove incontrò Vittoria Colonna, e poi a Fondi, dove fu ospite di Giulia Gonzaga, della quale anche lui si innamorò. La bocca di Giulia «perle e rubini aveva di bellezza e di colore»; le sue guance erano «purpurea grana sparsa in picciol colle / di bianca neve pur caduta allora». E dei suoi capelli diede questa descrizione:

Il biondo, crespo, inanellato crine
che con soavi errori ondeggia intorno
mosso dall'aure fresche e peregrine
né d'altro mai che di se stesso adorno...

Successivamente il Tasso fu inviato in Spagna a negoziare il rilascio di Filippo Strozzi, fatto prigioniero nel 1535 mentre combatteva con i ribelli fiorentini contro Cosimo de' Medici, il nipote di Caterina Sforza. Nello schieramento opposto le forze imperiali erano guidate da Alfonso, il figlio adottivo di Vittoria: quest'ultimo trattava i prigionieri con umanità e si oppose alla richiesta di Cosimo de' Medici di consegnargli i ribelli fiorentini, dicendo che non avrebbe rilasciato dei prigionieri per poi vederli torturati e impiccati. Alfonso, anzi, restituì la libertà ai suoi ostaggi e aiutò finanziariamente coloro che dovevano pagare un riscatto. Filippo Strozzi fu torturato, ma in quanto prigioniero delle forze imperiali non venne giustiziato. L'allegro, ricco, elegante fiorentino di un tempo ora attendeva in prigione, ma gli sforzi del Tasso per ottenere il suo rilascio non ebbero esito positivo. Ad Alfonso, che era salito al grado di comandante in capo delle forze imperiali di stanza in Italia, Vittoria Colonna scrisse (11 settembre 1537):

Filippo Strozzi mi prestò una volta certi denari; benché subito glieli resi, pure mi è rimasto l'obligo alla sua volontà. Vorrei in servizio di Sua Maestà ed onor di Vostra Signoria, che in quel che può l'aiutasse...

Ma il suo appello non salvò Filippo, che l'anno seguente fu trovato morto in una pozza di sangue: si era suicidato. Chi visita la chiesa di Santa Maria Novella a Firenze può ammirare la sua tomba, una delle più belle del Rinascimento per l'eleganza delle forme, sovrastata dai meravigliosi affreschi del Ghirlandaio, densi di significato e di metafore. Come ai tempi della classicità, il suicidio era considerato con rispetto e come un modo di risolvere problemi di disonore economico e familiare, e questo nonostante il veto della Chiesa. Lo dimostra anche la continua rappresentazione e la glorificazione di Lucrezia, la matrona romana che preferisce il suicidio allo stupro. Forse più spesso dell'uomo era la donna a lasciarsi tentare dal suicidio, non tanto per questioni di disonore – che è una motivazione più maschile – quanto, come nel caso di Imperia, per disperazione amorosa. In quanto a Vittoria Colonna, anch'essa chiamava la morte in un bel sonetto.

Anche Giulia Gonzaga meditò di uccidersi, perché si sentiva isolata e attaccata e forse anche perché le mancava Ippolito.

Mentre era al servizio del principe di Salerno, Bernardo Tasso fece più volte visita a Giulia nella vicina Fondi. A colei che era l'oggetto dei suoi desideri dedicò un libro di poesie:

> ...Alle vostre rare virtù è giunta quella divina bellezza
> ch'io simil non credo ch'ad altra in cielo donasse giammai...

Giulia era abituata a spezzare i cuori: persino Valdés era totalmente soggiogato. «In Fondi stetti un dì con quella signora, che è grandissimo peccato che non sia la signora di tutto il mondo» scrisse al cardinale Ercole Gonzaga, «benché io credo che Nostro Signore Dio ha provvisto così perché ancor noi altri poveretti potiamo godere della sua divina conversazione et giulivezza, che non è punto inferiore alla sua bellezza». Tuttavia c'era chi trovava intollerabile la freddezza di Giulia, tanto che lo stesso Giovio affermò che «Donna Giulia è pazza a voler sempre stare nelle rigidezze e sola...» Ma Giulia aveva ben altri pensieri, e di nuovo chiese a Valdés se non fosse il caso di prendere il velo in un ordine monastico. Nel 1536 si ritirò infine nel convento di San Francesco a Napoli, dove avrebbe trascorso la maggior parte del suo tempo, pur senza pronunciare i voti.

Mentre Giulia era assorbita dalla sua ricerca interiore e dalle grandi questioni religiose, Vittoria Colonna si dava da fare scrivendo lettere a frati cappuccini, sul cui ordine incombeva la minaccia di scioglimento. Essa era anche oppressa nell'animo per il rifiuto di suo fratello Ascanio di dare la figlia Vittoria in sposa al principe di Sulmona, figlio del viceré di Napoli. Era, quello, il volere di Carlo V; si diceva infatti che l'imperatore fosse il vero padre di quel principe che godeva dei suoi favori. Dopo avere inizialmente acconsentito, Ascanio aveva però cambiato idea, causando l'indignazione di Carlo che, secondo un autore contemporaneo, «attendeva il momento più propizio per mettere in atto la sua vendetta contro costui».

Nella sua veste di sorella maggiore Vittoria mandò ad Ascanio una bellissima lettera, una supplica scritta con la disposizione d'animo della donna più anziana e più saggia che implora, e non comanda né biasima o irride il fratello per l'eccessiva considerazione che costui ha di sé. Tra la fine del 1535 e l'inizio del 1536, in un'altra missiva Vittoria gli scrive: «Contener non posso, fratello, di rammaricarmi della natura che in farmi donna mi tolse l'arbitrio di perpetuar la Casa mia...» Passa quindi a ricordargli i suoi torti, e tra questi il rifiuto opposto a Carlo: «...Non so con qual chimera mancar procacciate di adempir sul matrimonio di Sulmona quanto a Cesare prometteste di fare». Vittoria passa poi a elencare in dettaglio i vantaggi derivanti da una simile unione: il principe di Sulmona era ricco e molto caro all'imperatore (che essa chiama 'Cesare' o 'il Brabante' o anche 'Padrone'). Ascanio aveva il dovere di maritare la figlia, e il suo rifiuto a darla in sposa al protetto dell'imperatore non aveva senso.

Vittoria prosegue rammentando al fratello che in ultima analisi i matrimoni, l'amore e la procreazione sono gli stessi per tutti (il che fa supporre che alla giovane Vittoria non piacesse molto il principe di Sulmona): «Il laccio è uguale e d'un istessa seta intessuto». Se Ascanio avesse finito per decidere altrimenti, «io vi profetizzo turbolenze e travagli».

La vendetta di Carlo, o per meglio dire, la totale mancanza della protezione imperiale nelle guerre a venire tra Ascanio e il papato, di fatto si concretizzò nell'annientamento della potenza dei Colonna. È in particolare da questa lettera, scritta in tono confidenziale, che ci si può rendere conto dell'affettuoso disdegno di Vittoria per quel fratello dalla personalità opaca che era il solo erede dei Colonna di Paliano e Marino. La lettera mostra anche una matura intelligenza politica e, come commenta Giovio, un piglio virile.

A Vittoria Colonna fu concesso l'onore di una visita dell'imperatore in persona: non solo nobile gesto verso la vedova di un prode capitano, ma anche doveroso omaggio all'esponente di una famiglia che gli aveva reso ogni servigio e a una donna di dieci anni più anziana di lui che gli aveva dedicato dei sonetti, nei quali esprimeva la sua fede nella «fiera aquila» degli Asburgo. Sarebbe interessante sapere cosa si dissero in quell'occasione, se parlassero in francese o in italiano piuttosto che in spagnolo o in latino o nel dialetto fiammingo, e fino a che punto furono rispettate le formalità imposte dal cerimoniale, considerato che Carlo si rivolgeva sempre a Vittoria chiamandola «parente».

Agli occhi di Vittoria l'imperatore era il simbolo della cristianità, colui che aveva sconfitto gli infedeli e che aveva il potere di imporre una riforma della Chiesa dall'interno: in altre parole, Carlo era l'uomo mandato da Dio. Avranno parlato, i due, dell'incidente relativo ad Ascanio? Vittoria gli avrà certamente accennato dei problemi dei cappuccini, ma è poco probabile che l'imperatore le abbia aperto il suo cuore su questioni ecclesiastiche, che tra l'altro erano la ragione prima della sua progettata visita a Roma e al nuovo papa, il Farnese Paolo III. Si sa però che Vittoria persuase Carlo ad assistere a una predica di Ochino, e che Carlo fu «commosso dalle parole di costui».

Carlo V ripartì in compagnia del figlio adottivo di Vittoria, il marchese del Vasto, e dopo avere trascorso una notte a Marino, il paese natale di Vittoria, proseguì verso Roma, la città che le sue truppe avevano messo al sacco sette anni prima. Mai erano stati concessi ad altri la pompa e gli onori con cui Carlo V fu ricevuto. Circondato da tutti i cardinali del concistoro, con un atto di deferenza che non aveva precedenti il papa andò incontro all'imperatore sulla soglia di San Pietro, dove erano in pieno svolgimento i lavori per la trasformazione dell'antica basilica nell'edificio grandioso che vediamo oggi.

Al cospetto del nuovo papa, Carlo V preferì tenere il suo discorso in spagnolo e sferrò un attacco contro Francesco I, re di Francia. Tra i due vi era una rivalità anche personale, e quel discorso era il modo scelto da Carlo per annunciare la ripresa della guerra contro i francesi: «Risolviamo la disputa da uomo a uomo» disse, «con qualsiasi arma egli desideri: noi due in camicia, su un'isola, su un ponte, su una galera agli ormeggi nella foce di un fiume. Se le mie speranze di vittoria non fossero più fondate delle sue, e le mie risorse più certe, mi getterei immediatamente ai suoi piedi e con le mani giunte e una corda intorno al collo ne implorerei la misericordia!» Il papa rimase sbigottito nell'udire parole così inappropriate da parte di un imperatore in visita ufficiale a Roma e accolto con tanti onori. In quel frangente, Paolo III pronunciò un breve discorso dai toni concilianti e subito dopo dichiarò sciolta l'assemblea.

A Roma Carlo V (che all'epoca aveva trentacinque anni) soggiornò al Belvedere, la meravigliosa villa piena di magnifici affreschi che possiamo ancora ammirare nei giardini vaticani. Qui egli ricevette gli esponenti della nobiltà romana, i diplomatici, le spie e i generali d'armata. Temendo uno scisma, Carlo aveva deciso che si doveva mettere mano a una riforma della Chiesa, a cominciare da un Concilio che avrebbe dovuto vagliare le ragioni dello scontento dei sudditi nelle regioni nordeuropee. Con una certa riluttanza – poiché l'iniziativa era una dimostrazione di debolezza – Paolo III emanò una bolla nella quale si indiceva il Concilio in questione. Il papa inoltre incrementò il numero dei componenti del Collegio dei cardinali, scegliendo perlopiù uomini moderatamente critici della Chiesa di Roma, e a essi affidò l'incarico di preparare un progetto di riforma. Tra i prescelti c'erano Gaspare Contarini, Gian Piero Carafa, Jacopo Sadoleto e Reginald Pole. I membri di questo *Consilium* appartenevano all'Oratorio del Divino Amore, una libera associazione fondata nel 1517 che imponeva ai suoi aderenti la rigorosa osservanza del culto cristiano. Gian Piero Carafa, ritenendola troppo aperta ai nuovi influssi e troppo liberale, se ne staccò e si adoperò per la fondazione di un nuovo ordine religioso, quello dei teatini, in cui più tardi avrebbe preso i voti anche lo spagnolo Ignazio di Loyola.

Nel 1537, dopo un breve lasso di tempo, la commissione in carica produsse un documento, il famoso *Consilium de emendanda Ecclesia*, nel quale si concludeva che i papi avevano fatto indebito commercio degli uffici, delle cariche e dei benefici ecclesiastici, servendosi della Chiesa come di un bene di loro proprietà e facendone la causa di troppi abusi. La commissione chiedeva che fossero introdotti la censura e il controllo sulle dispute di carattere religioso: un testo di grande popolarità come i *Colloquia* di Erasmo, ad esempio, andava bandito dalle scuole. Nel complesso, la commissione non ebbe la capacità di comprendere, e quindi di riassorbire in qualche modo, il punto che più premeva ai riformatori protestanti: il principio del rapporto diretto tra l'uomo e Dio e del sacerdozio universale, tema fondamentale per i credenti che fino ad allora avevano cercato Dio tramite l'intermediazione del papa e del clero.

I risultati del lavoro della commissione scandalizzarono la curia, e i santi uomini furono accusati di fare il gioco dei luterani. Paolo III si trovava in una posizione difficile: dopo il sacco di Roma le casse del Vaticano erano quasi completamente prosciugate, ma la guerra contro gli infedeli turchi aveva costi enormi e ancora nel 1537 la metà delle entrate dello Stato Pontificio derivava dalla vendita di dispense e indulgenze, proprio quelle pratiche che tanto scandalizzavano i protestanti e che lo stesso *Consilium* aveva condannato.

Al momento di lasciare Ferrara, nel 1537, Vittoria scrisse al duca d'Este: «Io attenderò a pregar Dio che mi faccia ritornar nella sua dolcissima Ferrara con Vostra Eminenza e con tante mie amiche, comare e sorelle e con la Eccellenza di madama e divini figliuoli». Mentre soggiornava a Ferrara, Vittoria aveva infatti scritto a Margherita, regina di Navarra (1492-1549), anch'essa fautrice della Riforma e oggetto di violenti attacchi dai pulpiti delle chiese francesi in quanto sospettata di simpatie per il protestantesimo. Margherita, di due anni più giovane di Vittoria, oltre a dare protezione a parecchi luterani, sui temi delle Scritture componeva e faceva recitare a corte poemi drammatici che si attirarono la condanna della Sorbona per eresia.

«Serenissima Regina» scriveva Vittoria nella speranza che sua maestà venisse in Italia, «ne parlerò a Renata di Ferrara, il cui buon giudizio si mostra in ogni cosa, e al Reverendo Pole, la cui conversazione è celestiale [...] e ne parlerò anche al Reverendo Bembo, che sempre lavora nella vigna del Signore, e a molti altri che non ho il tempo di enumerare». La regina di Navarra rispose alla «Illustrissima marchesa di Pescara» firmandosi «la vostra buona cugina e amica» e dicendosi lusingata di essere paragonata a Vittoria, sebbene potesse competere con lei solo per l'ardore della fede, e non nello scrivere. Ma loro due avrebbero potuto adoperarsi insieme per il trionfo della fede, prosegue Margherita: «La nostra è un'amicizia che iniziò dalla fama, e che è stata di molto accresciuta dalle nostre reciproche lettere. Io, più che mai, desidero riceverle e sono, ancor di più, azzardata tanto da sperare che in questo mondo possa sentire voi parlare di un altro mondo...» Ma l'incontro tra le due donne non ebbe mai luogo;

una raccolta di poesie di Vittoria che lei stessa aveva inviato a Margherita fu intercettata dalle spie e mostrata a Francesco I con l'avvertimento che si trattava di materiale contro la religione cattolica, ma il fatto si risolse da sé perché «Sua Maestà scoppiò a ridere».

Il clima di Ferrara nuoceva a Vittoria, ma il vero motivo della sua partenza da quella città fu la fuga a Lucca di frate Ochino: Renata di Valois, la moglie del duca d'Este, non poteva più tenerlo sotto la sua protezione, né poteva farlo Vittoria, che si era gravemente compromessa dopo avere persuaso il duca di Ferrara a concedergli un palazzo per ospitarvi il nuovo ordine dei cappuccini. A Lucca, una città apertamente riformatrice, Vittoria trascorse molte piacevoli giornate in compagnia di Pietro Carnesecchi, il nobile fiorentino che era «uno dei grandi favoriti del papa», come scrisse Benvenuto Cellini.

Dopo la morte di Clemente VII il Carnesecchi aveva lasciato il Vaticano per seguire Valdés a Napoli. Successivamente si era spostato a Firenze (essendo Cosimo de' Medici uno dei suoi amici più cari) e di lì «alli Bagni di Lucca, dove, essendo andato ancor io per mia buona sorte in quel tempo medesimo, ebbi occasione di pigliar più stretta familiarità et servitù con lei [Vittoria Colonna], et la continuai poi insin all'ultimo della sua vita».

Tullia invece rimase a Ferrara, dove aveva trovato un uomo disposto ad assumersi lo stesso ruolo di Bernardo Tasso, ovvero compagno di letto e addetto alle pubbliche relazioni: si trattava di Girolamo Muzio, il famoso poeta della corte estense, che le dedicò componimenti in cui decantava i loro amplessi. Alcuni di questi versi, benché molto espliciti, furono recitati in presenza della casta Vittoria. Una delle poesie di Muzio, per esempio, recitava: «Vien, ninfa bella, e fra le molli braccia / raccogli quel che, con le braccia aperte, / disioso t'aspetta, e nel tuo grembo / ricevi lieta l'infocato amante».

Muzio fu l'amante di Tullia per tre anni. Come era già successo con Filippo Strozzi, Tullia pareva condurre una vita coniugale di tutto piacere con questo poeta «tanto divertente nella conversazione e tanto pronto allo scherzo che era motivo di gioia udirlo». Per fare l'amore con lei Muzio doveva pagare, a meno che Tullia con avesse litigato con un altro amante, nel qual caso lei gli si concedeva gratuitamente, e lui le insegnava qualche tecnica utile per la sua carriera letteraria, «cose sì rare e meravigliose da non immaginare!» Tullia se lo coltivava anche perché altrimenti Muzio avrebbe potuto scrivere cose terribili contro di lei, come già aveva fatto Pietro Aretino. Gli amici letterati erano sommamente importanti: poiché avevano il ruolo che è oggi dei mass media, inimicarseli sarebbe stato un errore fatale per una cortigiana. «Gli scrittori sono così fatti che amano dipingere di nero il bianco e mostrare altri in cattiva luce non perché lo meritino, ma perché così si conviene o diletta» scrisse Tullia.

Quando rimase incinta, Tullia fu però costretta a lasciare Ferrara. Mise al mondo Celio, un maschietto che fu subito affidato a una nutrice, mentre Penelope, contrabbandata per una sorella minore, rimase presso di lei. A Ferrara, intanto, l'interesse per la nuova cortigiana andava spegnendosi, e per un certo tempo (ma solo per poco) Tullia scomparve dalle pagine dei libelli e dei 'dialoghi'.

Mentre Giulia Gonzaga era in convento a Napoli e Tullia dava alla luce il suo bambino in qualche località dell'Italia settentrionale, Vittoria Colonna, ancora una volta a Roma, incontrava l'eccentrico Michelangelo Buonarroti (1475-1564). I due riconobbero immediatamente una prepotente affinità e tra loro nacque un grande amore.

Capitolo sette

Vittoria Colonna e Michelangelo

Nel 1538, quando si incontrarono per la seconda volta, Michelangelo era un uomo di sessantatré anni e Vittoria ne aveva quarantotto. Entrambi erano molto cambiati dal loro primo incontro, avvenuto molti anni prima, ai bei tempi del pontificato di Leone X. Allora si erano a malapena accorti l'uno dell'altra, benché si conoscessero di nome: in fin dei conti Vittoria era una celebre poetessa, amica di tanti che erano amici anche di Michelangelo, mentre Michelangelo aveva già fama di essere il più grande pittore, scultore e architetto del suo tempo; un essere sovrumano che aveva dipinto la *Creazione del mondo* e altre scene dal Libro della Genesi, oltre ai *Profeti* del Vecchio Testamento e alle *Sibille* pagane sulla volta della Cappella Sistina, lavorando steso sulla schiena, in alto su un ponteggio, assistito solo dal mescolatore di colori, il famoso Urbino.

Ma ora, dopo tanti sconvolgimenti politici e personali che li avevano cambiati profondamente, questi due famosi personaggi si incontravano di nuovo, subito sentendo una reciproca attrazione, una sorta di comunione che li univa in un raro sentimento di mutua devozione. Si innamorarono appassionatamente, e Michelangelo scriveva che in quella donna, per la quale tutto dimenticava, ammirava l'opera del Creatore, e che il suo amore non aveva altro oggetto. La loro relazione era sotto gli occhi di tutti, nel senso che era spiata con enorme curiosità e interesse: Michelangelo era conosciuto come omosessuale, mentre Vittoria era casta oltre ogni dire. La loro era probabilmente una relazione platonica, ma non per questo meno sanguigna e passionale. Non potevano stare lontani l'uno dall'altra e Michelangelo, che pure a quel tempo viveva quasi da recluso, a lei non si negava mai. La loro corrispondenza divenne così intensa da indurre Vittoria a pregarlo di scriverle di meno, altrimenti nessuno dei due avrebbe avuto il tempo di lavorare. Michelangelo non si stancava mai di dire a lei e a tutti quanto l'amasse, e quale incredibile fortuna gli fosse toccata in sorte quando era entrato in contatto con lei e ne aveva conosciuta l'anima. Fino a che punto Michelangelo fosse consapevole del talento di Vittoria, così come del proprio, ce lo mostra questo sonetto scritto poco dopo la sua morte:

> Forse ad ambedue noi dar lunga vita
> posso, o vuoi nei colori, o vuoi nei sassi,
> rassembrando di noi l'affetto, 'l volto;
> secché mill'anni dopo la partita,
> quando tu bella fosti, ed io t'amassi,
> si veggia, e come a amarti io non fui stolto.

Quel che Vittoria pensava di Michelangelo e gli diceva apertamente ci è noto grazie al resoconto fornitoci da un pittore portoghese, che riporta le parole di Vittoria:

> Voi avete il merito d'esser liberale con prudenza, non prodigo con spensieratezza. Così i vostri amici stimano ancor più la vostra indole che le opere vostre, mentre quelli, i quali non vi conoscono, pregiano massimamente ciò che è meno perfetto, vale a dire i lavori delle vostre mani. Quant'a me vi credo degno di lode non minore, per il modo con cui vi tenete in disparte, vi sottraete ad inutili discorsi, vi rifiutate di dipingere per un principe qualsiasi, il quale vi cerca, perché in tutta la vostra vita avete prodotto un'opera sola.

Queste parole sono tratte da una conversazione sull'essenza della pittura e sul lavoro del pittore e fanno riferimento alla grandiosità della Cappella Sistina (Vittoria non conosceva le opere fiorentine di Michelangelo), di cui in quel periodo l'artista stava completando l'ultima parete, la più rivoluzionaria e coraggiosa, la più ambiziosa e sconvolgente: quella del *Giudizio Universale*.

Tanto Michelangelo che Vittoria erano animati da una straordinaria energia; entrambi disdegnavano gli incontri mondani ed entrambi erano eccentrici. Vittoria aveva preso l'abitudine di indossare l'abito dei frati francescani, ossia la più povera delle vesti nel più sobrio dei colori. Michelangelo invece aveva smesso di curarsi del proprio aspetto, lasciando crescere incolta la barba ormai bianca. Di statura media, con il setto nasale rotto a causa di un pugno ricevuto da ragazzo, Michelangelo era figlio di un magistrato toscano; di famiglia nobilissima, discendeva da Matilde di Canossa, ovvero da una delle più antiche stirpi italiane, e faceva sì che nessuno se ne dimenticasse: nella *Pietà* per Vittoria si firma «*nobilis florentinus imventor*». Sebbene la sua famiglia fosse decaduta, Michelangelo non si considerava meno nobile di un principe della Chiesa o di un signore rinascimentale. Del resto, i Medici non lo avrebbero accolto al loro stesso desco se non fosse stato un aristocratico: lo snobismo non è nato oggi. Michelangelo Buonarroti – difficile l'ortografia del suo nome, dato che lui stesso si firmava in moltissimi modi – era ombroso; temutissime erano in particolare le sue 'furie', che fanno pensare a una componente maniacale.

«In particolare amò grandemente la Marchesana di Pescara» scrisse Condivi, discepolo e primo biografo di Michelangelo,

> del cui divino spirito era inamorato, essendo all'incontro da lei amato svi[s]ceratamente; della quale ancor tiene molte lettere d'onesto e dolcissimo amor ripiene, e quali di tal petto uscir solevano: avendo egli altresì scritto a lei più e più sonetti pieni d'ingegno e dolce desiderio. Ella più volte si mosse da Viterbo e d'altri luoghi, dove fosse andata per diporto, e per passare la state; ed a Roma se ne venne, non mossa da altra cagione, se non di vedere Michelagnolo.

Michelangelo si esprimeva anche nella poesia, la 'quarta arte' (che per Vittoria e per tutto il mondo rinascimentale era la prima), e dal punto di vista della creatività e della potenza espressiva vi riusciva anche meglio della nobile amica, libero com'era dalle convenzioni letterarie che vincolavano invece Vittoria. Nel comporre versi Michelangelo ignorava le norme in uso, preferendo se mai inventarne di nuove come faceva nella pittura e nella scultura: a volte rispettava le regole della ritmica del sonetto, altre le sue poesie erano composte da due versi soltanto, e senza rima; altre volte ancora, non sicuro di se stesso, chiedeva a un terzo di riscrivere le lettere e i madrigali indirizzati a Vittoria. Come ebbe a dire Ugo Foscolo secoli più tardi, le lettere di Vittoria peccano enormemente in stile, specie negli ultimi anni. Vittoria, del resto, era annientata sia sul piano morale che su quello fisico da quanto avveniva attorno a lei: circondata da spie, avvilita, doveva aver perso fiducia nel proprio talento, e spesso più che a scrivere si ritrovava a scribacchiare. Le composizioni di Michelangelo, invece, hanno la stessa virilità delle sue sculture, a cui egli spesso le paragonava. Convinto che nella pietra vi fossero già, latenti, le forme scolpite, e che queste andassero solo liberate, allo stesso modo pensava che fosse possibile liberare le forme poetiche dai pensieri della mente. L'influsso di Vittoria aveva fatto di lui un uomo migliore, egli scrisse, nel lavoro di scultura della propria anima.

Michelangelo era praticamente il primo uomo, la prima figura di laico, che si avvicinava a Vittoria dopo che per tanti anni essa aveva vissuto circondandosi di vescovi e frati. Come lei, aveva sofferto. L'anno prima aveva perduto il padre, amatissimo, e quasi contemporaneamente gli era morto tra le braccia il fratello colpito dalla peste. Ma anche Firenze, la sua Firenze, era morta. Quando la città aveva cacciato i Medici, Michelangelo aveva preso attivamente parte alla rivolta, accettando di occuparsi delle sue fortificazioni. Come repubblicano, Michelangelo era naturalmente avverso al dominio della famiglia Medici, che ancora una volta fu imposto alla città, trionfando sui rivoltosi, grazie agli sforzi congiunti delle truppe imperiali e pontificie. Quando la città esausta aprì le porte all'esercito che l'assediava e dal Palazzo dei Priori fu rimossa la campana del Consiglio repubblicano, a Michelangelo non rimase che sfogare la sua rabbia impotente nell'arte, e le sue opere da allora furono più tormentate, più intense e mistiche.

La maggior parte dei ribelli fu duramente punita, ma Michelangelo ottenne il perdono nonché il permesso di continuare il lavoro nella cappella medicea di San Lorenzo. Quando il papa Clemente VII fece visita alla sua città, incontrò Michelangelo e gli chiese di tornare a Roma e terminare la Cappella Sistina. Clemente, che Michelangelo disprezzava sia come politico che come papa, considerava il Buonarroti il più grande scultore del suo tempo, se non di tutti i tempi, e un genio nelle arti della pittura, del disegno, dell'architettura e della poesia.

Dopo la restaurazione del dominio mediceo, Michelangelo non aveva più ragione di rimanere in Toscana: «Non ho amici, non ne ho bisogno, non li voglio», sicché nel 1534 fece ritorno a Roma, dove avrebbe trascorso gli ultimi trent'anni della sua vita. Per primo gli fu affidato l'incarico di eseguire un grande affresco del *Giudizio Universale* per ricoprire la vasta parete dietro l'altare della Cappella Sistina. Nella capitale Michelangelo terrorizzava tutti con i suoi terribili accessi di collera e i repentini cambiamenti di umore. Persino il papa aveva paura di lui, della sua permalosità e della sua intolleranza verso chi gli era intellettualmente inferiore, ovvero la maggioranza delle persone. La compagnia delle donne per lui era insignificante e noiosa, una perdita di tempo. Taciturno e depresso, sembrava nel suo elemento solo davanti a un pezzo di marmo o in compagnia del suo Urbino, che gli mescolava i colori. Eppure tutti volevano fare la conoscenza di quella leggenda vivente.

Tra costoro vi era Francisco de Hollanda, miniaturista e scrittore portoghese inviato a Roma dal suo re per eseguire delle copie dei migliori dipinti e incontrare i grandi uomini del Rinascimento. Costui soggiornò a Roma per un anno, dalla primavera del 1538, e descrisse alcuni dei suoi incontri con una freschezza che raramente è dato di incontrare nelle lettere scritte in modo formale. Naturalmente egli desiderava sopra ogni cosa conoscere il famoso quanto intrattabile Michelangelo. Un nobile di Siena, Lattanzio Tolomei, gli suggerì che il modo migliore, e forse l'unico, per incontrare faccia a faccia quell'uomo consisteva nel passare attraverso Vittoria Colonna.

Una domenica il de Hollanda, recatosi a casa di Lattanzio Tolomei, venne a sapere che questi era andato a Monte Cavallo, alla chiesa di San Silvestro, con la signora Marchesa di Pescara, per assistere a una lettura delle Epistole di san Paolo. Scrive de Hollanda:

Madonna Vittoria Colonna marchesa di Pescara, sorella del signor Ascanio Colonna, è una delle donne più eccellenti e più celebri che si trovino in Italia e in Europa, vale a dire nel mondo. Di nobili costumi quanto bella, dotta nella latinità e piena d'ingegno, essa possiede tutte le qualità e virtù che adornano la donna. Dal tempo della morte del suo illustre sposo, essa mena vita modesta e ritirata dal mondo. Saziata dallo splendore e dalla grandezza della sua anteriore condizione, non ama ora altri che Gesù Cristo e gli studi severi, facendo molti benefici a povere donne ed essendo modello di vera pietà cattolica.

I giardini della chiesa di San Silvestro sul Monte Cavallo (meglio conosciuto come Quirinale) erano quasi contigui a quelli dei Colonna, il cui grande palazzo sorge ai piedi del colle. In quei giardini Vittoria soleva incontrare gli amici dopo la predica o le letture che si svolgevano in chiesa. Non appena il tramonto del terso cielo romano si rifletteva nella fontana, sedevano in un angolino ombroso a discutere di arte e di scienza e a fare qualche innocuo pettegolezzo. A volte si univano a loro il tagliatore di pietre Valerio Belli o il pittore Sebastiano del Piombo, entrambi amici di Michelangelo. Conversavano fino a tarda ora, poi qualcuno accompagnava Vittoria al suo convento ai piedi del colle. Quella sera, terminata la lettura delle Epistole, il gruppo si fermò a discorrere all'interno della chiesa poiché fuori faceva troppo caldo.

Guardando de Hollanda e Tolomei la marchesa disse: «Se non m'inganno, credo che messer Francisco preferirebbe ascoltare Michelangelo sulla pittura». Con quelle parole Vittoria punzecchiava il portoghese (da lei erroneamente chiamato spagnolo, come vedremo un poco più avanti), ben sapendo quanto ardentemente costui desiderasse incontrare Michelangelo. Così prosegue il racconto del de Hollanda:

«Signora» replicai io, «Vostra Eccellenza sembra credere che ogni cosa che non sia pittura o arte mi sia estranea e incomprensibile. Sarà certamente molto piacevole sentire Michelangelo parlare, ma io preferisco la lettura di fra Ambrosio delle Epistole di san Paolo». Avevo pronunciato quelle parole sentendomi piccato. «Non dovete prenderla così» disse Tolomei, «la Marchesa certamente non intendeva dire che un buon pittore non è buono ad altro. Noi italiani siamo troppo stimati per questo. Forse le parole della Marchesa volevano significare che, al di là della delizia da noi avuta oggi, quella di udire le parole di Michelangelo è una delizia che ancora ci aspetta». «Se così fosse» replicai, «dopo tutto non sarebbe cosa straordinaria, poiché Vostra Eccellenza seguirebbe soltanto il suo abituale costume di elargire mille volte di più di quanto si azzardi il domandare». La Marchesa sorrise. «Si dovrebbe essere capaci di dare» essa disse, «quando davanti a noi vi è una mente che conosce gratitudine, e in questo caso specialmente, quando il dare e il ricevere offrono la stessa gioia».

Chiamato uno dei suoi servitori, gli domandò: «Sai tu dove dimora Michelangelo?» Il suo amico abitava poco lontano, nella valletta tra il Quirinale e il Campidoglio:

Va' e digli che Messer Tolomei e io siamo qui nella cappella, dove vi è un fresco bellissimo, e anche la chiesa è appartata e piacevole; e che io prego di domandargli se sarebbe incline a perdere qualche ora in nostra compagnia facendo di essa un guadagno per noi. Ma non dire una parola sul gentiluomo di Spagna che si trova costì.

Dopo alcuni minuti durante i quali nessuno parlò, si udì bussare alla porta. Il servo si era imbattuto in Michelangelo mentre questi, diretto alle Terme, stava salendo sulla collina dell'Esquilino immerso in una conversazione con Urbino. Era caduto nella trappola all'istante. La marchesa si alzò per andargli incontro, e rimase in piedi finché non si fu accomodato:

Dapprima eravamo tutti in silenzio, ma poi la Marchesa, a cui mai avveniva di parlare senza che elevasse coloro ai quali rivolgeva le sue parole, e financo il luogo in cui si trovava, con la massima perizia prese a dirigere la conversazione su ogni cosa possibile ma senza mai toccare, neppure di lontano, il tema della pittura. Desiderando di rassicurare Michelangelo, ella procedeva come accostandosi ad una imprendibile fortezza, fintantoché egli teneva alta la guardia.

Soltanto dopo qualche tempo essi iniziarono a parlare della pittura e del pittore, del suo rapporto con il pubblico e delle sue responsabilità.

Essendo i misteri e i dogmi di fede comunicati visivamente attraverso immagini dipinte, a quel tempo la rappresentazione dei temi religiosi aveva assunto una tale importanza da rendere enorme la responsabilità dell'artista, al quale toccava fare in modo che nelle sue opere si riflettesse un approccio mistico e spirituale al soggetto rappresentato. Parlarono anche dei meriti del disegno di contro a quelli della pittura, facendo raffronti tra la scuola fiamminga e quella tedesca, tra la scuola spagnola e quella italiana. Il Buonarroti lamentava che spesso i pittori erano costretti a sprecare il proprio tempo con persone che ne cercavano la compagnia al solo scopo di divertirsi:

«L'arte non appartiene a terra alcuna, discende dai cieli» disse Michelangelo. Ciò che contava in un dipinto non era il soggetto in se stesso, bensì la sua laboriosa perfezione, che avendo natura divina era capace di risvegliare la devozione. «Una buona immagine altro non è che una copia della perfezione di Dio, un'imitazione della Sua opera pittorica».

A quel punto il Tolomei raccontò che l'imperatore Massimiliano aveva concesso la grazia a un pittore sul punto di essere giustiziato, dicendo:

«Io posso creare conti e duchi, ma solo Iddio può creare un grande artista». Al che Michelangelo disse: «Vi assicuro che il Santo Padre stesso mi arreca sovente dispiacere, chiedendo perché io non mi faccio vedere più frequentemente, sebbene io creda di servire meglio Sua Santità stando a casa che non recandomi da lui, qualora si tratti di piccola cosa. E poi devo dire al Papa ch'io preferisco lavorare per lui a mio modo, che non ristandomi tutto il giorno in sua presenza come tanti fanno».

Dopo di lui prese la parola Vitttoria, a proposito di un suo progetto:

«Sua Santità ha graziosamente consentito a lasciarmi edificare un convento in questa prossimità, sulla collina, vicino al portico in rovina di dove, a quanto si dice, Nerone guardò Roma che bruciava. Le orme di sì empio uomo saranno in tal modo cancellate da donne virginali. Io non so, Michelangelo, quale forma e proporzione dare a tale edificio, e di qual lato mettere l'entrata. Non sarebbe possibile usare parte dell'antica costruzione per la nuova?» «Sì, signora, certamente» rispose Michelangelo. «Il portico che è a terra in rovina potrebbe essere usato per farne il campanile».

Michelangelo diede quella risposta con tale prontezza e con un'espressione talmente seria che Tolomei non poté non esimersi dal commentare. Dopodiché il grand'uomo soggiunse:

«Penso che niente potrebbe impedire a Vostra Eccellenza di edificare un chiostro. Prima di andarcene possiamo, se volete, dare un'occhiata al posto, e io vi darò qualche suggerimento».

Seccato dal fatto che Michelangelo non l'aveva degnato di uno sguardo, de Hollanda osservò che il miglior modo per passare inosservati consiste spesso nello stare accanto alla persona da cui vorremmo essere notati. Al che Michelangelo si scusò: «Perdonatemi ma a dire il vero non vi notai, avendo occhi solo per la marchesa». De Hollanda chiese allora se poteva unirsi alla compagnia anche la domenica successiva:

Ella [Vittoria Colonna] accolse la mia richiesta e Michelangelo promise di venire. Poi egli si alzò per primo, e la Marchesa si levò anch'essa. Li accompagnammo al cancello. Tolomei se ne andò con Michelangelo ed io con la Marchesa, da San Silvestro insino al monastero dove si tiene la testa di San Giovanni Battista e dove ella vive.

La domenica seguente il portoghese si incamminò verso quei giardini incantati, perdendosi nell'ammirazione della folla assiepata lungo la strada: quel giorno Margherita d'Austria, figlia di Carlo V e vedova di Alessandro de' Medici, andava sposa al giovane Ottavio Farnese, di cui il papa era il nonno. Dal colle del Campidoglio scendevano carri trionfali, i cavalieri erano vestiti di colori sgargianti e le dame della nobiltà risplendevano nelle loro fastose carrozze. Una simile ostentazione di lusso lasciò esterrefatto l'inviato portoghese, che giunto infine sul Quirinale vi trovò Michelangelo e Tolomei seduti nel giardino dietro il monastero, all'ombra dei lauri. Vittoria, però, non era con loro: essendo una Colonna, essa doveva presenziare al matrimonio, del quale si era evidentemente dimenticata la volta precedente, e aveva lasciato detto che si sarebbe unita nuovamente a loro la domenica successiva. E qui purtroppo termina la 'lettera' indirizzata al re da questo inviato speciale, il quale era fermamente convinto che Michelangelo fosse il più grande pittore mai esistito, seguito da Leonardo e poi da Raffaello.

Erano tempi difficili sia per Vittoria che per Michelangelo. Il pittore aveva perso ogni illusione; persino la sua famiglia, da lui tanto amata, lo aveva mal ricambiato. Pur consapevole del proprio genio, Michelangelo quasi non ci credeva più. Il suo umanesimo perduto si tramutò in spiritualismo grazie a Vittoria, che gli impedì anche di sprofondare nell'amarezza. Le qualità intellettuali di Vittoria sono testimoniate dalla venerazione a lei tributata da Michelangelo:

> Ben può talor col mie 'rdente desio
> salir la speme, e non esser fallace;
> ché s'ogni nostro affetto al ciel dispiace,
> a che fin fatto arebbe il mondo Iddio?
>
> Qual più giusta cagion dell'amart'io
> è, che dar gloria a quell'eterna pace,
> onde pende il divin, che di te piace,
> e c'ogni cor gentil fa casto e pio?
>
> Fallace speme ha sol l'amor, che muore
> con la beltà, c'ogni momento scema,
> ond'è suggetta al variar d'un bel viso.
>
> Dolce è ben quella in un pudico core
> che per cangiar di scorza o d'ora strema
> non manca, e qui caparra il paradiso.

Nella personalità di Vittoria c'era una vena di calore che è difficile rintracciare nei suoi diari o nelle sue caste e spesso tediose lettere.

Il grande amore che ispirò a Michelangelo disvela non solo la sua grande forza e il suo ingegno, ma anche le sue debolezze, che l'artista non mancava di rimproverarle. Come spesso accade agli omosessuali, Michelangelo si sentiva attratto dal lato intellettuale della personalità di Vittoria, una donna che deve essere stata meravigliosa in compagnia – precisa nella scelta delle parole e attenta ai contenuti – e che oltre a quella di Michelangelo, godeva della sincera amicizia di alcuni tra gli uomini più grandi del suo tempo.

Vittoria era consapevole dell'amore di Michelangelo e, come abbiamo visto nella descrizione del de Hollanda, si comportava in modo molto femminile, dimostrando all'uditorio che non solo le bastava chiamarlo per farlo comparire, ma riusciva anche a farlo stare in società, distraendolo per qualche tempo dal lavoro per quel *Giudizio Universale* che lo assorbiva totalmente. È interessante notare che Vittoria aveva chiesto al servitore di non far cenno alla presenza di un estraneo – il de Hollanda, appunto – intuendo che Michelangelo avrebbe pensato che voleva farsi vanto di lui con uno dei tanti che anelavano a conoscerlo, e che seppe poi portarlo dove voleva gradualmente, procedendo con molta cautela, senza mai farlo sentire al centro di un'attenzione eccessiva. Vittoria ammirava il genio della sua creatività, ma quello che amava era l'uomo, e con lui discuteva della connessione tra la forza interiore del creatore e l'oggetto della sua creazione. Accentuando la sua spiritualità – e con l'aiuto di Dio – Michelangelo avrebbe raggiunto il sublime, perché egli era sublime.

In uno dei numerosi sonetti dedicati a Vittoria, Michelangelo si rivolge direttamente a lei: la sua anima immortale era scesa in terra dal paradiso – al quale avrebbe poi fatto ritorno – allo scopo di allietare, risanare e gloriare il mondo con la sua presenza. Ed era questo che egli amava, ancor più della serena bellezza del suo aspetto esteriore. Il suo amore si indirizzava a ciò che di lei sarebbe rimasto in eterno: alla sua virtù, più che a ciò che era destinato a morte e disfacimento. Dio si manifestava a lui in nessun'altro oggetto che lei, e ciò che egli amava era la grazia del suo corpo mortale, poiché Dio si rispecchiava in lei. E ancora una volta Michelangelo dimostra il suo amore mistico per Vittoria facendo ricorso alla sua immagine favorita:

Sì come per levar, Donna, si pone
in pietra alpestra e dura
una viva figura,
che là più cresce, u' più la pietra scema;
tal alcun'opre buone,
per l'alma, che pur trema,
cela il soverchio della propria carne
con l'inculta sua cruda e dura scorza.
Tu pur dalle mie streme
parti puo' sol levarne,
ch'in me non è di me voler né forza.

Michelangelo, che non aveva mai avuto un'alta opinione del clero e del papato, condivideva con Vittoria la fede in un rapporto con Dio più immediato e più autentico di quello offerto dalla Chiesa cattolica. Al cardinale de' Medici, poco prima che diventasse papa Clemente VII, aveva scritto: «E ora, se il papa scrivesse un Breve dando licenza di rubare, io prego Sua Signoria Reverentissima di farne uno per me, essendo più bisognoso di quanto altri siano...»

Né Leone né Clemente si sedevano quando parlavano con Michelangelo, nel timore che anch'egli si sedesse, per quanto non richiesto. Se Clemente concedeva a Michelangelo di tenere il cappello in testa in sua presenza, era solo perché sapeva che lo avrebbe fatto comunque. Una volta, offeso da qualcosa che il papa aveva detto, Michelangelo lasciò Roma sui due piedi: «Se Sua Santità mi vuole, può cercarmi altrove». Il papa mandò cinque corrieri a riportarlo indietro, con l'ordine di «tornare immediatamente, pena il nostro dispiacere». La risposta di Michelangelo fu: «Se ero immeritevole della vostra stima ieri, non la meriterò domani».

Tra tanti pittori mondani, l'eccentrico appartarsi di Michelangelo era ammirato, così come il suo desiderio di dipingere in solitudine, quasi in segretezza, per creare sorpresa con la forza espressiva dell'opera compiuta. Quando fu finalmente mostrato al pubblico, il *Giudizio Universale* destò un'enorme sensazione, tanto si differenziava nello stile e nel messaggio dalla maestosa armonia degli affreschi dipinti sulla volta della Cappella anni prima, in un contesto politico e spirituale molto diverso. Nelle immagini del *Giudizio Universale* la folla dei santi ispira timore, e la virile umanità del Cristo, soffusa di dolcezza, forma un contrasto nettissimo con un genere umano misero, puzzolente e insozzato di fango.

Con Vittoria egli discusse del *Giudizio Universale*, e in particolare dell'aspirazione che andava segretamente maturando in lui: dare espressione alla pochezza, alla fragilità della condizione umana, e insieme a questa al tormento derivante dalla colpa. Michelangelo si spinse addirittura a consentirle l'accesso alla Cappella Sistina mentre stava dipingendo. Vittoria, che in quelle occasioni arrivava a San Pietro scortata da una delle sue dame di compagnia o dal suo segretario, era la sola persona con cui il taciturno pittore comunicava, poiché ai suoi occhi Vittoria lo uguagliava sul piano intellettuale ed era superiore a lui su quello spirituale, laddove invece i personaggi che affollavano la corte del papa e la capitale erano per la maggior parte arrampicatori sociali. Ne dipinse le sembianze: Vittoria prestò il suo volto alla regina della folla celeste, in piedi dietro a quel Cristo così giovane e inusuale, e il suo sguardo non sfiora i cardinali e i papi che erano – e sono tuttora – proclamati tali proprio nella Cappella Sistina. Michelangelo dipinse anche il proprio autoritratto sulla pelle scuoiata di san Bartolomeo, il martire scorticato vivo.

Nonostante i suoi moltissimi impegni, Michelangelo eseguì vari dipinti e disegni per donarli a Vittoria. Alcuni erano realizzati secondo caratteristiche discusse con lei, ad esempio il disegno di un Gesù in croce in cui «si vede quel corpo non come morto abbandonato cascare, ma come vivo per l'acerbo supplizio risentirsi e contorcersi» spiega il Condivi, che poi precisa che esso fu donato a Vittoria da Michelangelo «per amor di lei». Altri invece erano sorprese ispirate all'amore che lo legava a lei. Scrive Michelangelo:

> Volevo prima che io pigliassi le cose che Vostra Signoria m'ha più volte volute dare, per riceverle manco indegnamente che io potevo, far qualche cosa a quella di mia mano. Di poi, riconosciuto e visto che la grazia d'Iddio non si può comperare, e che 'l tenerla a disagio è peccato grandissimo, dico mia colpa, e volentieri dette cose accetto: e quando l'avrò, non per averle in casa, per esser io in

casa loro, mi parrà essere in paradiso, di che ne resterò più obrigato, se più posso essere di quel ch'i' sono a Vostra Signoria...

Pungolata dalla curiosità, Vittoria riuscì a scoprire cosa Michelangelo stava preparando per lei: era il disegno di un crocifisso. Tuttavia il dono non arrivava mai, e Michelangelo non vi faceva più cenno. Vittoria chiese a Tomaso de Cavalieri di fare indagini; al che seccato, addirittura adirato, Michelangelo sbottò:

> Signora Marchesa, è non par, sendo io in Roma, che egli accadessi lasciar il crocifisso a messer Tomaso e farlo mezzano fra Vostra Signoria e me suo servo, acciocché io la serva, e massimo avendo io desiderato di far più per quella che per uomo che io conoscessi mai al mondo; ma l'occupazione grande in che sono stato, e sono, non ha lasciato conoscer quello a Vostra Signoria; e perché io so che ella sa che amore non vuol maestro, e che chi ama non dorme, manco accadeva ancora mezzi: e benché paressi che io non mi ricordassi, io facevo quello ch'io non diceva per giungere con cosa non aspettata. È stato guasto il mio disegno: «Mal fa chi tanta fè sì tosto oblia».

Michelangelo era dispiaciuto che Vittoria avesse mandato un terzo a informarsi, come se avesse scarsa fiducia nella sua parola e volesse agire alle sue spalle. Come poteva Vittoria anche solo pensare che Michelangelo avesse dimenticato? Un uomo come lui non dimentica, specialmente quando ama una donna come lei. Come abbiamo già visto a proposito del torto fatto al Castiglione, Vittoria era facile a questo genere di gaffe a causa del suo entusiasmo e di un'impazienza che pure non le era abituale. Resta vero però che Michelangelo si offendeva facilmente. E in questa occasione potrebbe essersi irritato anche a motivo di una lettera di Vittoria, breve e generica, consegnata forse poco prima dell'arrivo di Tomaso. Questa lettera non è datata, come del resto quasi tutte le altre, ma dovrebbe risalire al 1539 o al 1540:

> Cordialissimo mio S. Michelagnelo, ve prego me mandiate un poco il crucifixo se ben non è fornito, perché il vorria mostrare a' gen-

tilhomini del R.mo Cardinal de Mantua, et se voi non seti oggi in lavoro potresti venire a parlarmi con vostra comodità.

Come poteva Vittoria dare per scontato il suo consenso, e chiedergli senza tanti complimenti di mostrare il crocifisso, finito o non finito che fosse, alla ciarliera corte di un cardinale?

Il disegno di quel crocifisso destò in Vittoria grande meraviglia. In una lettera a Michelangelo del luglio del 1543, a proposito di un'immagine del Cristo, scrive che «ben l'avete dipinta [...] nella mia 'samaritana'». Il riferimento è a una delle tre versioni di un quadro di Michelangelo oggi perduto e di cui esistono però alcune copie e un'incisione, raffigurante Gesù che siede presso il pozzo e chiede all'ostile donna di Samaria «Dammi da bere!» L'immagine alludeva ai temi cari ai cosiddetti 'spirituali', coloro cioè che aderivano a una religiosità più intima e che vedevano in Cristo la 'sorgente di acqua che zampilla per la vita eterna'. A tale cerchia appartenevano sia Vittoria che Michelangelo. Perduto è anche il disegno di una *Pietà*, donato sempre a Vittoria, che raffigurava una Madonna ai piedi della croce e, tra le sue gambe, il Cristo morto: nei lineamenti della Vergine e del Figlio Michelangelo ritrasse Vittoria e se stesso. Anche di questo disegno possediamo un'incisione firmata da Michelangelo e Giulio Bonasone, l'incisore. Vittoria e Michelangelo comunicavano tra loro sia con la poesia che con disegni e dipinti, spesso dotati di un valore metaforico che oggi non siamo più in grado di cogliere appieno.

Quando ricevette il bozzetto preparatorio del dipinto, accompagnato da una lettera piuttosto evasiva, Vittoria si meravigliò e rispose:

Unico Maestro Michelangelo et mio singularissimo amico, ho auta la vostra e visto il crocifixo, il quale certamente ha crucifixe nella memoria mia quante altre picture viddi mai. Non se pò vedere più ben fatta, più viva e più finita imagine; et certo io non potrei mai explicar quanto sottilmente et mirabilmente è fatta, per il che son risoluta de non volerlo di man d'altri. Et però chiaritemi: se questo è d'altri, patientia; se è vostro, io in ogni modo vel torrei. Ma in caso che non sia vostro e vogliate farlo fare a quel vostro, ci parleremo prima, perché, conoscendo io la difficultà che c'è de imitarlo,

145

più presto mi resolvo che colui faccia un'altra cosa che questa; ma se è il vostro questo, abbiate patientia che non son per tornarlo più. Io l'ho ben visto al lume e col vetro e col specchio e non vidi mai la più finita cosa.

Anche questa lettera di Vittoria non è del tutto chiara. Si può immaginare che fosse incerta – o fingesse di esserlo – se considerare il disegno come un dono per lei o soltanto come un'opera data in visione: a causa della piccola tempesta provocata dalla mancanza di tatto della lettera precedente, Michelangelo non aveva aggiunto nessuna spiegazione. Probabilmente non le aveva detto che il disegno (o schizzo su tela?) del Crocifisso era il bozzetto preliminare dell'opera di cui intendeva farle dono, in modo da godersi fino in fondo la sorpresa della sua impaziente signora. E non è escluso che quest'opera possa essere quello stesso disegno a cui accenna Condivi anziché il quadro finito (sebbene l'oggetto dell'ammirazione di Vittoria fosse «ben fatta e finita imagine»), altrimenti non avrebbe senso l'accenno di Vittoria al fatto che un allievo non era in grado di eseguirne la copia.

Quando Michelangelo le mandò il dipinto definitivo, Vittoria gli scrisse una lettera in cui si scusava della mancanza di tatto dimostrata in precedenza:

Li effetti vostri excitano a forza il giuditio de chi li guarda, et per vederne più experientia parlai de accrescer bontà alle cose perfette, et ho visto che omnia possibilia sunt credenti, jo ebbi grandis.ma fede in Dio che vi dessi una gratia sopranatural a far questo Christo; poi il viddi sì mirabile che superò in tutti i modi ogni mia expettatione: poi fatta animosa dalli miraculi vostri desiderai quello che hora maravegliosamente vedo adempito cioè che sta da ogni parte in summa perfectione, et non se potria desiderar più ne gionger a desiderar tanto, et ve dico che mi alegro molto che l'angelo da man destra sia assai più bello, perché il Michele ponerà voi Michel angelo alla destra del S.re nel dì novissimo et in questo mezzo io non so come servirvi in altro che in pregarne questo dolce Christo che sì bene et perfettamente havete depinto et pregar voi mi comandiate come cosa vostra in tutto et per tutto.

Le attenzioni, l'amicizia e l'amore di Michelangelo non avevano però distratto Vittoria dai suoi molteplici impegni: le terre da amministrare, le lettere cui rispondere, la causa della Riforma da promuovere. Si prese un segretario, tal Giuseppe Jova di Lucca che, sia per la vicinanza con Vittoria sia perché lucchese, era un luterano; ma Jova non si occupava di sbrigare la corrispondenza privata di Vittoria, quella con il figlio adottivo o con Michelangelo. Abbiamo già visto che ad Alfonso del Vasto (il quale, innamoratosi di Laura di Monteforte, una giovane sposata, «non toccò e non accarezzò sua moglie per tre anni») Vittoria aveva chiesto di intercedere in favore di Filippo Strozzi, il nobile fiorentino finito suicida. Probabilmente quella lettera di preghiera era stata scritta da Vittoria al comandante in capo dell'esercito imperiale in Italia su richiesta di Michelangelo, che era amico dello Strozzi e della Repubblica di Firenze. Angosciato nel vedere che tanti suoi compagni venivano torturati ed espropriati di tutto, Michelangelo dava voce al tormentato amore per Vittoria e al tormento della propria anima in un sonetto che rivela non solo la complessità dei suoi sentimenti e la sua filosofia, ma anche un'inusuale umiltà di fronte ai suoi limiti di creatore:

Non ha l'ottimo artista alcun concetto
ch'un marmo solo in sé non circoscriva
col suo soverchio, e solo a quello arriva
la man che ubbidisce all'intelletto.

Il mal ch'io fuggo, e 'l ben ch'io mi prometto,
in te, donna leggiadra, altera e diva,
tal si nasconde; e perch'io più non viva,
contraria ho l'arte al disïato effetto.

Amor dunque non ha, né tua beltate,
o durezza, o fortuna, o gran disdegno,
del mio mal colpa, o mio destino o sorte,
se dentro del tuo cor morte e pietate
porti in un tempo, e che 'l mio basso ingegno
non sappia, ardendo, trarne altro che morte.

Le poesie dedicate a Vittoria erano molto diverse dal tono convenzionale dei sonetti del tempo, in cui i capelli erano sempre d'oro, gli occhi due stelle luccicanti e i denti delle donne paragonabili a perle splendenti. L'appassionata confessione di Michelangelo suscitò la meraviglia generale: il genio selvaggio, il genio chiuso in se stesso amava la più virtuosa delle donne. «Io ò un librecto in carta pecora, che la mi donò circa dieci anni sono, nel quale è cento tre sonecti, senza quegli che mi mandò poi da Viterbo in carta bambagina, che son quaranta, i quali feci legare nel medesimo librecto e in quel tempo gli prestai a molte persone, in modo che per tucto ci sono in istampa».

Toccava ora a Vittoria di soffrire a causa degli avvenimenti politici. Tra suo fratello Ascanio e l'imperatore c'era una questione aperta; inoltre, incapace di adattarsi ai tempi nuovi, Ascanio continuava a comportarsi come se i Colonna fossero ancora potentissimi, dimenticando che la famiglia era diventata vassalla dell'imperatore – di fatto, se non di nome – e che non aveva potere contro una Chiesa il cui pontefice era legato all'imperatore anche da vincoli di parentela.

Rifiutando di acquistare il sale su cui il nuovo papa Farnese aveva imposto una pesante tassa, e comprandolo altrove, Ascanio aveva disobbedito alla legge e alcuni dei suoi uomini furono per questo imprigionati. Come agli altri vassalli, anche ad Ascanio fu ingiunto di sottomettersi alla legge, ma costui si rifiutò, pur giurando di essere fedele alla Chiesa. Convocato a giudizio il giorno 25 febbraio 1541, Ascanio non si presentò, dando così inizio alla cosiddetta 'guerra del sale'. Pier Luigi Farnese, il figlio del papa, assunse il comando di una milizia armata che aveva il compito di mostrare ad Ascanio Colonna e a ogni potenziale ribelle quali fossero le conseguenze della disobbedienza al pontefice. Pur provando nei confronti del fratello sentimenti contrastanti, Vittoria non dimenticava mai che egli era il capo della famiglia: «La casa Colonna è sempre la prima» si legge in una sua missiva indirizzata ad Ascanio. Vittoria sapeva che una lite con i Farnese non avrebbe portato nulla di buono, anche perché i Colonna non potevano più contare sulla protezione dell'imperatore dopo il rifiuto del fratello di dare la figlia in sposa a un protetto di Carlo.

Servivano diplomazia e pazienza: la pazienza di Giobbe, tenne a precisare Vittoria, che si risolse a prendere contatto con l'imperatore e con il suo ambasciatore a Roma, il quale si stava adoperando per la riconciliazione tra i due litiganti insieme al viceré di Napoli. Ascanio non voleva presentarsi al cospetto del papa, temendo che questi ne avrebbe approfittato per farlo prigioniero: i feudi dei Colonna facevano infatti gola ai Farnese, il cui appetito di possedimenti terrieri non era inferiore a quello dei loro predecessori. Inoltre, Paolo III Farnese, come tutti i papi che lo avevano preceduto, era ansioso di neutralizzare il pericolo rappresentato dalle fortezze dei Colonna, che essendo disposte strategicamente tutt'intorno a Roma potevano chiudere le strade di accesso al mare.

Da Roma, dove i pomeriggi domenicali erano sempre trascorsi in compagnia del «singolarissimo amico» Michelangelo, Vittoria scrisse una lettera al fratello che in quel periodo si divideva tra Paliano e Marino: «Mal si può intendere questo Papa, però considerate bene con grazia di Dio che tutto sia con servizio di Sua Maestà». Ascanio, suggeriva Vittoria, avrebbe dovuto trovare un modo per chiedere scusa pur salvaguardando l'onore. A quell'epoca Ascanio stava cercando di formare un piccolo esercito raccogliendo uomini dai suoi feudi in Campania e nel Lazio. Vittoria lasciò Roma – la tana del nemico – e fece ritorno a Orvieto, al convento di San Paolo, portando con sé due ancelle (Prudentia e Clara di Nobilione) e due servitori. A farle visita giunse il governatore di Orvieto in persona, che tuttavia non andava in visita da una donna tanto onorata e famosa per semplici ragioni di cortesia, ma per tenere informato il cardinale Alessandro Farnese sui suoi movimenti. Vittoria era circondata da spie: infatti, la corrispondenza giunta a noi è spesso quella intercettata dai Farnese e dall'Inquisizione, mentre quella più delicata fu probabilmente distrutta da Vittoria stessa, specie quando la rete che la stringeva cominciò a farsi più fitta. A Orvieto Vittoria ricevette lettere scritte dall'imperatore e dal marchese del Vasto; nel frattempo a Ratisbona, la città in cui si trovava in quel momento, Carlo V consigliò ad Ascanio di cedere alle richieste del papa. All'imperatore non piaceva l'idea di una nuova guerra civile nella 'sua' Italia, dove la disobbedienza di un soggetto andava punita prima che potesse diventare un cattivo esempio per altri. A Ratisbona, parlando alla Dieta ispirato dalla continua ricerca di un'unità religiosa, apparentemente Carlo aveva tuonato contro Ascanio Colonna, per il quale non nutriva alcuna simpatia. A Vittoria invece scrisse:

> Illustre Marchesa nostra amica,
> Abbiamo veduto la vostra lettera, e i servigi che noi e i nostri antenati abbiamo ricevuto dalla casa Colonna son tali che non si possono dimenticare e serberemo sempre la memoria che meritano per mirare e favorire quanto conviene alla conservazione di essa. E così adunque, come voi per la prudenza vostra potete considerare, sono usciti dai limiti della ragione e della onestà i mezzi che Ascanio ha usato nel presente affare [...] Tuttavia avremo cura, come dal Marchese nostro ambasciatore intenderete, che la cosa si aggiusti in via amichevole e si sospendano e cessino le armi e gl'inconvenienti che da esse potrebbero derivare, segnatamente al suo Stato, al pubblico bene e alla quiete d'Italia.

In un'altra lettera a Vittoria, da Ratisbona, l'imperatore ribadiva che Ascanio doveva essere ricondotto alla ragione. A Orvieto giungevano messaggeri da ogni parte, come se la questione del sale di Ascanio Colonna avesse assunto rilevanza internazionale. Il saggio cardinal Contarini, che si trovava a Ratisbona, chiese un incontro con Vittoria, che sola poteva persuadere Ascanio di quanto fosse pericoloso sfidare l'autorità del papa. A Contarini fu detto che Vittoria aveva già scritto molte lettere in quel senso al fratello, e che ormai non vi era più nulla da fare.

In una nuova lettera Vittoria informò il fratello dei pericoli che lo insidiavano: «Vostra Signoria attenda a guardarsi, che ogni cosa che farà poi venuto l'ordine di Sua Maestà sarà onorato. Dio per sua bontà vi guardi ed estorva tutti i mali [...] Però non bisognava tanta guerra per trenta vacche». Quest'ultima frase si riferiva al fatto che all'accendersi della disputa, per rappresaglia Ascanio aveva ritirato il suo bestiame dai territori pontifici. Nel frattempo l'ambasciatore di Carlo a Roma ricevette l'ordine di lasciare che le cose facessero il loro corso. Vittoria si scoraggiò. Il 9 marzo 1541 Ascanio scrisse alla sorella che i tentativi diplomatici andavano abbandonati anche da parte sua. La moglie e i figli di Ascanio partirono per Ischia e qui furono accolti da Costanza, la ormai vecchia e amata parente che sarebbe morta pochi mesi più tardi.

Tra i Farnese e i Colonna era ormai guerra aperta. «A dispetto di certe scuse offerte dalla parte imperiale» affermò in un lettera il cardinale Farnese, «il signor Ascanio» avrebbe dovuto pagare per il sale, ed avrebbe potuto evitare la guerra consegnando in ostaggio il suo primogenito ed esiliandosi da Roma, non prima però di essersi presentato al cospetto del papa e avergli ceduto due dei suoi feudi. La Chiesa, scriveva poi il cardinale, sapeva che un vassallo turbolento doveva essere ricondotto all'obbedienza. «Senza pericolo di questa Sede» aggiunse, e non a torto: cosa avevano da temere i Farnese? Il loro esercito era superiore a quello dei Colonna, e l'imperatore, imparentato con il papa, non poteva che essere dalla loro parte.

La rapacità con cui i Farnese approfittarono dell'errore di Ascanio ricorda da vicino i tempi del primo Rinascimento. Dai possedimenti feudali a sud e a ovest della capitale i Colonna bloccarono le strade per Roma da Ardea fino a Nettuno sul lato costiero, e fino ai monti Equi ed Ernici nell'entroterra. L'esercito pontificio, tuttavia, passò rapidamente al contrattacco, e Rocca di Papa cadde quasi immediatamente nelle mani delle indisciplinate milizie mercenarie al soldo del pontefice, che di qui avanzarono poi in direzione di Paliano, la principale fortezza dei Colonna. Battendosi come un leone dentro la rocca e fuori nel villaggio, Ascanio Colonna resistette per due mesi, durante i quali i mercenari fecero incursioni e razzie nei villaggi limitrofi: mantenere la disciplina tra loro era talmente arduo che da Roma fu inviato un drappello di uomini a cavallo con compiti di polizia. Nel frattempo erano cadute anche altre fortezze: Genazzano, Cave, Ceciliano, Scurcola. Vittoria pianse il destino toccato alla sua terra, il luogo dove per la prima volta aveva aperto gli occhi alla luce:

> Veggio rilucer sol di armate squadre
> i miei sì larghi campi, ed odo il canto
> rivolto in grida e 'l dolce riso in pianto
> la 've io prima toccai l'antica madre.

Il 26 maggio cadde anche Paliano. Quando il governatore di Orvieto le portò la notizia, il commento di Vittoria fu: «Vanno e vengono i possessi terreni» e «Quel che importa è che le vite siano salve». In realtà erano rimasti solo in settanta a difendere Paliano, tutti gli altri erano morti. Vittoria fu testimone della disintegrazione, totale e definitiva, della potenza dei Colonna: era troppo intelligente per non rendersene conto, e pur con tutta la sua fede in un mondo ultraterreno, provò grande sofferenza per la perdita del potere temporale della sua famiglia. Con un manipolo di fedelissimi Ascanio si rifugiò nei suoi feudi napoletani, fuori dalla portata dei Farnese, mentre tutti i possedimenti dei Colonna nei territori pontifici venivano confiscati e i castelli rasi al suolo.

Michelangelo era troppo assorbito dal lavoro e dai tormenti spirituali per interessarsi da vicino alla caduta dei Colonna. Probabilmente non aveva mai conosciuto Ascanio, e anche se l'avesse incontrato non ne avrebbe ricevuto una profonda impressione. Continuò a scrivere a Vittoria:

L'aportatore di questa sarà Urbino che sta meco al quale vostra Signoria potrà dire quando vuole ch'io venga a vedere la testa ch'a promesso mostrarmi e a quella mi racomando.
Servitore di vostra S.ria
Michelagnolo Buonarroti

Alla lettera, anteponeva una poesia:

Per esser manco almen signiora indegnio
dell'inmensa vostr'alta cortesia
prima all'incontro a quella usar la mia
con tucto il cor volse 'l mie basso ingegno.
Ma visto poi c'ascendere a quel segnio
propio valor non è c'apra la via
perdon domanda la mie colpa ria
e del fallir più saggio ognior divegno.
E veggio ancor com'erra s'alcun crede
la gratia che da voi divina piove

pareggi l'opra mia caduca e frale
l'ingegno e l'arte e la memoria cede
c'un don celeste mai con mille pruove
pagar può sol del suo chi è mortale.

[...]

Per parte sua, Vittoria gli mandò tutti i sonetti che aveva scritto, e Michelangelo li raccolse in un volume elegantemente rilegato in pelle che teneva presso di sé come il più prezioso dei suoi averi. Conservò e fece rilegare anche tutte le lettere di Vittoria da Orvieto e da Viterbo. Nelle poesie inviate da Vittoria a Michelangelo c'è la ricerca della pace che viene dalla guida spirituale di Dio, ma la vita stava cominciando a diventare veramente difficile per lei, e non solo a causa della disobbedienza di Ascanio al papa.

Vittoria si spostò a Viterbo, allora governata dal cardinale inglese Reginald Pole. Di qui fece frequenti viaggi a Roma per incontrare Michelangelo, dimostrando in tal modo che aveva bisogno di lui. È infatti impensabile che i due amici non abbiano discusso insieme delle principali questioni che affliggevano Vittoria. «Chieggio a voi, alta e diva / donna, saper se 'n cielo men grado tiene / l'umil peccato che 'l soverchio bene» scriveva allora Michelangelo. Vittoria era la sua fonte di beatitudine, una specie di Madre santa.

Nel luglio del 1542 veniva istituita la Congregazione dell'Inquisizione.

Capitolo otto

Le donne e l'Inquisizione

Nel 1541, un anno prima che fosse istituita l'Inquisizione, Paolo III Farnese aveva nominato il cardinale inglese Reginald Pole legato del Patrimonium Petri facente capo a Viterbo, il più antico dei territori pontifici, conosciuto appunto come 'il Patrimonio'. Da quel momento il 'cardinale d'Inghilterra' era tenuto a vivere a Viterbo, la bellissima città a una giornata di viaggio da Roma, con l'unico compito di amministrarvi la giustizia.

Pole si stabilì in un magnifico palazzo e ben presto intorno a lui si riunì un folto gruppo di seguaci di Valdés, animati da propositi di riforma della Chiesa che in taluni casi erano molto vicini al protestantesimo. In breve tempo il gruppo acquistò tanta notorietà quanti erano i sospetti che attirava su di sé: uniti dal comune, fortissimo entusiasmo per una riforma ecclesiastica, amici e ospiti occasionali, visitatori e servitori davano vita ad animate e interminabili discussioni, che costituiscono il motivo per cui Vittoria seguì Pole a Viterbo un mese dopo il suo insediamento, trasferendosi nel convento di Santa Caterina, dove sarebbe rimasta per tre anni.

In tutta Europa le donne delle grandi casate e della nobiltà minore davano la loro adesione alla causa protestante. Alta, con un naso lungo e labbra sottili, Jeanne d'Albret (1528-1572), moglie di Antonio di Borbone e figlia della regina di Navarra Margherita d'Angoulême, era una convinta sostenitrice del credo protestante, tanto che del suo regno – la Navarra – fece il centro propulsivo della Riforma. La battaglia per la fede, che coincideva con la battaglia per il diritto delle donne all'istruzione, per la libertà d'espressione e per l'indipendenza, accomunava persone di estrazione sociale diversa, ma quel che conta per la nostra storia è che la forza spirituale dietro a essa era quella delle donne.

L'imperatore si era fatto promotore di un 'colloquio religioso' – una sorta di dibattito allargato nella forma della Dieta – al quale parteciparono esponenti cattolici e protestanti riuniti a Ratisbona, in suolo tedesco. Il principale esponente dell'area protestante era Filippo Melantone, quello dell'area cattolica il cardinale Gaspare Contarini, membro del Sacro Collegio nonché amico personale di Vittoria. Sulla questione della giustificazione per fede fu raggiunto un accordo, e ciò fece sperare per il meglio Contarini, che era una 'colomba'. Quello della giustificazione per fede era uno dei principali temi della predicazione non solo di Valdés, ma anche di Ochino e di Pietro Martire Vermigli. Nella concezione di Lutero e di Valdés la salvezza poteva venire solo dalla fede in Cristo: che bisogno c'era, quindi, di un sacramento come la confessione? Ma i 'falchi' guidati dal cardinale Carafa si opposero a questa tesi, sintetizzata nell'espressione *sola fide*. Una mediazione sembrava ancora possibile: i moderati, cioè le 'colombe' come Contarini, Sadoleto, Vittoria Colonna, Reginald Pole, Giberti, Carnesecchi, Morone e altri ancora, erano infatti decisamente favorevoli a una soluzione di compromesso, ma il dissidio si rivelò insanabile su altri punti quali il celibato, la struttura giuridica della Chiesa e la supremazia del papa.

Travolte le ultime speranze di giungere a formulazioni unitarie attraverso un lavoro di mediazione, la Dieta si concluse nel luglio del 1541 senza che le due parti avessero raggiunto un accordo. Fu una notizia terribile anche per Vittoria, che aveva meditato di andare a Ratisbona o forse vi si era effettivamente recata, allo scopo di influenzare le 'colombe'.

Nell'agosto di quello stesso anno una Vittoria molto dimagrita, se non addirittura emaciata, si allontanò da Viterbo per una breve visita a Roma. L'imponente palazzo Colonna, i cui giardini ancora oggi si allungano sulle pendici del Quirinale, era deserto: tutti i membri della famiglia erano in esilio. Qui Vittoria ricevette alcuni amici in visita, e da costoro venne a sapere che Ochino era a Milano, dove conquistava le folle con la sua predicazione. A quella notizia Vittoria commentò: «Prego Dio che possa continuare così». La morte di Valdés, avvenuta quello stesso anno, scompaginò le fila dei suoi seguaci, tra i quali spiccava la figura di Giulia Gonzaga. Allo sbando, senza sapere in che direzione muoversi e in quale luogo riunirsi, essi avevano bisogno di una figura di prestigio che li guidasse; per un breve lasso di tempo fu Vittoria a riempire il vuoto lasciato da Valdés, anche se nelle sue intenzioni doveva essere Reginald Pole – in cui riponeva piena fiducia – ad assumere la funzione di guida per lei e per la cerchia che intorno a lei si raccoglieva.

Vittoria conosceva da tempo il cardinale Pole, di otto anni più giovane, ma solo a Viterbo i due divennero intimi. Dopo il rifiuto opposto al divorzio di Enrico VIII, Pole aveva deciso di stabilirsi per sempre in Italia, dove era di casa avendo studiato all'università di Padova. Sua madre era Margherita Plantageneta, contessa di Salisbury, condannata a morte nel 1539 proprio perché il figlio si era rifiutato di aiutare a sciogliere il matrimonio tra il re e Caterina d'Aragona. In quel frangente Pole scrisse a Vittoria che quando Enrico aveva «condannata a morte, ovvero alla vita eterna» sua madre, nel suo cuore ne aveva preso il posto Vittoria.

Reginald Pole era poi nipote del duca di Clarence, due fratelli del quale erano stati re d'Inghilterra. Aveva conosciuto Sadoleto, Pietro Bembo e Contarini quando era studente a Padova; Sadoleto pensava che Pole fosse «un uomo di irremovibile costanza e di eccelsa virtù [...] La sua conversazione era superiore a quella dell'uomo comune, e solo un cuore di pietra non si sarebbe intenerito dopo mezz'ora del suo parlare». Pole era legato da amicizia anche all'esponente più intellettuale del gruppo, Contarini, e come lui fu nominato cardinale nel dicembre del 1536. Ma a differenza di Contarini, Pole era un sostenitore dell'autorità ecclesiastica in quanto tale.

In quel periodo Vittoria, sotto l'influsso di Ochino, attraversava un nuovo periodo di crisi spirituale. Al pari di altri nella sua cerchia, essa credeva nella salvezza ottenuta non con le opere ma attraverso la sola fede e leggeva testi 'pericolosi'. Pole, una barba fluentissima e pettinatissima, forse anche un po' vanesio, faceva da consigliere a Vittoria, e a volte la prendeva un po' in giro, suggerendole di astenersi dalle eccessive mortificazioni e di abbandonare la lettura di certi libri che avevano il solo effetto di confonderla. «Ammonita dal cardinale che ella più tosto offendeva Dio che altrimenti, con usare tanta austerità e rigore contro il suo corpo [...] cominciò a ritirarsi da quella vita così austera, riducendosi a poco a poco a una mediocrità ragionevole e onesta» racconta Pietro Carnesecchi, che parlando di «mortificazioni» presumibilmente si riferiva alla rigorosa osservanza della pratica del digiuno e alle punizioni corporali autoinflitte. Carnesecchi aggiunge poi che il cardinale Pole non era semplicemente in rapporto di amicizia con Vittoria, in quanto la onorava come fosse sua madre. E la stessa Vittoria scrisse a Giulia Gonzaga: «Devo la salute dell'anima e del corpo al cardinal Pole, la prima essendo minacciata dalla superstizione, il secondo dall'abuso». Pole inoltre raccomandava a Vittoria di non spingersi troppo in là nella riflessione sugli aspetti dottrinali, nei quali non era particolarmente ferrata, come del resto non lo era lui, tanto che a volte se ne usciva con l'esclamazione: «Se solo Contarini fosse qui!» Pur discutendo di questioni religiose con Vittoria e prestandole consiglio, Pole era un uomo che preferiva non sbilanciarsi troppo; dal canto suo, Vittoria insisteva affinché egli le facesse visita il più spesso possibile, avendo maturato per lui un sentimento molto forte.

Alla corte di Viterbo giungevano visitatori animati da un grande fervore religioso. Il gruppo degli intellettuali di cui, stando alle parole di Pole, Vittoria era l'anima, si riuniva ai pasti e discuteva degli ultimi avvenimenti. Pietro Carnesecchi si fermò a Viterbo un anno intero, ma su di lui e sugli altri incombeva la catastrofe: il fallimento della Dieta di Ratisbona (1541) aveva gettato l'ombra del sospetto su tutti coloro che avevano cercato un'intesa con i protestanti. Contarini era sorpreso e amareggiato dal modo in cui molti guardavano ai suoi sforzi per trovare un terreno di mediazione sul tema della giustificazione per fede. Dall'altra parte dello steccato, l'esponente più in vista dei 'falchi', il cardinale Carafa, conferiva con i suoi su «quel che abbiamo udito sulle vicende di Ratisbona». Viterbo, la capitale dei riformatori cattolici moderati, era già considerata protestante, se non addirittura eretica, in ragione della sua affinità con le posizioni di Lutero.

Dopo aver conquistato Ginevra, la predicazione di Calvino andava estendendosi all'Italia, e tutti gli sforzi del papa si concentravano ormai nel tentativo di arginarne la diffusione. Quelle idee avevano importantissimi risvolti politici, e a farcene meglio comprendere la valenza basterebbe un accostamento con gli ideali socialisti che infiammarono l'Europa nel XIX secolo. Erano principi capaci di penetrare in tutte le classi sociali, che è poi il motivo per cui furono osteggiati con odio. Nell'Italia del Nord gli 'spirituali' si servivano di predicatori come Ochino e Pietro Martire Vermigli, molto popolari tra le masse, per combattere il diffondersi delle eresie; tuttavia agli occhi dei 'falchi' quei predicatori erano sospetti. L'inflessibile cardinale Carafa, nobile napoletano, dichiarò con rigida intransigenza che tutta l'Italia era infettata dall'eresia luterana.

Pur essendo stato usato da Contarini per riguadagnare alla fede i potenziali aderenti alla congregazione di Calvino, il 15 luglio 1542 frate Ochino fu convocato a Roma allo scopo di discutere «questioni importanti». Sei giorni dopo, il 21 luglio, il papa emanò la bolla *Licet ab initio* che istituiva il Tribunale dell'Inquisizione a Roma, affidandone la guida al cardinale Carafa. Quest'ultimo, senza nemmeno aspettare i fondi promessi, attrezzò una sede a sue spese in modo che i processi potessero avere subito inizio. In quel momento frate Ochino si trovava a Verona con il vescovo Giberti e predicava a folle entusiaste; per dirla con un eufemismo, non aveva una particolare fretta di arrivare a Roma. Il 27 luglio, ricevuto un Breve pontificio che gli ingiungeva nuovamente di recarsi a Roma, Ochino si mise in viaggio e lungo la strada si fermò a Bologna per incontrarsi con un Gaspare Contarini gravemente ammalato. Purtroppo non è dato sapere ciò che i due si dissero in quell'occasione, ma l'incontro è importante perché qualche mese più tardi l'Inquisizione ebbe modo di sostenere che era stato Contarini a persuadere Ochino a fuggire, e che pertanto l'intero gruppo di Viterbo era colpevole, Vittoria per prima.

Da Bologna Ochino raggiunse Firenze e fece visita a Pietro Martire, anch'egli colpito dall'ingiunzione a comparire davanti al Concistoro. Da Pietro Martire il frate fu messo sull'avviso: andare a Roma significava andare incontro a morte certa. Fu così che il 22 agosto, dal convento di Montuorghi, nei pressi di Firenze, un Ochino in preda a grande agitazione scrisse a Vittoria:

Non con piccolo fastidio di mente mi trovo fuori di Fiorenza venuto con animo di andare a Roma, dove sono chiamato, benché innanzi ch'io fossi qui da molti ne sia stato dissuaso, ma intendendo ogni più cose e il modo col quale procedono, sono stato particolarmente da Don Pietro Martire e da altri molto persuaso di non andare; perché non potrei se non negare Cristo o essere crocifisso; il primo non vorrei fare, il secondo sì con la sua grazia, ma quando lui vorrà. Andar io alla morte volontariamente, non ho questo spirito ora. Dio quando vorrà mi saprà trovare per tutto [...] Dappoi che farei più in Italia? [...] Dall'altra parte pensate se mi è aspro per tutti li rispetti che sapete. Sento ripugna a lasciar tutto e a pensare che si dirà. Mi sarebbe stato oltremodo gratissimo parlarvi ed avere il vostro giudizio e di monsignore reverendissimo Polo, o una lettera vostra...

Se Ochino pensava che la sua fuga potesse suscitare un certo scalpore e arrecare qualche danno ai suoi seguaci, sottovalutava la portata dello scandalo che tanto la sua partenza quanto quella di Pietro Martire alla fine provocarono: fu una vera e propria catastrofe. L'apostasia di Ochino, vicario generale dell'ordine dei cappuccini, insieme a quella di Pietro Martire, confermava tutti i sospetti di Carafa. Si pensò addirittura che Vittoria potesse seguire l'esempio di Ochino, dato che era autrice di sonetti 'protestanti', come quello in cui mette in discussione il sacramento della confessione: «Ma come speme accesa e dol vero / aprir dentro passando oltre la gonna / i falli nostri a sol a sol con Lui». Sono parole che ci rivelano la ragione ultima dei suoi tormenti: Vittoria era giunta alla conclusione, come altri nel suo cenacolo, che la vera fede fosse quella luterana.

In effetti, nel momento di maggiore vicinanza a Ochino, Vittoria era stata protestante «senza saperlo», come diceva il cardinale Carafa. La Chiesa, reduce dal sacco di Roma e dalla peste, era allora in preda a un grave disorientamento: la corruzione del clero e, insieme a questa, la determinazione del papato a mantenere nelle proprie mani il potere spirituale e temporale avevano suscitato un profondo disgusto, e concezioni come quelle elaborate e messe per iscritto da Lutero e Calvino facevano presa su molti. La Chiesa di Roma non aveva messo nulla per iscritto; nessuno sapeva esattamente cosa credere e cosa non credere. Il papa – e l'imperatore ancor più di lui – avevano inseguito il sogno irrealizzabile di una riconciliazione con i protestanti, e solo dopo la Dieta di Ratisbona era apparso chiaro (ma non del tutto all'imperatore) che un'intesa con gli eretici dell'Europa del Nord non era più possibile. In effetti a Ratisbona venne tacitamente riconosciuta l'irriducibile diversità della fede di Lutero e di Calvino, cosa che i moderati, a differenza di personaggi come l'Inquisitore generale Carafa o Loyola, non avevano compreso.

Pur avendo ricevuto il consiglio di non occuparsi di questioni teologiche, Vittoria non poteva esimersi da una riflessione sui temi che erano più intensamente sentiti dal suo gruppo e da lei stessa, e perciò in uno dei suoi sonetti scrive:

> Veggio d'alga e di fango ormai sì carca
> Pietro, la rete tua, che se qualche onda
> di fuor l'assale o intorno la circonda
> potrà spezzarsi e a rischio andar la barca...

Da Firenze Bernardino Ochino si rifugiò a Ferrara e da lì, con l'aiuto di Renata d'Este e del fratello di Vittoria che gli prestò un cavallo, varcò il confine e raggiunse Ginevra. In fuga a sua volta, Pietro Martire, poco prima di giungere a Zurigo da Lucca, scrisse al cardinale Pole una lettera nella quale condannava i mali della religione papista. In Svizzera lo seguirono diciotto frati del suo monastero, mentre gli altri furono imprigionati.

La fuga di un personaggio della notorietà di Ochino, che con la sua predicazione aveva raggiunto una cerchia ormai amplissima di fedeli, decise il destino dei moderati. Carnesecchi, a quel tempo a Viterbo, scrisse che agli occhi di Vittoria «la decisione che egli [Ochino] aveva preso era deprecabile e odiosa, benché fino ad allora essa lo avesse guardato sempre con riverenza e rispetto». Fu un colpo tremendo; Roma era più che mai decisa a procedere contro coloro che erano sospettati di eresia, e Vittoria e il suo cenacolo «... erano tutti quanti spaventati».

Per giustificare la propria fuga Ochino aveva mandato a Vittoria un suo libro, che Pole le consigliò di far recapitare immediatamente al 'falco' della curia, il cardinal Cervini (il futuro papa Giulio III), in modo da chiamarsi fuori da quella vicenda al più presto. In realtà, i documenti del Tribunale dell'Inquisizione già allora bollavano Vittoria e il suo gruppo come 'eretici', pur non arrivando ancora a perseguitarli apertamente. Al cardinal Cervini Vittoria scrisse a proposito di Ochino: «Mi duole assai, che quanto più pensa scusarsi, più si accusa; e quanto più crede salvar altri da naufragi, più li espone al diluvio, essendo lui fuor dell'Arca che salva e assicura».

Anche Vittoria si sentiva esposta al diluvio. Dopo la morte di Contarini e di altre figure di spicco tra i moderati, il principale esponente degli 'spirituali' era Pole, nel quale Carafa vedeva un nemico da abbattere. E Carafa aveva un carattere ben più deciso di quello del cardinale inglese. Al fine di combattere l'eresia, al Tribunale dell'Inquisizione fu conferito il potere di sottoporre a interrogatorio chiunque. Modellato sull'Inquisizione spagnola, il Sant'Uffizio guardava con occhio sospetto chiunque fosse un intellettuale, ma il vero nemico era la donna istruita ed emancipata: era precisamente quello il tipo di persona che andava annientata, e Vittoria Colonna ne era un esempio tra i più pericolosi.

Tutto questo segnò la fine del Rinascimento in Italia. La cultura, un tempo amata e per molti versi arricchita dal papato, schiudeva le porte a una libertà pericolosa, a idee viste ora come potenziali strumenti di rivolta, e in quanto tali da sopprimere. Allora come oggi la conoscenza, la cultura e la curiosità intellettuale diventavano cosa sospetta, se non addirittura da temere, per un regime oppressivo: la conoscenza in quanto materiale su cui ragionare, la cultura in quanto sete di sapere, la curiosità intellettuale in quanto desiderio di informazioni e di conoscenza. I regimi, ieri come oggi, prosperano grazie all'ignoranza e alla repressione delle idee e della libertà, e le donne, che sebbene 'minoranza' rappresentano comunque una fonte di voti, dei regimi sono sempre le nemiche numero uno. Sicura era considerata invece l'ignoranza, e l'oppressione politica andava di pari passo al dispiegarsi dell'operato degli inquisitori. Di aspetto monacale, emaciato e allampanato – esattamente il tipo del Grande Inquisitore come ce lo rappresenta Verdi nel *Don Carlos* –, Carafa disprezzava la moderazione e i mezzi con cui operava erano la persecuzione e la paura. Giunse addirittura al punto di aprire un'istruttoria segreta sul fratello di Vittoria, Ascanio Colonna, «egli pure istruito da Ochino, da Pole e dalla sorella Marchesa», e istruttorie segrete furono aperte anche contro il «gruppo valdesiano a Viterbo», che era stato infiltrato da spie.

Dopo la scomparsa di tanti amici (era morto anche Giberti, non ancora cinquantenne), Vittoria si avvicinò ancora di più a Reginald Pole. Costui la rassicurava: solo la fede poteva salvarla, ma le sue 'opere' – preghiere, penitenze, confessione – dovevano continuare ugualmente. Delle numerose lettere che Vittoria gli scrisse resta ben poco; quelle cadute nelle mani dell'Inquisizione romana, in particolare, andarono distrutte durante una rivolta popolare avvenuta nel 1857.

Il 20 luglio 1542, da Viterbo, Vittoria scrisse a Michelangelo, che malgrado l'isolamento in cui viveva si può considerare interno alla cerchia degli 'spirituali'. La missiva aveva per destinatario il «Mio più che magnifico et più che carissimo messer Michelagnelo Buonaruoti»:

> Non ho resposto prima alla lettera vostra, per essere stata si po dire resposta della mia; pensando che, se voi et io continuamo il scrivere secondo il mio obligo et la vostra cortesia, bisognarà che io lassi qui la Cappella di S.ta Catarina senza trovarmi alle hore ordinate in compagnia di queste sorelle, et che voi lassate la cappella di San Paulo senza trovarvi dalla matina inanzi giorno a star tutto il dì nel dolce conloquio delle vostre dipinture, quali con li loro naturali accenti non manco vi parlano che facciano a me le proprie persone vive che ho de intorno; sì che io alle spose et voi al vicario di Christo mancaremo. Però, sapendo la vostra stabile amicitia et ligata in christiano nodo sicurissima affectione, non mi par procurar con le mie il testimonio delle vostre lettere, ma aspettar con preparato animo substantiosa occasione di servirvi, pregando quel Signore, del quale con tanto ardente et humil core mi parlaste al mio partir da Roma, che io vi trovi al mio ritorno con l'imagin sua sì rinovata, et per vera fede viva ne l'anima vostra, come ben l'avete dipinta nella mia Samaritana. Et sempre a voi mi raccomando et così al vostro Urbino.

La lettera, che doveva contenere un qualche messaggio in codice e certamente cadde nelle mani dell'Inquisizione, accompagnava tre sonetti, ricambiati poco dopo da Michelangelo con alcuni racconti da lui stesso scritti. In quel periodo di tristezza e di disperazione per Vittoria, Michelangelo si dimostrò particolarmente affettuoso e vicino, come egli stesso dichiarò in seguito in una lettera all'amico padre Giovan Francesco Fattucci (1 agosto 1550): «Vi mando qualche una delle mie novelle che io iscrivevo alla marchesa di Pescara, la quale mi voleva grandissimo bene, e io non manco a lei. Morte mi tolse un grande amico».

Roma era troppo pericolosa per Vittoria, benché essa non se ne rendesse pienamente conto. In convento conduceva una vita di parziale ritiro, come tante altre nobildonne che si rinchiudevano in un monastero perché impossibilitate a mantenere un palazzo a proprie spese. Accompagnata dalla fedele ancella Prudentia, usciva solo per far visita agli amici, continuando intanto a scrivere lettere e poesie con un'intensità quasi febbrile. Alla fine Vittoria si ammalò. Un amico scrisse al suo medico dicendo che era in realtà la sua anima a essere malata, e che ciò di cui Vittoria aveva bisogno era una cura per il suo grave stato di depressione; un altro amico ancora mandò una lettera al suo medico di Viterbo: «Di grazia, Maestro Giuseppe, usate ogni diligenza per la salute di sì nobil signora [...] Qui ponete tutto il vostro studio, qui versate tutto il vostro sapere...»

Vittoria non si era mai sentita tanto isolata: il fratello era in esilio, il figlio adottivo in disgrazia presso l'imperatore e lei bollata come eretica. Il 22 dicembre scrisse al cardinal Morone, uno degli 'spirituali' in seguito accusato di eresia insieme al cardinale Pole, confidandogli la propria inquietudine per il timore di avere sbagliato nei confronti della religione. Vittoria aveva inoltre posto fine al suo perenne e disperato viaggiare, rassegnandosi a non fare altro che pregare e scrivere. Della sua vita a Viterbo diede notizie a Costanza del Vasto, già incontrata tra i discepoli di Valdés a Napoli; nelle altre lettere che le indirizzò, Vittoria trattava esclusivamente di questioni religiose (come il culto mariano o la lettura di sant'Agostino) e in termini assolutamente ortodossi, ben sapendo che la corrispondenza tra loro sarebbe finita nelle mani del Sant'Uffizio. Persino in tempi migliori l'Italia era infestata di spie pagate per intercettare la corrispondenza, tanto che Isabella Gonzaga soleva preparare due versioni della stessa lettera: una, per le spie, spedita normalmente, l'altra – quella vera – scritta per il destinatario e inviata in tutta segretezza.

Non che si considerasse la prostituzione pericolosa quanto la cultura, ma le cortigiane erano ricche e, dopo la perdita delle entrate provenienti dai paesi del Nord, la Chiesa era particolarmente ansiosa di reperire altre fonti di finanziamento; inoltre, la lunga mano dell'Inquisizione si faceva sentire su questioni non solo di fede ma anche di moralità, sicché da una posizione socialmente accettabile le cortigiane e le prostitute erano ormai precipitate nell'emarginazione. Nel 1543, sotto la pressione del papa, Venezia approvò una legge contro le cortigiane che si mostravano in pubblico vestite allo stesso modo delle gentildonne: «Sia provisto che alcuna meretrice in questa terra habitante non possi vestir né in alcune parte della persona portar oro, arzento e seda, eccetto che le scuffie qual sieno de seda pura, non possi portar cadenelle, perle, né anelli cum piera o senza...» Non potevano possedere mobili lussuosi né arazzi e tappeti pregiati, ma solo pezzotti provenienti da Bergamo o Brescia, e nel caso avessero contravvenuto a quelle specifiche leggi suntuarie sarebbero state private dei loro beni e multate per una somma di 100 ducati, da devolvere in parti uguali agli informatori anonimi e agli istituti di carità (a meno che gli informatori non fossero schiavi, nel qual caso la ricompensa consisteva nel riscatto). Una delle ragioni di fondo della promulgazione di queste leggi che disciplinavano i beni di lusso era l'inflazione: si spendeva troppo, e la ricchezza ostentata dalle cortigiane era un cattivo esempio per gli altri. Multandole e impedendo loro di acquistare vestiti, gioielli e tappeti, le autorità ritenevano di poter mettere un freno alle spese eccessive di gran parte dei veneziani.

Le lettere anonime fioccarono da ogni parte. In molte di esse l'autore affermava di aver visto in chiesa una prostituta vestita allo stesso modo di una donna sposata, o che si fingeva una signora, o nell'atto di nascondere un rubino. In seguito alla vittoria dei 'falchi' di Carafa, in molte città si vietava alle cortigiane di recarsi in chiesa se non in ore prestabilite, di presenziare alla messa nelle festività e di accedere al confessionale al di fuori dell'intervallo tra le tre del pomeriggio e il Vespro, affinché la loro presenza non contaminasse «le signore che hanno dignità». Le prostitute dovevano sedere ai balconi mostrando i seni nudi e dondolando le gambe, in un'esposizione umiliante oltre che poco invitante. Quello che ancor oggi, a Venezia, chiamano il «Ponte delle Tette», deriva il suo nome proprio da quell'usanza imposta. Nuovi istituti furono aperti per accogliere le giovani che avevano preso una cattiva strada. Quei rifugi, come ci rivela una vasta letteratura, erano dei veri e propri covi di ignoranza e di sfruttamento. Dal canto suo, «la maritata», scriveva il cardinale 'falco' Agostino Valier, «attenderà che si esercitino in casa quell'arti alle quali comunemente si applicano le donne, come cucire, stirare e simili esercizi [...] perché l'ozio, che è padre di tutti i vizi, non le possa mai corrompere». Era esattamente quello il tipo di donna che il Sant'Uffizio rilanciava, mettendo una bella pietra sopra sciocchezze come i salotti letterari, le poesie e i dialoghi di Platone. Poteva riuscire tollerabile un'intellettuale come Vittoria Colonna perché proveniva dalla nobiltà, ma non una come Tullia. In certe città si prescrisse la pena capitale per gli omosessuali, colpevoli del «vizio più comune tra i *literati* e il clero». E se fino a quel momento i travestiti non avevano avuto nessun bisogno di nascondersi in una città come Venezia, anche per loro cominciarono i processi.

L'Italia era quasi per intero nelle mani del papa o dell'imperatore. Nel 1545 il primo scrisse una lettera alle autorità ecclesiastiche di Ferrara con la raccomandazione di «istituire una severa inchiesta sulla condotta di tutti gli ordini della società e avendo preso deposizioni, applicato la tortura e portato i processi a conclusione, trasmetterne gli atti a Roma perché siano sottoposti a giudizio». In ogni casa importante si introdussero delle spie; Renata di Ferrara divenne virtualmente prigioniera nel suo stesso palazzo, costretta a vivere separata dai suoi famigliari. Nel 1554 le fu ordinato di abiurare la fede protestante: cosa che essa fece, ma solo come gesto di obbedienza formale. Persino dopo quell'abiura Renata si trovò circondata dall'ostilità, trattata con un misto di avversione e paura dal suo stesso figlio, Alfonso II d'Este (1559-1597), tanto che dopo la morte di Ercole d'Este si vide costretta a lasciare Ferrara per rifugiarsi nel suo castello di Montargis in Francia, dove continuò a dare ospitalità ai protestanti in fuga dall'Italia. Renata morì nel 1575. Nel 1560 la Chiesa riformata di Ferrara fu sciolta, uno dei suoi predicatori andò al patibolo e molti altri furono gettati in prigione.

Nel 1546, nel tentativo di sfuggire all'ostilità delle nuove leggi, Tullia tornò a Siena (repubblica indipendente sulla carta, ma in realtà occupata dall'esercito imperiale per conto di Cosimo de' Medici) dopo avere sposato un uomo più vecchio di lei e non ricco. Silvestro Guicciardini era solo una copertura: presentandosi come donna sposata, Tullia acquistava una parvenza di rispettabilità. Per il marito, invece, Tullia era una miniera d'oro. Ma la precauzione del matrimonio non era sufficiente: «*Meretrices* sono anche quelle che hanno un marito e non stanno con lui, vivendone separate e facendo commercio con uno o più uomini».

L'anno successivo Tullia fu quindi denunciata per prostituzione, per non avere ottemperato alla legge che obbligava le *meretrices* ad abitare in un determinato quartiere di Siena e infine perché il suo abbigliamento non si confaceva alle nuove disposizioni. Tuttavia «la nobile signora Tullia, figlia del defunto Costanzo Palmieri d'Aragona e moglie di Silvestro Guicciardini» come recitava la sentenza del capitano di giustizia di Siena, «è stata ingiustamente diffamata: essa è intitolata a vestire e vivere come si addice ad onesta e nobile persona». Deve essersi fatto avanti qualcuno per aiutarla, in quel frangente, ma purtroppo sappiamo poco della vita di Tullia in questo periodo, in mancanza di 'ammiratori' che scrivessero di lei. Né possiamo basarci su un qualche carteggio, in quanto Tullia non scriveva lettere, ma viveva di poesie composte da lei o su di lei; e in quei tempi difficili pochi dei vecchi amici gradivano ricevere i suoi sonetti celebrativi oppure comporre versi in sua lode. Nell'agosto del 1546 contro di lei vi fu un'altra denuncia anonima, a cui il capitano di giustizia però non diede corso.

Anche come scrittrice Tullia doveva stare più che attenta; per la prima volta le parole stampate erano oggetto di un severo esame. Sebbene l'Inquisizione non avesse ancora istituito l'*Index librorum prohibitorum*, furono bruciati libri e istruiti processi contro quegli stampatori che pubblicavano le 'guide' delle cortigiane e delle prostitute di una città, come nel caso di Hieronimo Canepin a Venezia. La *Tariffa* fu confiscata e distrutta. In una rara (e volgarissima) composizione in versi pubblicata tra quelle pagine, si trova un esplicito riferimento a Tullia all'interno della storia di uno straniero che, innamorato ma non corrisposto, con modi assai sgarbati ferma un gentiluomo di passaggio chiedendogli dove può sfogare il suo insaziabile desiderio. Allo straniero impaziente di trovare un qualsiasi «buco da chiavare» il gentiluomo dice per prima cosa che a Venezia ci sono prostitute in abbondanza, più numerose delle formiche che camminano per terra, dei fiori nei prati d'aprile e delle vacche al mercato. Richiesto dallo straniero di dare qualche ragguaglio sul loro conto, inclusi i prezzi e le caratteristiche così da poter scegliere meglio, il gentiluomo inizia a spiegare che c'è una cortigiana che chiede venti scudi, e poi una certa Cornelia Griffo che essendo dotta ne chiede quaranta.

Una volta – prosegue il racconto del gentiluomo – nell'anticamera di Lucia Alberti, che prendeva solo quattro scudi, un cliente notò un prete in attesa del suo turno. L'uomo si chiuse nella stanza con la prostituta e cominciò a toccarla qua e là, finché la sua mano capitò sul «buco naturale», incorniciato dalla signora con treccioline di pelo. «Piace questo al mio signore?» chiese costei, ma a quella eccentrica acconciatura il desiderio dell'uomo si spense lasciando così il campo libero al prete. Proseguendo il suo resoconto, il gentiluomo fa menzione anche di Tullia:

> Hor de' casi di Tullia d'Aragona
> a la qual mezzo palmo di budello
> lava pisciando il Fonte d'Helicona.
> Vol dieci scudi a torlo ne l'anello
> e cinque in potta, e questa lascerete
> per la maggior puttana di bordello.

Ancora una volta Tullia fu costretta a lasciare Venezia per fare ritorno a Siena, dove però era scoppiata un'insurrezione contro lo strapotere delle truppe imperiali; parecchi amici di Tullia furono uccisi e molti altri dovettero abbandonare la città. Fuori dalla cinta muraria marcivano i cadaveri dei torturati e degli impiccati, lasciati lì a monito dei cittadini con idee di rivolta. Tullia stessa perse molte delle sue proprietà, e dopo aver subito diversi furti in casa, prese madre e figlia e, da Siena, si spostò a Firenze. In questa città Tullia giunse da rifugiata, non da gran dama.

Solo il fatto di fingersi ricca e tenere un salotto assorbiva quasi per intero le sue risorse finanziarie. È possibile poi che il marito avesse preso ciò che restava dei suoi soldi e dei gioielli, cosa che era legalmente autorizzato a fare; inoltre Tullia, con ogni probabilità, era da lui ricattata. In breve, quando arrivò a Firenze era senza un soldo, con due figli da mantenere, una madre ormai avanti negli anni e non più giovane neppure lei. Aveva bisogno di farsi una nuova clientela e, perciò, dei servigi di uno scrittore di fama che magnificasse le sue doti come avevano fatto il Tasso e Muzio in passato. Non era impresa facile in quei tempi, ma Tullia aveva in mente una persona già incontrata a Roma e a Venezia.

Di dieci anni più giovane di lei, Benedetto Varchi – uomo veramente bruttissimo, a giudicare dai suoi ritratti – era un letterato molto noto, una vera e propria celebrità. Tullia cominciò a bombardarlo di missive e di sonetti:

> Varchi, il cui raro ed immortal valore
> ogn'anima gentil subito invoglia,
> deh, perché non poss'io com'ho la voglia
> del vostro alto saper colmarmi il cuore?

Varchi viveva quasi in esilio nella sua villa di campagna a Careggi, a poca distanza da Firenze. Era caduto in disgrazia perché l'anno prima era stato mandato in prigione e multato per avere stuprato una bambina di nove anni. A causa della sua notorietà quel fatto aveva suscitato un enorme scandalo, e per quanto gli amici gli avessero procurato il perdono ufficiale, egli si sentiva più sicuro fuori da Firenze. Nelle poco piacevoli circostanze in cui si trovava, le attenzioni di Tullia, le lettere e quelle poesie lusinghiere che essa gli dedicava stimolavano la sua curiosità e gli riuscivano gradite. In realtà, da parte di Tullia si trattava di puro calcolo. Pur essendo di fatto una colonia dell'Impero sotto il governo fantoccio del duca Cosimo de' Medici, Firenze non aveva ancora promulgato nessuna legge contro le cortigiane. Era una città ricca dove potevano ancora fiorire le accademie, come accadde in quegli anni all'Accademia degli Umidi o alla Compagnia della Marmitta. Quest'ultima si dedicava alla gastronomia e ciascuno dei suoi dodici membri era tenuto a presentare nuove ricette che potevano essere anche estremamente elaborate, come nel caso di quelle fornite dal pittore Andrea del Sarto. Al contrario, un normale pasto a quei tempi si apriva semplicemente con un melone o un'insalata, seguito da fegato tritato o da carne di piccione, e dal formaggio e dalla frutta per finire. Tutti si richiamavano all'Accademia platonica, ai discorsi di Socrate sui grandi temi e ai dialoghi di Platone, ma la sostanza si era alquanto assottigliata.

Tullia sognava di aprire un salotto come in passato, ma con un'importante differenza: questa volta il salotto avrebbe preso la forma dell'Accademia, un cenacolo in cui grandi ingegni avrebbero discusso di grandi temi. Questo era importante a Firenze, la città dove Cosimo, nonno di Lorenzo il Magnifico, aveva favorito la creazione di cerchie di dotti che celebravano Aristotele e Platone, frequentate dall'allora giovanissimo Michelangelo. Ma a Tullia serviva della pubblicità, e rompendo gli indugi scrisse a Varchi chiedendogli di fare ciò che aveva sempre desiderato: «Con la vostra penna elevate il mio nome al di sopra delle grinfie della morte importuna». Per compiacerla Varchi le mandò la solita poesia piena di elogi, qualcosa di molto simile a un ritratto fatto da Avedon ai nostri giorni. Per quanto convenzionali, dei versi scritti in bello stile conferivano una patina di eleganza e un senso di importanza, e Tullia, che aveva il polso dei tempi, sapeva di dover lottare duramente per continuare a guadagnarsi da vivere facendo la cortigiana, fingendo allo stesso tempo di non esserlo. Celio, il bambino nato da poco, era affidato a una governante che costava cara, mentre Penelope viveva con lei e si faceva ogni giorno più graziosa. Quando Varchi rientrò finalmente a Firenze, Tullia fece ricorso a tutti i suoi poteri di seduzione. Da quel momento il maturo innamorato compose in onore di Tullia tutte le poesie che si potevano desiderare.

A quel tempo si trovava a Firenze anche un altro personaggio, un uomo molto diverso da Varchi e tormentato da tutt'altri problemi: monsignor Carnesecchi, fortemente sospettato dall'Inquisizione e senza amici ai quali rivolgersi. Rientrava da Viterbo poiché quasi tutti gli 'spirituali' erano morti, Vittoria era malata e il cardinale Pole non condivideva pienamente le sue posizioni; perlomeno a Firenze Carnesecchi aveva un potente protettore nella persona del duca Cosimo de' Medici. Spinto dal bisogno di discutere con qualcuno delle sue idee e delle sue paure, da Firenze si recò successivamente a Fondi, sapendo che anche Giulia Gonzaga parteggiava per i riformatori. Giunto a Fondi, quando vide quella tanto decantata bellezza, non più giovane ma sempre provocantemente altera, se ne innamorò: «Havevo cominciato ad amarla per rispetti umani, poi l'amor nostro era diventato spirituale e divino per la conformità della religione che avevamo insieme».

Anche la vita di Giulia era profondamente mutata, come rivela essa stessa in una lettera indirizzata a suo cugino Ferrante il 23 febbraio 1543. In apertura, Giulia si scusa perché parlerà delle sue preoccupazioni. Se lei e gli altri avevano seguito Valdés per tanti anni senza problemi,

> ...or intorno a questo io vo pensando che li strani modi che si tengono in quel tribunale de inquisicione son tali che ognuno per ussirne dice non quel che sanno, ma quello che se immaginano et che a lor pare et agradi a quei R.mi sopra detti [il cardinale Carafa e il cardinale Juan Álvarez de Toledo] et anno ministri attissimi a persuadere e pò essere che alcuni de quei tali habiano detto de aver parlato meco d'alcuna cosa o che habiano preso le mie parole a sinistro senso et habiano detto alcuna cosa che in ver non so né posso sapere sì perché tratano le cose così fatte con molto silencio et si ancora perché havendo io la mente bona non posso comprendere che possi essere: e se ben io a le volte ho parlato de cose de religione è stato per intenderle ma non per deviar mai da quello che la Chiesa Catolica tiene. Ma in questi casi dicono che ogni ombra è assai.

Giulia prosegue affermando che la Chiesa avrebbe dovuto mettere al bando gli scritti di Valdés, se davvero riteneva che fossero empi; in tal caso lei avrebbe obbedito ai dettami ecclesiastici. Erano forse destinate a chi avrebbe intercettato la missiva, queste sue affermazioni? (La lettera in questione giunse infatti in possesso del Tribunale dell'Inquisizione, insieme a molte altre scritte da Giulia.)

Giulia passa quindi a spiegare al cugino (in seguito messo sotto processo dall'Inquisizione) che non aveva idea di che cosa la si accusasse; aveva discusso di questioni religiose con pochissime persone, tre al massimo. Persino dopo la fuga di Ochino, Giulia aveva ingenuamente scritto al cugino Ferrante, anch'egli seguace del frate, che lei era «sempre stata devota estimatrice di frate Bernardino, come penso siano molte altre donne, non perché lo ponessi più in alto di san Pietro, ma perché lo ritenevo un buon cristiano».

Carnesecchi trovò il palazzo di Fondi deserto, non più affollato di poeti e filosofi come un tempo. Chiaramente Giulia non riusciva a capire per quale motivo la si considerasse un'eretica e come mai tutt'a un tratto la si evitasse, dopo che per tanti anni era stata al centro di un folto gruppo di ammiratori. Che cosa aveva detto o fatto di tanto terribile? Aveva ottime ragioni per lamentarsi: se la Chiesa di Roma non definiva in termini chiari un'ortodossia, perché mai lei doveva essere biasimata per cose che fino a poco tempo prima erano ritenute accettabili? In fondo Valdés era stato ricevuto da papa Clemente e Ochino aveva goduto della stima dell'imperatore. Giulia non era perspicace come Vittoria, alla quale era perfettamente chiaro che i tempi erano cambiati e che nel nuovo clima avanzava la reazione. Se Giulia cedette immediatamente o meno a quell'uomo più giovane di lei e bello dev'essere lasciato alla nostra immaginazione, ma è certo che in quel momento essi avevano bisogno l'uno dell'altra: era perciò naturale che Giulia cadesse nelle braccia di Pietro Carnesecchi, e che Pietro si desse a quella donna leggendaria.

Nell'agosto del 1544 Vittoria era tornata in salute, e in settembre si recò nuovamente a Roma. Il mese successivo anche Pole lasciò Viterbo: il papa lo aveva incaricato – nonostante la sua tolleranza e apertura mentale, o forse proprio per quello – di presiedere, insieme ad altri, al Concilio che doveva tenersi a Trento. La città di Trento era stata scelta come sede di una nuova Dieta perché si trovava ai confini del Sacro Romano Impero e allo stesso tempo non distava troppo dallo Stato Pontificio. Senza Pole e senza gli amici, Vittoria non aveva più alcuna ragione di restare a Viterbo, minacciata da vicino dai turchi dopo che il Barbarossa aveva preso le fortezze del monte Argentario e di porto Ercole, dove un tempo Agostino Chigi teneva le sue ricchezze. Per Vittoria era come se crollasse tutto il suo mondo. Trovò rifugio in un altro convento, un posto semplice e modesto di suore benedettine situato a Sant'Anna dei Funari, tra il Tevere e il Campidoglio, proprio sulle rovine del gigantesco Circo Flaminio. In quella che era una delle zone più povere di Roma, sotto le alte mura del Circo alcuni venditori avevano ricavato delle piccole botteghe buie, dalle quali deriva il nome odierno della strada: via delle Botteghe Oscure. Vittoria era guardata con un certo sospetto dalle suore, e in quel convento a curarsi di lei era solo madonna Prudentia.

Se da un lato Carlo V aveva fatto pressioni sul papa perché aprisse la Dieta, dall'altro i 'falchi' decisero di lasciar cadere ogni prospettiva di intesa con i riformisti per concentrarsi unicamente sull'elaborazione di risposte scritte e di regole ben precise a definizione della fede, e nell'attuare questo intento fissarono lo statuto della Chiesa di Roma. Come aveva scritto Giulia nelle sue lettere, nessuno fino a quel momento aveva dichiarato espressamente ciò che era lecito e ciò che non lo era, che cosa era eresia e che cosa non lo era.

Carafa e Ignazio di Loyola si preparavano a far guerra, e tuttavia il fatto di avere affidato al moderato Pole un incarico così delicato a Trento significava che il papa sperava ancora di attirare nell'orbita di Roma gli erasmiani e la Chiesa d'Inghilterra. I cattolici erano divisi: Carafa, nominato legato al Concilio e appoggiato dai gesuiti di Loyola, combatteva a spada tratta le posizioni più aperte, mentre l'ala moderata era disposta a riconoscere la validità di alcuni punti sostenuti dai protestanti. A trovare maggior sostegno popolare era però il fanatismo: quella stessa Riforma che per persone come Vittoria e Giulia aveva significato una riscoperta di valori spirituali, privava i semplici della pompa che essi tanto amavano, nonché dei pellegrinaggi e del culto dei santi e delle reliquie; in altre parole, di quella componente pagana che è connaturata alla religiosità dell'Europa del Sud.

Secondo Loyola, compito della Chiesa era definire la verità: proprio per questo si rendevano necessarie enunciazioni di carattere dogmatico. Anche il papa vedeva nel Concilio di Trento uno strumento da utilizzare in quel senso, mentre l'imperatore e i moderati speravano ancora di restituire unità al mondo cristiano. Nel periodo in cui si stava approntando l'Inquisizione, i gesuiti di Loyola cominciarono ad aprire collegi basati su un preciso piano pedagogico-didattico. Taciturno e austero, Loyola (1491-1556) era un uomo di salute malferma, basso di statura e con neri occhi da visionario. Zoppicava leggermente a causa di una ferita alla gamba riportata in gioventù, quando era soldato in Spagna. Con il potere della sua volontà ferrea plasmò la Compagnia di Gesù a immagine di un formidabile esercito governato da disciplina militare, da una dedizione fortissima allo studio e dalla cieca obbedienza. Un tale uomo e un tale sistema non potevano incontrare il favore degli intellettuali, ma erano esattamente ciò che serviva a Carafa per combattere la sua guerra contro i protestanti.

Pole era guardato con sospetto da Loyola, e Vittoria era giudicata pericolosa. Prima di recarsi a Trento, Pole trascorse qualche tempo a Roma per occuparsi dei preliminari del Concilio e qui si incontrò con Vittoria, preoccupata e indebolita dalla malattia. Poco dopo Vittoria andò a fare visita a Giulia Gonzaga e rimase a Fondi un mese, fino alla primavera del 1546, quando il figlio Alfonso morì di febbre. Provata da quelle disgrazie, Vittoria si ammalò di nuovo. «Sono dispiaciuto all'estremo di udire della indisposizione della marchesa di Pescara» scrisse un amico. Le giungevano intanto notizie da Trento: l'8 aprile il Concilio aveva stabilito che l'interpretazione della Sacra Bibbia doveva giungere ai fedeli solo per il tramite del clero; un pronunciamento, questo, avversato da Pole fino all'ultimo. Quando si giunse a discutere la spinosa questione della giustificazione per fede, Pole, il fautore della tolleranza religiosa, comprese che la sua posizione era destinata alla sconfitta. Gli fu concesso di abbandonare i lavori del Concilio a causa della sua salute malferma, ma secondo Vittoria non avrebbe dovuto lasciare il campo libero ai suoi nemici. Carafa respinse ogni mediazione: i beni degli eretici andavano confiscati e i loro libri dati alle fiamme. Nessun eretico era da tollerare in corte alcuna: quella «pestifera gramigna» andava estirpata a qualunque costo. L'Inquisizione ora aveva mano libera.

Da Padova, dove soggiornava presso Pietro Bembo, Pole scrisse a Vittoria il 4 ottobre 1546. La lettera si apriva con l'affermazione che non c'era molto da poter raccontare per iscritto, sicché a un «ragguaglio completo» sugli ultimi avvenimenti avrebbe provveduto a voce il suo messaggero. Evidentemente si era giunti al punto che neppure il cardinale Pole, pur essendo tra coloro che furono chiamati a presiedere il Concilio di Trento, osava mettere su carta certe cose. Era molto contento di stare presso Bembo, diceva poi; era una benedizione avere uno studio tutto per sé e anche un piccolo giardino. Scriveva a Vittoria:

Scritto questo, ho inteso con maggior dispiacere che non ho mai sentito della mia propria infermità, la indisposizione di V. Eccellenza, cominciando dal mese di agosto e continuando fino a questo tempo, né in questo ho che dire, se non gridare al medico del cielo che si degni essere il suo medico. Perché di questo di terra non mi dà l'animo che Lei debba pigliare altro rimedio, se non torre consiglio circa la dieta e circa l'aere, in che la suplico, si lasci governare. Ed alle sue divote orazioni molto mi raccomando.

Certamente la buia cella di un convento non era il posto più adatto per una donna malata e ormai avanti negli anni. Andò a trovarla Michelangelo, anch'egli molto invecchiato; era stato talmente indisposto in quegli ultimi tempi che si temeva per la sua vita. Dalla sua casa era stato trasferito nel più salubre ambiente di palazzo Strozzi, ospite di Roberto Strozzi, figlio di quel Filippo le cui sventure abbiamo visto intrecciarsi alle vicende di Tullia e Vittoria. Roberto Strozzi era fuggito a Lione – che si era meritata l'appellativo di 'Firenze di Francia' avendo dato rifugio a molti fuoruscili fiorentini – e lì era stato raggiunto da un messaggio di Michelangelo che gli ricordava la sua antica amicizia con Filippo.

Un altro dei visitatori di Vittoria, Fortunato Martinengo, scrisse di lei a un amico (7 giugno 1546): «Che umiltà poi è quella sua! Che bontà senza pari! [...] Io la visitai più volte; e se non che dubitava di parerle molesto, io non avrei mai detto di partirmi da lei. Ella ha tal forza nel ragionare che par quasi che dalla sua bocca escan catene, colle quali tragga i sensi degli ascoltanti». La sua forza d'animo e la profondità del suo ragionare erano sbalorditive, e le sue parole di intelligenza tale che «io m'andrò almen consolando d'aver conosciuto ed esser divenuto servitore della più segnalata e degna donna che oggi vegga il sole».

Come disse a Michelangelo, Vittoria trovava faticoso concentrarsi. Nella sua cella in convento venne a sapere che frate Bernardino Ochino si era unito ai calvinisti, dando così ragione a Carafa. Sul capo di Vittoria le nuvole si addensavano sempre più spesse. Michelangelo, il solo paladino rimastole, prestò la sua copia delle poesie di Vittoria a quanti più amici possibile, in modo che la sua opera venisse fatta conoscere e potesse circolare «in modo che per tutti ci sono in stampa».

Meno tragica era la situazione di Tullia, che a Firenze era riuscita nell'intento di formare un salotto-accademia dove intratteneva uomini come don Luigi da Toledo, fratello della duchessa di Firenze, oltre a suo figlio Pietro e a Niccolò Martelli, autore di una lettera a Michelangelo in lode del *Giudizio Universale*. In certi giorni prestabiliti, nella piccola accademia di Tullia si disquisiva di temi come la purezza della lingua; Varchi, pur essendo geloso dei clienti di Tullia, acconsentiva ancora a correggere le sue poesie. Martelli cantò le sue lodi paragonandola «al sole d'aprile che scioglie il gelo dell'inverno», intendendo con ciò che Tullia era un gradito rimedio alla noia della Firenze di Cosimo de' Medici. La sua pelle era come alabastro e candida neve, scrisse di lei (6 marzo 1546) facendo un preciso collegamento tra queste qualità e la dieta seguita da Tullia, che in effetti deve essersi data molta pena per preservare la propria bellezza. Come al solito, però, Tullia aveva anche un certo numero di detrattori. Alfonso de' Pazzi la soprannominò 'la cortigiana degli accademici' e Varchi fu deriso a tal punto che si allontanò da lei, non senza aver prima scritto una poesia di addio piena di accuse contro la combriccola dei malvagi detrattori. Invece un altro poeta, Alessandro Arrighi, riportò indietro l'orologio di qualche decennio quando, riferendosi alla rara bellezza di Tullia, disse che «essa ancor non ha uguali al mondo».

Per Tullia andò tutto a gonfie vele fino a quando il vento della reazione non prese a soffiare anche su Firenze. Nel mese di ottobre del 1546 Cosimo de' Medici promulgò delle leggi contro le cortigiane, alle quali si proibiva, per il futuro, di possedere gioielli e tessuti di seta, ma non solo: «et sien tenute le meretrici portare un velo, o vero asciugatoio o fazzoletto o altra pezza in capo, che habbi una lista larga un dito d'oro o di seta o d'altra materia gialla, et in luogo che ella possa esser veduta da ciascuno, sotto pena, se le ne mancheranno, di scudi dieci d'oro, in oro di sole per ciascuna volta».

Giunse al magistrato una lettera anonima secondo la quale una prostituta di nome Tullia d'Aragona non si conformava alle nuove leggi. Tullia di fatto non poteva più uscire: come si può pensare che accettasse di portare quell'orribile striscia gialla che l'avrebbe etichettata come una prostituta qualsiasi? Non aveva mai pensato a se stessa come a una *meretrix*. Come poteva continuare a tenere quelle raffinate 'lezioni' nella sua accademia e a ricevere i suoi nobili amici? Era disperata: il suo mondo, quel mondo che con tanta fatica aveva costruito, era crollato.

Le donne non erano le sole, a Firenze, a dibattersi nelle acque in tempesta della reazione. Monsignor Pietro Carnesecchi ricevette la prima di una serie di ingiunzioni a presentarsi davanti al Tribunale dell'Inquisizione. Fu interrogato da Juan Álvarez de Toledo, ma in seguito all'intervento di Cosimo de' Medici le accuse contro di lui furono ritirate; per quella volta, almeno. La Toscana intera, quella stessa terra gioiosa e libera che era stata la culla del Rinascimento, si trovava ora nella morsa della paura. A Lucca, dove la 'borghesia' dell'industria serica aveva accolto con favore la Riforma, a scontrarsi con l'Inquisizione fu Giuseppe Jova, l'esponente della nobiltà minore a suo tempo segretario particolare di Vittoria Colonna. Jova, che fece in tempo a riparare a Lione dove si unì alle fila degli altri esuli toscani, fu in seguito condannato a morte *in absentia*.

Tornando a Roma vi troviamo Vittoria tanto gravemente malata, agli inizi del 1547, che Giulia Cesarini – l'unica parente che le rimaneva in città – le offrì ospitalità in un confortevole appartamento che si apriva su di un giardino interno di palazzo Cesarini. Il 18 febbraio Vittoria fece testamento, pregando il cardinale Pole, Morone e Sadoleto di esserne gli esecutori (Bembo era deceduto poco tempo prima). Designò suo erede il fratello Ascanio, oltre a disporre un lascito di 1000 scudi a ciascuno dei quattro conventi nei quali aveva trascorso parte della sua vita, uno di 9000 scudi al cardinale Pole e varie somme di denaro ai servitori e ai poveri. Lasciò Michelangelo fuori dal testamento, probabilmente perché ne avevano parlato insieme ed egli, non avendo eredi ed essendo in ottime condizioni finanziarie, non voleva né il denaro né i fastidi burocratici derivanti dalla funzione di esecutore testamentario.

Una settimana più tardi Michelangelo venne svegliato nel cuore della notte da un servitore dei Cesarini. Quando giunse al palazzo, di primo mattino, vi trovò Vittoria morente. «Dite una preghiera per me» gli disse Vittoria. «Non riesco a ricordare le parole...» Michelangelo le baciò la mano ripetutamente, piangendo, e in seguito rimpianse di non averle baciato la fronte e il viso. Vittoria morì tra le sue braccia; aveva cinquantasette anni. Giulia Cesarini portò le sue spoglie nel convento di Sant'Anna, in attesa di istruzioni da Ascanio: nessuno voleva la responsabilità del cadavere di un'eretica.

Ma il vecchio, rabbioso Michelangelo non poteva consolarsi. «Per la costei morte più volte se ne stette sbigottito e come insensato» scrisse il suo discepolo e biografo Condivi. E Michelangelo stesso scrisse:

Quando il principio dei sospir miei tanti
fu per morte dal cielo al mondo tolto
Natura, che non fé mai sì bel volto,
restò in vergogna e chi lo vide in pianti.

O sorte rea dei miei sospiri amanti,
o fallaci speranze, o spirto sciolto,
dove se' or? La terra ha pur raccolto
tue belle membra, e 'l ciel tuoi pensier santi.

Mal si credette morte acerba e rea
fermare il suon di tue virtuti sparte
ch'oblio di Lete estinguer non potea.

Che spogliato da lei ben mille carte
parlan di te; né per te 'l cielo avea
lassù, se non per morte, albergo e parti.

Solamente Michelangelo levò alta la sua voce per proclamare eterna vita a Vittoria attraverso le sue opere. Tornò a visitare i luoghi dove erano stati insieme: «Venivo spesso a sedere qui perché amo rivivere il mio dolore più che le gioie».

Il 27 febbraio, due giorni dopo la sua morte, il testamento di Vittoria venne ignorato dalla badessa; il desiderio di essere sepolta nella chiesa del convento di Sant'Anna, insieme alle sue consorelle, non fu esaudito: per le suore non era un onore accogliere le spoglie di un'eretica. Ignoranti e ostili a Vittoria, esse divennero testimoni zelanti del Tribunale dell'Inquisizione. Il compito di risolvere quel rischioso affare fu lasciato a due degli altri esecutori testamentari, Bartolomeo Stelle e Lorenzo Bonorio. Quest'ultimo scrisse ad Ascanio in esilio: «Il corpo si sta ancora in una cassa impeciata; sarà bene che Vostra Eccellenza cambi, se vuole che resti lì». Ci fu uno scambio frenetico di lettere, e il 29 febbraio Bonorio scrisse ad Ascanio che «con consulta del Rev.mo d'Inghilterra [Pole] s'è dato a far la cassa». Il 15 marzo Ascanio fu informato del fatto che «del corpo si è saputa l'ordinanza sua, è in una cassa impeciata a tre lati, si farà quello di velluto in alto et se sarà indicato sia meglio lasciare il corpo dove si è...» La bara fu deposta – ma senza degna sepoltura – nella fossa comune delle suore. Un secolo più tardi (29 giugno 1652), dopo uno scavo nella fossa si registrò che le spoglie di Vittoria «erano in una cassa di legno imbottita di velluto ricamato [...]; in quell'occasione, fu fatta la sepoltura». Successivamente le piene del Tevere ridussero le ossa di Vittoria e quelle delle altre suore a una fangosa poltiglia.

Il mistico volto di Vittoria vive ancora nel ritratto che ne fece Michelangelo nel *Giudizio Universale*, offrendosi allo sguardo delle migliaia di visitatori della Cappella Sistina. Ma dove sono finiti i due ritratti di Vittoria che (stando al racconto di un testimone oculare) Michelangelo teneva in casa sua? Probabilmente sono andati distrutti, ma come scrisse Michelangelo in un sonetto, ci restano «mille scritti» a salvaguardia della sua fama, quella fama che 'loro' cercarono in tutti i modi di toglierle. In morte di Vittoria Colonna, Michelangelo scrisse:

[...]
Ma po' che del gran foco lo splendore,
che m'ardeva e nutriva, il ciel m'invola,
un carbon resto acceso e ricoperto.

E s'altre legne non mi porge Amore
che levin fiamma, una favilla sola
non fia di me, sì 'n cener mi converto.

Certo, il potere della propaganda è forte: persino oggi Vittoria viene descritta come una donna noiosa, della quale si parla ancora soltanto perché aveva stimolato l'immaginazione di Michelangelo, e il suo amore.

A un anno soltanto dalla morte, il caso di Vittoria fu preso in esame dall'Inquisizione: «*Marchionissima Piscariae filia spirituali et discipula Cardinalis Poli heretici*». Le accuse contro di lei riempivano tre pagine intere.

Vittoria venne processata dall'Inquisizione *in absentia*.

Capitolo nove

Il liuto spezzato

Se il Rinascimento aveva reintegrato la donna – non tutte – nel mondo sociale, la Controriforma agì con lo scopo dichiarato di respingerla: l'ignoranza era un dono caro a Dio, in quanto naturale riparo dalla tentazione. La donna italiana aveva cominciato a leggere troppo, e ora doveva tornare al costume antico, quando di libri ne apriva ben pochi o addirittura nessuno se era analfabeta. Prima dell'invenzione della stampa esistevano solo costosi manoscritti, sui proprietari dei quali era possibile esercitare un certo controllo; per il resto della popolazione, l'ignoranza garantiva la sottomissione e la debolezza di fronte al potere. In tutta Europa il gran numero di opere scritte con un occhio alle donne sull'onda del *Cortegiano*, il popolarissimo libro del Castiglione, formava ormai una vasta letteratura di orientamento prevalentemente didattico. La maggior parte di quei testi si può infatti collocare all'interno del genere del 'come fare', tanto popolare oggigiorno: come vestire, come educare i figli, come prendersi cura del proprio corpo con diete e cosmetici, come comportarsi in società, come conversare amabilmente (l'arte di conversare era tenuta in altissima considerazione, tanto che Margherita di Navarra la definì 'il passatempo essenziale'). Libri di questo tipo circolavano diffusamente non solo in Italia e in Francia, ma anche in Inghilterra, dove tra il 1560 e il 1640 si stamparono ben 125 edizioni di manuali che insegnavano a cantare e a suonare. Autori come Thomas Morley, William Byrd e Orlando Gibbons scrivevano canzoni e musiche per i virginali, per il liuto e per i diversi tipi di viola, mentre per i balli si componeva una musica speciale. Nel *Never Too Late* di Robert Greene leggiamo che una damigella «prese il liuto in mano», e nella scena successiva una donna siede nel suo giardino «suonando con il liuto tanti dolci rondò, borginets, madrigali [...] in onore di Venere», secondo lo spirito rinascimentale. Nel complesso si trattava di libri o di partiture miranti a distogliere la donna dalle cure della casa e dei figli nonché dalla preghiera. La Controriforma e il calvinismo – che spesso facevano tutt'uno nella loro misoginia – condannavano quei libri, essendo la religione, inutile dirlo, un'arma maschile, anche se le numerose tipografie sorte in tutta Europa rendevano difficile un controllo sui testi stampati e venduti.

Un altro genere di letteratura indirizzata al pubblico femminile – avendo più tempo libero a disposizione, le donne stavano diventando delle buone 'consumatrici' – era quello d'intrattenimento: storie d'amore narrate con il proposito di dilettare, come per esempio l'*Orlando furioso* dell'Ariosto, l'*Orlando innamorato* del Boiardo o il *Decameron* del Boccaccio. Adesso, però, questo tipo di svago cominciava a essere considerato un male tanto dai calvinisti quanto dai cattolici, in questo ottimi emuli dei puritani e dei loro peggiori eccessi.

La musica, che veniva insegnata a tutte le ragazze della nobiltà e della borghesia, doveva tornare nell'alveo della Chiesa e cessare di essere un pretesto per danzare o amoreggiare. Doveva ispirare il timore di Dio e rendere gloria alla Chiesa, non ai sensi. Danze e madrigali erano la vituperabile cornice dei giochi amorosi e andavano quindi scoraggiati, come anche le canzoni che decantavano le fattezze femminili. Lo stesso valeva per gli strumenti musicali che erano stati usati come simboli femminili. In particolare il liuto, cui venivano attribuiti poteri afrodisiaci, doveva essere accantonato.

Il liuto era infatti il simbolo del piacere e dell'intrattenimento colto, e alludeva al ruolo della cortigiana. La capacità di suonare questo o qualsiasi altro strumento in voga a quei tempi era segno caratteristico di una mente raffinata, come scriveva il Castiglione nel *Cortegiano*. Nel proprio autoritratto la pittrice Sofonisba Anguissola volle rappresentarsi alla spinetta, mentre Artemisia Gentileschi scelse il liuto, che al pari della spinetta era una metafora dell'amore carnale.

La pittura non era considerata un passatempo adatto alle fanciulle: c'erano polveri da mescolare e scale e ponteggi sui quali arrampicarsi; i vestiti si sporcavano e mancava il tempo tanto per acconciarsi i capelli con la dovuta grazia quanto per preservare il candore delle mani. Di fatto la strada della pittura era aperta solo a quelle che non avevano altra scelta, come nel caso di Artemisia Gentileschi (1593-1652), che è già figlia della Controriforma. Stuprata all'età di sedici anni (un processo aveva reso pubblico il fatto) e poi torturata per appurare se dicesse o meno la verità, dopo un simile scandalo non poteva più condurre una vita normale. Scelse perciò un mestiere da uomo e al pari di suo padre – e a volte anche meglio di lui – si dedicò alla pittura, un'attività che, lontano dalla culla della Controriforma, le era permesso svolgere. Il padre di Artemisia sapeva di avere una figlia dal talento eccezionale: «Questa femina, come è piaciuto a Dio, avendola drizzata nella professione della pittura, in tre anni, si è talmente appraticata che posso ardir de dire che hoggi non ci sia pare a lei avendo persin adesso fatto opere che forse i principali maestri di questa professione non arrivano al suo sapere». Tuttavia, ci vollero secoli perché Artemisia Gentileschi non fosse più considerata un *monstrum* o, più recentemente, una bandiera femminista, bensì una grande pittrice. «L'unica donna in Italia» scrisse il grande storico dell'arte Roberto Longhi, «che abbia mai saputo che cosa sia pittura e colore, e impasto e simili essenzialità».

Anche Sofonisba Anguissola (1528-1626), proveniente da una famiglia della piccola nobiltà, fece apprendistato presso un pittore, ma nel suo caso ciò avvenne per necessità economiche: in casa c'erano sei figlie ma non il denaro sufficiente per sei doti. Ciononostante, la scelta del padre di Sofonisba fu considerata eccentrica dai suoi contemporanei. Pittrici come Lavinia Fontana, madonna Fede Galizia e la stessa Anguissola non hanno però il piglio, la conoscenza e la genialità di Artemisia la quale – lo vediamo anche dal suo autoritratto, nonché dai ritratti che le fecero Jan David e da una medaglia anonima custodita allo Staatliche Museen di Berlino – aveva una faccia dura: portava gli orecchini e qualche fiocco, perle e boccoli, ma dietro le sopracciglia corrucciate, i grandi occhi spalancati e la bocca decisa si indovina la volontà di eccellere. La seduzione non la interessava, e nelle sue magnifiche tele il livore contro l'abuso sessuale, la sua animale vendetta nei confronti dell'uomo inteso come maschio sono premiati da un'altissima ispirazione; non c'è bisogno di essere Sigmund Freud per capire quanto peso ebbero per lei esperienze come lo stupro, il processo, l'Inquisizione, la tortura e l'umiliazione degli esami 'gine-cologici' in pubblico.

Il processo intentato dal padre di Artemisia, il pittore Orazio, co-minciò nel maggio del 1612 e terminò cinque mesi dopo con una lie-ve condanna contro Agostino Tassi, un collega pittore che aveva vis-suto nello stesso stabile dei Gentileschi. Artemisia venne interrogata per la prima volta nell'abitazione del padre. Le domande sono ripor-tate in latino mentre le risposte di Artemisia sono in italiano, *in vul-garis*.

All'epoca Artemisia viveva ancora in famiglia – la madre era morta da vari anni – e la casa era frequentata dai pittori amici del padre. Nell'appartamento sopra di loro viveva Tuzia, un'amica di cui Arte-misia aveva cominciato a ritrarre il figlio (il 'puttino'). Tuzia, obbe-dendo al comando di Agostino Tassi, lasciò Artemisia sola con quel-l'omone che, pare, non era estraneo né alla prigione né ad altri abusi.

«Agostino mi seguitò che mi voleva venire appresso ma perch'io mi dolsi di ciò mi seguitò di lontano...» Artemisia è in casa, da sola, e il pittore Agostino è con lei. Così la giovane, un anno dopo gli even-ti, risponde alle domande del tribunale: «...quando fummo alla porta della camera lui mi spinse e serrò la camera a chiave e dopo serrata mi buttò sulla sponda del letto dandomi con una mano sul petto mi mi-se un ginocchio tra le cosce ch'io non potessi serrarle et alzandomi li panni, che ci fece grandissima fatica per alzarmeli, mi mise una mano con un fazzoletto alla gola et alla bocca, acciò non gridassi e le mani quali prima mi teneva con l'altra mano mi le lasciò, havendo esso pri-ma messo tutti doi lo ginocchia tra le mie gambe et appuntatomi il membro alla natura cominciò a spingere e lo mise dentro ch'io senti-vo che m'incedeva forte et mi faceva gran male che per l'impedimen-to che mi teneva alla bocca non potevo gridare, pure cercavo di stril-lare meglio che potevo chiamando Tutia». Artemisa continua descri-vendo il modo in cui il pittore Agostino riuscì ad avere la meglio su di lei: «E gli sgraffignai il viso e gli strappai i capelli et avanti che lo met-tesse dentro anco gli detti una matta stretta al membro che gli ne le-vai anco un pezzo di carne, con tutto ciò lui non stimò niente e con-tinuò a fare il fatto suo che mi stette un pezzo adosso tenendomi il membro dentro la natura e dopo ch'ebbe fatto il fatto suo mi si levò da dosso ed io vedendomi libera andai alla volta del tiratoio della tavola et presi un cortello et andai verso Agostino dicendo 'Ti voglio ammazzare con questo coltello che tu m'hai vituperata'». Artemisia prosegue poi dicendo di come lei cominciasse a piangere e lui promettesse che l'avrebbe sposata. Negli incartamenti dell'Inquisizione abbiamo anche le testimonianze di Tuzia e del padre di Artemisia, Orazio Gentileschi, e dello stesso Agostino, che cercò di gettare la colpa dello stupro su altri. Tra coloro che deposero vi sono anche Diambra e Caterina, due levatrici che eseguirono visite ginecologiche pubbliche sulla giovanissima Artemisia. Dice Diambra: «Io ho toccata e vista nella natura Donna Artimisia di Horatio Gentileschi che sta qui presente quale Vostra Signoria [il giudice] m'ha ordinato ch'io vedessi e dico che lei non è zitella e questo io conosco perché havendoli messo il ditto nella natura ho trovato ch'è rotto il velo e panno verginale...» Artemisia venne sottoposta alla tortura dello schiacciamento dei pollici per vedere se diceva la verità ma, infine, non fu creduta, anche perché suo padre si era deciso a intentare il processo contro Agostino Tassi soltanto un anno dopo gli avvenimenti, e questo fu considerato sospetto.

La carriera di Artemisia fiorì soprattutto all'estero, sebbene lei si sentisse sottovalutata in quanto donna e fosse pagata meno degli uomini per le tele che le venivano commissionate. «Il nome di donna fa star in dubbio finché non si è vista l'opera» scrisse in una lettera. Si sposò, ma il suo fu un matrimonio di convenienza: le 'zitelle' potevano infatti passare dei guai con l'Inquisizione e venire sospettate di essere meretrici. Fu un'unione tanto breve quanto sfortunata: il marito, sperperati in pochi mesi tutti i soldi di Artemisia, sparì per sempre dalla sua vita.

È probabile che Artemisia abbia incontrato Caravaggio quando questi venne a Roma, e che abbia conosciuto anche Vouet, lui stesso sposato a una pittrice di valore, Virginia da Vezzo. Come altre sue colleghe del Nord Europa, divenne una pittrice itinerante. Soggiornò a Firenze, dove lavorò per la famiglia Medici e, caso unico per una donna, venne accolta nell'Accademia del disegno; fu a Genova e in Francia; in Inghilterra dipinse per re Carlo, avido collezionista che aveva già acquistato l'intero lascito dei Gonzaga: a Londra si trovano infatti molte opere della pittrice, ivi compreso un magnifico autoritratto. Ma, come si diceva, per molto tempo ad Artemisia venne dedicata l'attenzione che si è soliti tributare al *monstrum*, all'eccezione, non all'artista geniale: è sufficiente sfogliare i testi di storia dell'arte anteriori alle illuminate parole di Roberto Longhi per constatare che, mentre Orazio Gentileschi figura come pittore della Controriforma, ad Artemisia non è dedicata neanche una riga. Eppure fu tra le più grandi pittrici, vogliamo dire pittori, del secolo, verista come Caravaggio, libera nell'espressione e audace nella composizione.

Più in sintonia con il femminile era la musica; in un quadro di Bernardo Strozzi è raffigurata la famosa compositrice e cantante Barbara di Santa Sofia Strozzi, con vicino a sé una viola da gamba e altri strumenti. Armonia e Musica erano anche il simbolo dell'accordo tra uomo e donna, in special modo nel mondo fiammingo, e la Musica era sempre rappresentata, affiancata da Armonia, come figura femminile. In modo analogo, a Ira, Avarizia, Accidia o Codardia erano immancabilmente attribuiti i tratti di donne brutte o vecchie, il che è come dire che la personificazione del simbolo era la figura femminile in quanto tale, tanto che all'estremo opposto la Pace, la Carità e altre virtù erano donne floride, di proporzioni abbondanti, proprio a indicarne la natura generosa. Persino la Chiesa, implacabile nemica del sesso femminile, è rappresentata in forme femminili idealizzate in ogni quadro ove le sia accostata una città (che sia Venezia o Firenze) e più tardi una nazione (che sia la Francia, l'Italia o la Gran Bretagna) anch'essa idealizzata.

Dipingendo la Musica al fianco di Pitagora e attorniata dai grandi filosofi della sua *Scuola d'Atene*, Raffaello intese evidenziarne la natura matematica e filosofica, e nella *Pala di santa Cecilia* (1515) ebbe cura di differenziare gli strumenti 'sacri' da quelli 'profani': mentre alcuni sono pronti per essere suonati per la celebrazione delle nozze della santa, ai piedi di costei giacciono il flauto, il triangolo e la viola da gamba, simboli profani della *vanitas* terrena. Nelle molte *Veneri* nude che Tiziano dipinse, la dea è sempre accompagnata da un cagnolino, un Amorino, un organista o uno strumento musicale. Uno degli elementi centrali, in queste tele, è proprio il rapporto tra musica e amore: la musica è metafora e immagine dell'amore, sua attesa e anticipazione. La Chiesa lottò per bandire dalla liturgia la musica troppo mondana e tutti i tipi di liuto: è tale suddivisione a riflettersi nella *Pala di santa Cecilia* di Raffaello cui si accennava poco sopra. La santa, patrona della musica, venne eletta a dea; il centro del suo culto era nella chiesa a lei dedicata nel IX secolo a Roma in Trastevere. A lei si ispirarono varie associazioni in Francia, mentre in Inghilterra John Dryden le dedicò *A Song for Cecilia's Day* (1687) e Gounod (1818-1893) una meravigliosa e fastosa *Messa*.

Nulla ci fa pensare che Vittoria Colonna traesse ispirazione dalla musica, né che la condannasse. Era la parola, la poesia che la rendeva 'prima donna, diva'. Vittoria fu rappresentata con in mano alcuni dei suoi sonetti laddove Tullia, che pure aspirava a essere ritratta con un manoscritto, dovette accontentarsi di venire ammirata con in mano un liuto. Se in un quadro il libro o il manoscritto simboleggiavano la cultura, i petali di una rosa sfiorita – di quella rosa che è una presenza costante nella simbologia di tutti i tempi – potevano essere interpretati invece come una malattia della persona ritratta oppure come una sessualità ormai interamente spesa. Tanto nella letteratura che nella pittura la rosa era uno dei tanti richiami simbolici al sesso; il suo uso nella letteratura italiana risale al XIII secolo (si veda per esempio Cielo d'Alcamo, il poeta siciliano della corte di Federico II) e si rinnova durante il Rinascimento con il Poliziano e con Lorenzo de' Medici, che esortava le giovani donne a cogliere le loro rose quando erano ancora in boccio. La rosa in pieno fiore rappresentava invece la sessualità femminile più matura e già prossima ad appassire, e a essa si sostituisce, nel XIX secolo, la camelia (si vedano in proposito *La dame aux camelias* e *La traviata*).

Nella simbologia fenicia e micenea la rosa rossa stava a indicare Adone, amato da Afrodite; la melagrana, anch'essa derivante dalla simbologia classica, era un riferimento alla sessualità: germogliato dal sangue di Dioniso, una volta maturo il frutto si slabbra come una ferita mostrando il rosso della polpa all'interno; il frutto aperto, invece, simboleggiava la morte e la promessa di risurrezione se a tenerlo in mano era Afrodite. Nel Rinascimento la melagrana passa a indicare la donna subito dopo l'atto sessuale, un'immagine che si moltiplicherà nel tardo Rinascimento. Un altro significato simbolico di questo frutto era l'abbondanza. Nel tempio di Giunone a Paestum, la dea era raffigurata con in mano la melagrana, quella stessa che ora è nella mano della Vergine Maria nella chiesa eretta sulle rovine del tempio, e le pellegrine che ai nostri giorni da lei invocano il dono della fertilità non fanno che ricalcare le orme delle donne che la invocavano da Giunone-Era. Anche la scarpina ha un'evidente connotazione sessuale: Tiziano vi iscrive la sua firma in un quadro dove Tarquinio sta per violentare la nuda Lucrezia; Cenerentola conquista il principe grazie alla stretta scarpina (simbolo della vulva) e nei *Maestri cantori di Norimberga* persino Wagner gioca con questa metafora.

E però i simboli variavano da paese a paese: quel che era facilmente decodificabile nell'Italia rinascimentale non lo era necessariamente nei Paesi Bassi; come vedremo più avanti, rose e tulipani sono un riferimento alla ricchezza anziché al sesso, se a farsi ritrarre è la moglie del ricco cittadino del Nord dell'Europa che sulla tela vuole essere circondata da oggetti che significhino la sua agiatezza. Allo stesso modo i simboli attraverso i quali, nel Medioevo, venivano raffigurati Cristo (il pesce, il pastore) o la vita (l'albero, il serpente) non sono più riconosciuti come tali durante il Rinascimento. D'altro canto, nell'epoca della Controriforma molti ritratti con evidenti richiami a sfondo sessuale furono trasformati in immagini di santi e di martiri grazie al semplice accorgimento di ridipingere il simbolo: via il liuto, via il cane bianco o la rosa, sostituiti ora dalla ruota di santa Caterina ora dalla palma del martirio o dal piatto con gli occhi di santa Lucia.

Nella pittura olandese il simbolo si trasforma in descrizione esplicita invece di giocare sull'allusione. In un quadro di Hendrick Pot, per esempio, la tenutaria del bordello mima l'atto della copula e il suo cane lecca il dito del cliente. In Vermeer gli specchi sono la tentazione, e le lettere su cui si sofferma uno sguardo elusivo sono l'amore non corrisposto o comunque la freddezza in amore. Tra i simboli erotici dei maestri fiamminghi figurano le ostriche, i frutti maturi, il calice che sta per essere riempito. Per vedere con chiarezza l'immenso scarto di pensiero che esisteva tra l'Italia e la Francia rinascimentali e ciò che andava maturando nel Nord dell'Europa basta pensare a Francesco Bacone, che nella *Nuova Atlantide* (1627) afferma che l'uomo deve volgere lo sguardo al futuro, non a Platone e alla sua filosofia. Sua è l'idea di progresso, e per progresso si doveva intendere l'avvenire; in sintesi, la storia di quello che ancora doveva accadere.

Nella ritrattistica dell'Inghilterra rinascimentale si possono osservare corone e gioielli simbolo di potere, ma anche sfondi vuoti di un turchese celestiale che dà maggior risalto sia al volto del soggetto raffigurato – come se l'autore e il soggetto del ritratto volessero che fosse unicamente l'espressione del viso a svelare lo *status* della persona in posa – sia alla firma del pittore, che nel caso di un Holbein era sufficiente a esplicitare la condizione economica del committente. Strano a dirsi, per quanto temuta e odiata dai settori più miopi della Chiesa, la donna rimase il soggetto centrale della maggior parte dell'iconografia del tempo. Il livore della Controriforma si espresse in un furioso attacco contro l'oggetto che meglio rappresentava il tempo libero e il vivere con grazia, e quell'oggetto era il liuto. Il *juste-milieu* (per dirla con Balzac) richiedeva che ogni elemento di 'diversità' fosse eliminato, e dal momento che il liuto era uno strumento di piacere e aveva quella forma suggestiva che ne giustificava l'uso come simbolo profano, esso fu il primo a essere bandito proprio in quanto rappresentazione della donna liberata, proprio perché riuniva in sé sessualità e cultura, musica e amore fisico.

Come abbiamo visto, anche l'abbigliamento delle donne andò incontro a restrizioni, e di queste si incaricarono leggi appositamente promulgate che non si applicavano soltanto alle donne di dubbia moralità. Tutte le donne, indistintamente, dovevano ora conformarsi a un vestire più castigato, vera negazione della centralità dell'individuo propria del Rinascimento. Queste leggi suntuarie furono decretate in parte per contrastare l'elevatissima inflazione causata dalle guerre, dalla bassa produttività e dall'aumento della popolazione, in parte con il preciso scopo di colpire le donne.

Come già era chiaro ai banchieri e ai mercanti toscani, i buoni affari – che non trovano terreno fertile nei regimi repressivi – si combinavano ormai fuori dall'Italia, tanto che furono in molti a lasciare gli stati italiani in cerca di libertà e di profittevoli commerci. A ingrossare le fila dei fuoriusciti erano solitamente i membri di quella classe borghese spaventata dalle restrizioni sempre più numerose imposte sia dal potere spirituale sia dal potere temporale. In Italia l'atmosfera si stava facendo claustrofobica; lo spirito del Rinascimento stava abbandonando quei lidi, ma nel suo cammino verso il Nord trovò nuove forme e nuova vita. Firenze, un tempo culla del Rinascimento, era ridotta a un guscio vuoto di idee e di libertà.

Nell'aprile del 1547 Tullia d'Aragona fu nuovamente convocata dagli Ufficiali d'Onestà: aveva disobbedito alla legge che prescriveva di indossare il velo giallo e di evitare le stoffe di seta per i vestiti. Tullia fece ricorso alla sua ammirevole forza d'animo; parlò e scrisse ai suoi amici altolocati finché uno di loro, don Pedro da Toledo, che aveva per zia la duchessa de' Medici, venne in suo aiuto consigliandole di appellarsi direttamente a sua zia e di accompagnare la petizione con poesie composte in suo onore da poeti di fama. A una Tullia talmente umiliata e depressa da non riuscire neppure a redigere la lettera per la duchessa, venne ancora una volta in soccorso Varchi, al quale essa aveva scritto: «Aiutami e salvami con la tua saggezza, nel presentare questo appello!»

Nella petizione Tullia dichiarò che a causa delle presenti circostanze solo raramente si allontanava dalla sua stanza, per non dire poi dalla sua abitazione, e supplicò la duchessa di parlare all'«Eccellentissimo e Illustrissimo signor Duca» affinché non la si costringesse «all'osservanza del velo giallo». Umilmente promise che avrebbe indossato solo vestiti semplici e si sarebbe mostrata per strada coperta da un mantello «alla moda romana», spartano nella sua semplicità. Dopo averla letta, Cosimo annotò di suo pugno in un angolo: «Fasseli gratia per poetessa».

In una città piccola come Firenze, duca e duchessa non potevano non sapere che Tullia era una cortigiana, la cui funzione era malgrado tutto utile. Si sapeva anche che Tullia era padrona dell'arte della conversazione, un'abilità tenuta in grande considerazione e, a giudicare dalla studiata eleganza dei dialoghi pubblicati a quei tempi, non certo facile da acquisire. Inoltre, le poesie che Tullia aveva allegato alla petizione erano scritte da personaggi di grosso calibro come Ippolito de' Medici (lontano parente di Cosimo), Bernardo Tasso, Varchi e Muzio.

Quando ricevette la comunicazione della sospensione della pena, Tullia esultò. Il documento ufficiale, dopo una premessa che recitava: «Volendo il Duca con special dono riconoscere le rare scienzia di poesia e filosofia che sono con piacere riconosciute tra gli stimati talenti della dotta Tullia d'Aragona», la esentava dall'osservanza della legge e precisava che essa era autorizzata a «portare quelli vestimenti, habiti et ornamenti che più le parrà et le piacerà». Ma nemmeno il privilegio eccezionalmente concessole dal duca poteva far rivivere i fasti della brillante accademia di Tullia, la quale, per giunta, per la prima volta in vita sua si era innamorata. Pietro Mannelli era un bel ragazzo biondo di ventiquattro anni, e lei... lei ne aveva quasi quaranta! Il giovane aveva altre cose per la testa, e pur intrattenendo una relazione sessuale con lei preferiva le più giovani. Sperimentando per la prima volta le pene d'amore, Tullia scrisse versi che sgorgavano dal profondo del cuore, sonetti che si guardava bene dal mandare a Varchi perché li correggesse. Se è vero che a volte la sua grammatica zoppica, è altrettanto vero che i sonetti di Tullia hanno resistito al trascorrere del tempo, che invece ha ucciso le arzigogolate poesie di Varchi. Si era sentita come un usignolo, scriveva. Aveva volato tra gli alberi, libera e ignara delle sofferenze dell'amore; eppure lei, che tanti trofei aveva accumulato nel tempio di Venere, era caduta prigioniera. Tullia sapeva di non avere più il modo di tenere legato a sé il suo uomo, la cosa più bella della sua vita. Era anche sola: il suo salotto aveva chiuso i battenti e i nobiluomini che avrebbero forse prodotto una certa impressione su Pietro si erano dispersi, e questo perché lei era stata umiliata come una sgualdrina qualsiasi.

Tullia stava perdendo il suo «bel sole», forse per colpa sua, forse per colpa del destino:

Se ben pietosa madre unico figlio
perde talora, e novo alto dolore
la preme il tristo e sospiroso core,
spera conforto almen, spera consiglio.

Se scaltro capitano in gran periglio
mostrando alteramente il suo valore
resta vinto e prigion, spera uscir fuore
quando che sia con baldanzoso ciglio.

S'in tempestoso mar giunto si duole
spaventato nocchier si presso a morte
ha speme ancor di rivedersi in porto.

Ma io, s'avvien che perda il mio bel sole,
o per mia colpa o per malvagia sorte,
non spero aver, né voglio, altro conforto.

Non poteva confessare la sua disperazione a Varchi o alla madre ormai vecchia, né poteva parlarne a Penelope, che insisteva a chiamare sorella.

Tullia sentì che doveva pubblicare qualcosa per dimostrare di essere una vera poetessa; tra l'altro sembrava che tutti leggessero e pubblicassero dei libri. Il desiderio era quello di dar prova di sé a Pietro, ma anche di manifestare la sua gratitudine ai Medici, i governanti di Firenze.

I quali Medici si erano da poco imparentati con la potente dinastia regnante francese: alla morte di Francesco I, avvenuta nel 1547, era infatti salito al trono Enrico II di Valois, la cui moglie era Caterina de' Medici, figlia di Lorenzo II de' Medici (1492-1519), duca d'Urbino, e di Madeleine de la Tour d'Auvergne (1495-1519).

Lavorando febbrilmente, nel 1547 Tullia fu in grado di dare alle stampe due libri, rispettivamente intitolati *Dialogo sull'infinità dell'amore* e *Rime*. Il *Dialogo* consisteva in una lunga discussione sul tema dell'amore in senso astratto, e dava prova dell'abilità stilistica di Tullia; le *Rime* invece erano una raccolta delle poesie scritte da lei o a lei dedicate da poeti famosi, e furono ristampate quattro volte nel corso del XVI secolo. Le *Rime* erano dedicate alla duchessa Eleonora de' Medici, il *Dialogo* al duca Cosimo, al quale Tullia era debitrice della sua «libertà». «È in me» scrisse nella prefazione, riferendosi a ciò che il duca aveva fatto per lei, «ardentissimo il desiderio di porgere a Vostra Eccellenza almeno un piccolo segno della affezione e servitù che ho sempre avuta verso la illustrissima e felicissima casa Sua, come degli obblighi che io tengo con quella particolarmente per i benefici ricevuti da Lei». Naturalmente chiunque avesse letto una simile dedica senza conoscere la sua storia personale avrebbe pensato che i Medici erano suoi protettori: Tullia era abilissima in queste manovre.

La storia del *Dialogo sull'infinità dell'amore* seguiva le regole convenzionali del dramma teatrale; della sua pubblicazione si era occupato il vecchio amante e amico Muzio. Questa è la trama, tipica del genere: in casa di Tullia si svolge una discussione sul tema dell'amore, e in particolare ci si domanda se quello vero possa mai finire. Ma chi bussa alla porta? È Varchi che, scusatosi di aver interrotto Tullia nel bel mezzo di un ragionamento profondo, spiega che mentre si dirigeva da lei era immerso in pensieri di questo tipo: «Lasso! Amor mi trasporta ov'io non voglio, dubitando di essere, non vo' dire presuntuoso, ma molesto a chi io desidero di piacere sommamente». Dopo avergli dato il benvenuto, Tullia risponde che forse gli dispiacerà di dover conversare con lei, che è solo una donna, poiché è noto che per Varchi «le donne sono men degne e men perfette degli uomini». Inoltre, soggiunge palesemente in cerca di complimenti, a lei fa difetto una conoscenza approfondita dello stile e della lingua. A questo punto del dialogo si scatenano le proteste di fronte a tanta modestia: lei, Tullia! Ma se lei è la donna che possiede lo stile più elevato! Dopodiché, i due tornano all'oggetto della discussione: amore 'onesto' e 'volgare', amor sacro e amor profano, tema su cui pittori come Tiziano si sono cimentati in quadri celebri. L'amore disonesto, afferma Tullia, è proprio degli uomini animati da bassi istinti, che vogliono soddisfare un bisogno animale e che spesso, dopo essersi presi il proprio piacere, volgono l'amore in odio. L'amore onesto invece deriva dalla ragione, come avevano scritto Petrarca e il Bembo, ma anche dalla fantasia. «Bene è vero che, desiderando l'amante, oltre a questa unione spirituale, ancora la union corporale per farsi più che può un medesimo con la cosa amata, e non si potendo questa fare per lo non esser possibile che i corpi penetrino l'un nell'altro, egli non si può mai conseguir questo suo desiderio, e così non arriva mai al suo fine». A parere di Varchi non vi è nulla di condannabile in ciò che appartiene all'ordine naturale, di qualunque cosa si tratti. Ma che dire allora di quegli uomini che amano altri uomini? «Non fanno ciò secondo gli ordinamenti della natura, e sono degni di quel castigo che non solo dalle leggi canoniche e divine è stato loro dato, ma eziandio dalle civili ed umane». Ma perché allora – chiede Tullia a Varchi – Platone elogiava gli omosessuali? Varchi, scandalizzato, risponde che quello di Platone e Socrate verso i giovinetti non era amore fisico. A questo punto Tullia domanda se anche le donne potrebbero essere amate per il loro intelletto e solo per quello, e Varchi afferma che certamente è così.

Il 'dibattito' sull'amore e sulle sue diverse interpretazioni messo in scena da Tullia trattava temi attuali e di grande importanza nel quadro dell'età rinascimentale. È interessante vedere come il Rinascimento italiano si appropriò dei due tipi di amore – sacro e profano – e come ne definì l'interazione, sempre prestando loro il più bello dei volti. Nel suo famoso quadro oggi conservato alla Galleria Borghese, Tiziano li rappresenta entrambi come due bellissime giovinette, una vestita di un magnifico abito e l'altra nuda, quest'ultima colta nell'atto di protendersi sull'orlo di un pozzo che a sua volta simboleggia la conoscenza ma anche la fonte della vita. Le due facce dell'amore sono magnificate in egual misura nella poesia e nella letteratura. L'amore spirituale, scrive Platone, può essere altrettanto o addirittura più forte dell'amore fisico, appassionato come quello e certamente più duraturo. Il Rinascimento italiano rappresentò la cortigiana (non l'*hetera*, cioè la semplice prostituta) come un modello di amore fisico non solo socialmente accettabile, ma anche auspicabile; bisogna aspettare tempi più tardi perché l'amor profano assuma le tonalità più cupe del peccato, del proibito, dell'illecito. Un legame di continuità con questa rappresentazione rinascimentale è dato dalla figura della Follia, che interferisce con la serenità delle cose d'amore, come nelle poesie di Louise Labé o nelle tele del Bronzino che raffigurano *Venere e Cupido* (nel secondo caso la Pazzia è presente perché una donna bella e matura sta copulando con un ragazzo giovanissimo).

Ficino, che apparteneva alla generazione precedente a quella di Tullia e aveva fatto parte della cerchia di dotti riunita intorno a Cosimo il Vecchio, riteneva che il platonismo contenesse un'anticipazione del cristianesimo. A Platone e a lui solo andava il merito di avere introdotto il tema dell'amore vero, quello spirituale, che preparava all'amore di Dio: se colui che amava imparava a trascendere il desiderio fisico per concentrarsi sull'anima, l'amore si mutava in devozione religiosa. «L'ombra di Platone si proiettava tanto sulla scienza che sulla poesia del Rinascimento» scrive Anthony Gottlieb. Il fine platonico di ricercare nella matematica l'essenza profonda della natura si era trasmesso agli artigiani, ai musicisti, ai giardinieri e ai mercanti, così come a quei pittori che si erano impadroniti delle leggi della prospettiva. Quest'ultima aveva penetrato anche la natura dell'amore, della quale si discuteva nelle conversazioni non meno che nei trattati e nei dialoghi. La ricerca delle leggi della prospettiva era in larga misura un aspetto particolare della ricerca platonica nel campo della matematica. «Ah, Paolo» rimprovera Donatello al pittore Paolo Uccello, «questa tua prospettiva ti fa abbandonare il certo per l'incerto». Alla moglie di Paolo Uccello sarà sembrato di dividere la casa con un'amante onnipresente, dato che il marito era capace di stare sveglio tutta la notte a rimuginare su qualche problema di prospettiva mormorando: «Ah che dolce cosa è questa prospettiva». E quando lo implorava di venire a letto, lui non faceva che ripetere: «Che dolce cosa è questa prospettiva». La prospettiva, naturalmente, si basava sulla geometria e sulla matematica.

La bellezza, un altro tipico tema rinascimentale, occupava un posto centrale nella discussione che si svolge nel *Dialogo* di Tullia, che scrive: «L'amore non è altro che il desiderio di godere, mediante l'unione, di ciò che è veramente bello, o di ciò che bello appare a chi ama».

Ma i due libri di Tullia non poterono restituirle la posizione sociale di cui aveva goduto in passato (e alla quale continuava ad ambire), tanto che la donna fece recapitare al cardinale Bembo un sonetto nel quale si diceva incerta se prendere o no il velo. L'anziano cardinale non si degnò nemmeno di risponderle. Tullia però non desistette dai suoi propositi, e più o meno in quello stesso periodo iniziò a lavorare a una versione del *Guerrin Meschino*, basandosi su un'edizione spagnola del poema di Andrea Barberino. La scelta di genere era in linea con i tempi, e in più Tullia sperava di servirsi del poema per ingraziarsi la spagnola Eleonora de' Medici, ma il *Meschino, detto il Guerino* fu pubblicato solo nel 1560, dopo la morte di Tullia, quando il manoscritto finì nelle mani di uno stampatore veneziano. Nell'introduzione Tullia spiegava i motivi che l'avevano spinta a redigere quel libro. Un gran danno, scrisse con una buona dose di ipocrisia, era derivato da libri indecenti come il *Decameron* del Boccaccio, «disonesto e irreligioso», e l'*Orlando furioso* dell'Ariosto, con i suoi corrotti personaggi femminili; simili testi, a detta di Tullia, erano inadatti non solo per le monache o le donne rispettabili, ma persino per le cortigiane e le prostitute.

Poco più tardi, su questo stesso punto l'inglese Robert Greene scriverà: «La si lasci passare il tempo a leggere quegli antichi autori che possono affinare il suo intuito con le loro parole di pietà, ed istruire la sua mente con le loro frasi perfette». D'altra parte anche Greene faceva obiezione ad autori come Ovidio, Apuleio e Aristotele, così come a tutte le storie d'amore che potevano indurre le donne in tentazione. Nell'introduzione al *Meschino, detto il Guerino*, se non altro Tullia è sincera rispetto al proprio passato: «Io adunque, la quale ho ne' primi anni miei havuta più notizia del mondo, che ora con miglior senno non vorrei aver havuta...»

Pur cavalcando le nuove idee, pur tenendo un basso profilo e nonostante le amicizie importanti, Tullia fu costretta a lasciare la città tra la fine del 1548 e l'inizio del 1549: i falchi calati su Firenze non potevano tollerare più a lungo una presenza scandalosa come la sua. Nella composizione poetica più riuscita di Tullia, un ultimo addio dedicato a Pietro Mannelli e composto poco prima di partire, leggiamo il rimpianto per la bellezza perduta e per il grande amore che si vedeva costretta a lasciare:

> Ov'è, misera me, quell'aureo crine,
> di cui fe' rete, per pigliarmi, Amore?
> Ov'è, lassa, il bel viso, onde l'ardore
> nasce, che mena la mia vita al fine?

> Ove son quelle luci alte et divine
> in cui dolce si vive e insieme more?
> Ov'è la bianca man, che lo mio core
> stringendo punse con acute spine?

> Ove sonan l'angeliche parole
> ch'in un momento mi dan morte e vita?

U' i cari sguardi? u' le sembianze belle?
Ove luce ora il vivo almo mio sole,
con cui dolce destin mi venne in sorte
quanto mai piovve da benigne stelle?

Tullia scrisse a Varchi, verso il quale aveva un debito di gratitudine, chiamandolo «mio caro benefattore» e mandandogli in dono una coppia di colombe, una bottiglia di malvasia e una d'acqua – simbolo di amicizia – oltre a una saliera d'alabastro. Dalla lettera di addio traspare tutta la sua tristezza e vi sono alcuni accenni alla morte, ma poco più avanti Tullia avverte Varchi che persino da luoghi lontani potrebbe aver bisogno di mandargli qualche rima da correggere. Umiliata, svilita, esiliata ma non vinta, Tullia aveva tutta l'intenzione di seguitare a scrivere.

Non sappiamo se la duchessa Eleonora apprezzasse le *Rime* che Tullia le aveva dedicato, né se il duca Cosimo leggesse il *Dialogo sull'infinità dell'amore*: certamente quest'ultimo non era interessato all'amore puro (se mai a quello 'disonesto', come lo chiamava Tullia) e neppure a quello eterno, pur essendo in buoni rapporti con la moglie. Cosimo tuttavia sapeva essere leale nei confronti degli amici, e ancora una volta diede aiuto e protezione a Pietro Carnesecchi contro l'Inquisizione che imperversava a Roma.

Nel 1549 troviamo Tullia a Roma, non più in una casa con il giardino e le stanze per i servitori, ma pur sempre in un comodo appartamento. Sua figlia Penelope era vicina ai quattordici anni e, a sentire Muzio, si era fatta una bella ragazza e già vantava qualche 'conquista'. Aveva preso la stessa strada della madre e della nonna, come non mancavano di sottolineare i nemici di Tullia. Alta, graziosa e pallida, consapevole del suo destino, Penelope era ormai la principale fonte di sostentamento della famiglia.

La sua morte, avvenuta nel febbraio del 1549 forse per tubercolosi, lasciò in Tullia, che non era stata capace di dare alla figlia una vita dignitosa, un senso di tragedia e di perdita irreparabile. Ma la colpa non era di Tullia: per Penelope, figlia di una cortigiana, non c'era scelta, non c'era scampo. Di lei non possediamo né lettere né sonetti: soltanto una poesia scritta da un amico a noi ignoto e dedicata «alla cortigiana bambina», che nella chiusa conclude che la morte era forse la sorte migliore per una fanciulla già incamminata su quella triste strada. Penelope fu sepolta nella chiesa di Sant'Agostino; nell'iscrizione tombale la «madre» Giulia e la «sorella» Tullia si dichiararono inconsolabili.

A Tullia restava solo il piccolo Celio, che era sua intenzione fare educare così che almeno lui avesse la possibilità di sfuggire al destino toccato alle donne della famiglia. Ma che si trattasse di educare Celio, di darsi una vernice di rispettabilità o di altro ancora, serviva del denaro, e Tullia non poteva più prostituirsi essendo ormai troppo vecchia e troppo stanca. In passato, quando le cose andavano male, aveva sempre ricominciato da zero, ma questa volta le sue immense capacità di ripresa si erano esaurite. Ora Tullia era sola in una città profondamente mutata.

La politica romana era una variabile dipendente del papa che di volta in volta veniva eletto. Quando Paolo III morì, nel novembre del 1549, parve che la situazione potesse rovesciarsi, grazie al fatto che il cardinale Pole diventava improvvisamente il più probabile candidato al trono di san Pietro. Che Pole potesse proporsi come successore di Paolo III, pur non appartenendo a una potente famiglia italiana e pur non essendo abbastanza ricco da potersi comprare l'appoggio degli altri cardinali, la dice lunga sull'aria che tirava a Roma. In quanto esponente della corrente moderata, Pole aveva in Carafa e nella Compagnia di Gesù dei fieri oppositori, e di fronte a costoro mostrò tutta la sua debolezza quando, designato papa per acclamazione, dichiarò che era necessaria un'elezione conforme alla procedura prevista, dando così ai suoi nemici il tempo di montare una campagna che alla fine gli costò non solo il seggio papale ma anche il cardinalato.

Si potrebbe speculare sui 'se' della storia, che sempre abbondano: se Reginald Pole fosse diventato papa, la storia europea avrebbe preso tutt'altro corso. Le donne avrebbero mantenuto la posizione conquistata durante il Rinascimento, all'Inquisizione si sarebbe posto un freno e, in quanto candidato di Carlo V, Pole si sarebbe adoperato per la causa, ancora cara all'imperatore, dell'unità del mondo cristiano. Essendo inglese, poi, Pole avrebbe certamente lavorato a un avvicinamento tra il suo paese e la Chiesa di Roma. Invece si assistette all'onda montante della Controriforma, la cui vera data di inizio è il 1555, anno dell'elezione del cardinale Carafa a papa con il nome di Paolo IV. Con l'ascesa di Carafa al trono di san Pietro andava in fumo il sogno a lungo inseguito dall'imperatore, che nel 1556 abdicò in favore del figlio Filippo. Il Pasquino, sempre all'erta, commentò:

Figli, meno giudizio
e più fede comanda il Sant'Uffizio.
E ragionate poco:
che contro la ragion esiste il fuoco.
E la lingua a suo posto
che a Paolo quarto piace assai l'arrosto.

Quando salì al soglio pontificio Carafa aveva settantanove anni, e si prevedeva che la morte sarebbe sopraggiunta presto. Non fu così, e anzi esercitò il potere con inflessibilità e con violenza tali da far sospettare che fosse diventato pazzo. Ordinò che gli ebrei portassero un cappello giallo e istituì il ghetto, dove i cittadini di fede israelita venivano segregati ogni giorno al calar del sole. I librai dovevano sottoporre all'autorità la lista dei volumi in vendita, e ai collezionisti privati fu imposto di bruciare i testi considerati pericolosi: tra questi vi era persino il libro del cardinale Contarini, *Sui benefici concessi da Cristo*, contrastato con tale accanimento che non una sola copia è giunta fino a noi.

Come diceva Pasquino, a Paolo IV piaceva bruciare la gente: gli *auto da fé* si facevano di fronte alla chiesa di Santa Maria della Minerva, vicino al Pantheon, ma anche a Campo dei Fiori. «Ogni giorno qualcuno viene bruciato, impiccato o decapitato» scriveva un contemporaneo. «Roma non ha prigioni sufficienti a tenervi tutti coloro che vennero in sospetto». Nel 1556 Pietro Carnesecchi fu nuovamente convocato a Roma, ma il duca Cosimo lo protesse anche questa volta. Nominato arcivescovo di Canterbury nel 1557, il cardinale Pole si spostò in Inghilterra; meno di un anno dopo, bollato da Roma come eretico, morì di morte naturale a poche ore di distanza dalla regina Maria (1558). Nello stesso periodo, a Firenze, il Carnesecchi si vide spogliare dei benefici ecclesiastici e riuscì a evitare il patibolo per un soffio. Avendo udito della morte di Reginald Pole, scrisse a Giulia Gonzaga:

> Ho avuto avvisi, tra i quali è la morte del mio dolcissimo patrone d'Inghilterra, che certo mi ha trafitto il cuore, non ostante che io mi fussi già armato con l'immaginazione ch'ella havesse a seguire dopo sì larga et grave malattia. Horsù pure prego Dio che mi conservi Donna Giulia, et se pure me la vuol torre innanzitempo, mi concedi almeno quella gratia che ha concesso a Inghilterra, cioè di poter seguitare anch'io la mia Regina.

Commossa da quell'espressione poetica che rivelava tutto l'amore di Carnesecchi, Giulia rispose che, semmai, sarebbe stata la morte di lui a gettarla «in tale disperazione da pensar di ridurmi a non voler più bene a niuno».

A quel tempo Giulia aveva passato i quarant'anni e navigava sola in mezzo alla tempesta. Aveva bisogno di un uomo al suo fianco, e forse Carnesecchi era la persona giusta. Carnesecchi le scrisse immediatamente, dicendole che se davvero era determinata a non amare nessuno, lui che l'amava si sarebbe disperato; a sua volta Giulia gli mandò una lettera dai toni talmente affettuosi che egli, con trepida esultanza, le scrisse che quella sua lettera gli aveva procurato una gioia indicibile, facendolo sentire il più fortunato degli uomini, un eletto, pur avendo pianto mentre leggeva del suo desiderio di morire. «Dicono che tutte le regine della terra non potrebbero separarmi da Donna Giulia et togliermi la speranza di vederla di nuovo, et vivere con lei la parte del tempo che a me resta...» Malgrado le nuvole dell'Inquisizione si andassero addensando sul suo capo, Carnesecchi aggiunse: «Vi è ancora qualche speranza di vedere Napoli e di nuovo di passare gli ultimi anni della mia vita in compagnia di Donna Giulia...» La splendida castellana e il pallido toscano erano amanti.

Dopo l'elezione di Carafa, alle prostitute furono imposte restrizioni ancora più severe. Nel 1562 una nuova legge stabiliva che non fossero più sepolte nelle chiese e destinava loro un cimitero speciale, fuori dalle mura di Roma. Inoltre, la stessa legge imponeva loro di coprirsi con un fitto velo, molto più pesante e lungo di quello che Tullia aveva evitato di stretta misura a Firenze: una specie di chador, insomma. Quando il cardinale Ghislieri, che era stato Inquisitore generale, divenne papa con il nome di Pio V, una bolla pontificia decretò che le prostitute avevano sei giorni per lasciare Roma e dodici per uscire dalla Stato Pontificio prima di esserne espulse. Parecchie cortigiane se ne andarono subito, seguite dalle più povere, che essendo prive di una scorta armata furono assalite dai banditi, derubate e poi gettate nel Tevere. Quelle poche che non annegarono, morirono di stenti di lì a breve.

Poiché però la prostituzione era legata a un imponente flusso di denaro, i mercanti di Roma mandarono quaranta delegati a parlamentare con un papa grondante indignazione. Alla fine, avendo udito dei numerosi omicidi e di tutte quelle donne derubate – nonché della considerevole perdita di profitti che tutto ciò era costato alla città – Pio V cedette: le prostitute erano autorizzate a restare, purché accettassero di essere relegate in un determinato quartiere. E così, proprio come gli ebrei, anche loro finirono in un ghetto: la società non le accettava più e non lasciava loro alcun ruolo nella vita pubblica. Tullia dovette abbandonare via dei Prefetti e indossare un velo che ora nascondeva un viso invecchiato: la sua pelle dal candore perlaceo era ormai ingiallita e piena di rughe. Celio era cresciuto ed esercitava la professione del medico, unico membro della famiglia ad avere un mestiere 'rispettabile'.

Bistrattata dagli uomini e dal fato, Tullia si volse alla religione; entrata a far parte della Compagnia del Crocifisso, si dedicò alle opere di carità. La sola cosa che le sarebbe riuscito ancora di far bene era scrivere, ma dalla sua penna non uscì nessuna rima. Immiserita e sempre più sola, si trasferì in una locanda a Trastevere, di cui era proprietario il marito della serva Lucrezia. Portò con sé qualcuno dei suoi bei mobili per arredare due piccole stanze; l'unica serva che poteva ancora permettersi era Cristofara, una bambinetta.

Quando Tullia si ammalò, Lucrezia e il marito la curarono amorevolmente e Mastro Panuntio, il dottore, andò regolarmente a visitarla. È ormai pronto in ogni dettaglio l'ultimo atto della *Traviata*: la Violetta del Rinascimento giace nel suo letto e la serva – in questo caso Lucrezia – accoglie in casa il dottore che cerca di allietarla un po', ma intanto sussurra all'orecchio di Lucrezia che la fine è vicina.

Tullia però era più vecchia di Violetta, e non c'era nessun Alfredo che potesse accorrere al suo capezzale. Il 2 marzo 1556 il dottore suggerì di chiamare il notaio, Virginio Grandinelli. Costui la trovò distesa sul grande letto verde di quel modesto alloggio, tutta vestita di nero, con il volto che ancora testimoniava di una passata bellezza. Tullia, che riusciva a malapena ad articolare parola, dettò le sue volontà ed ebbe appena la forza di firmare il testamento: «Io Tullia d'Aragona, manus propria». Quell'«io» in italiano volgare in luogo dell'«ego» è solo il *lapsus calami* di una donna che era sempre andata fiera della sua perfetta conoscenza del latino.

A Lucrezia andarono i mobili della camera da letto, compreso il letto con le cortine verdi, di bellissima fattura, un paio di lenzuola e una coperta. Alla servetta Cristofara Tullia lasciò dieci scudi e un vestito nero, e al buon dottore che l'aveva assistita in quegli ultimi mesi una somma per confezionare un abito. Nelle disposizioni testamentarie erano compresi anche dei lasciti in beneficenza: alcuni, come quello alle monache delle Convertite (il convento delle prostitute pentite), erano dovuti per legge, in quanto a tale istituto doveva obbligatoriamente destinarsi un quinto degli averi di ogni prostituta; ai frati agostiniani, invece, era destinato un lascito di mezzo scudo all'anno perché accendessero una candela davanti alla sua lapide. Infine, il ricavato di tutti i restanti beni che potevano essere venduti doveva essere investito in modo da provvedere una rendita per l'educazione di Celio.

Il 14 marzo, dodici giorni dopo avere dettato le sue ultime volontà, Tullia spirò circondata dalle poche persone che ancora l'amavano: Lucrezia, Cristofara e Matteo, il marito di Lucrezia. Celio non era presente ed è possibile che non fosse neppure informato delle ultime ore della madre, la quale si sarebbe forse vergognata di farsi vedere in quel miserevole stato. A meno che non fosse lo stesso Celio a vergognarsi, ora che aveva conquistato la rispettabilità del borghese.

I beni di Tullia furono venduti, ma si dovettero consegnare ai creditori alcuni dei suoi gioielli. Il ricavato di ciò che restava, compresi alcuni diamanti falsi, fu ben magro. Tra le sue cose vi erano anche un arpicordo, una scatola piena di testi in italiano e in latino (tra cui alcuni libri di musica) e un liuto, lo strumento che Tullia suonava così bene. Il liuto, a quanto ci dicono i documenti d'archivio, era spezzato. Tutte queste cianfrusaglie furono cedute a un rigattiere per la somma di dodici scudi.

Tullia fu sepolta accanto alla madre e alla «sorella» nella splendida chiesa di Sant'Agostino, non lontano da via Prefetti. Poco dopo la sua morte, l'iscrizione con il suo nome e quello delle altre due donne fu cancellata insieme a tutte le scritte riguardanti le cortigiane romane un tempo tanto decantate: ora a memoria di Tullia restava solo ciò che da lei e di lei era stato scritto.

Incline a inchinarsi ai potenti sul trono e pronta a rivoltarsi contro chi, da morto, non poteva scatenare nessuna rappresaglia, Roma si ribellò al papa Carafa nel 1557, non appena si venne a sapere della sua morte. Dopo avere assaltato il Tribunale dell'Inquisizione e bruciato tutti gli incartamenti che vi si trovavano, la popolazione attaccò le prigioni e, aperti i cancelli, liberò 400 condannati a morte per eresia. L'onda dei cittadini inferociti si diresse poi verso Santa Maria sopra Minerva, dove cercò di appiccare il fuoco al monastero e gettò dalle finestre parecchi monaci. Da qui i rivoltosi confluirono a centinaia sul Campidoglio e abbatterono una statua raffigurante Carafa; sulla testa di marmo decapitata, una mano pose il cappello giallo che il pontefice aveva imposto agli ebrei. A quella vista la plebaglia si infiammò ancora di più e, gettata a terra la testa con la tiara, la fece rotolare a calci fin dentro al Tevere.

Ma voltare le spalle al clima instauratosi non era possibile. I giorni in cui la gente salutava con processioni fiorite il ritrovamento delle statue classiche, invece di buttarle nel fiume a calci, appartenevano al Rinascimento, e in Italia il Rinascimento era finito. Sette anni dopo la ribellione romana contro Paolo IV, papa Pio V (al secolo il domenicano Antonio Michele Ghislieri) chiese al duca Cosimo de' Medici di dargli giurisdizione sulla persona di Pietro Carnesecchi. Cosimo, che aspirava al titolo di arciduca, finì per consegnare l'amico al papa in cambio della promessa del granducato. Invitato Carnesecchi a palazzo per pranzo, lo fece incatenare alla sedia e lo consegnò agli uomini dell'Inquisizione romana. Il cardinale Bonelli, nipote di Pio V, nel mese di luglio del 1566 scrisse a Cosimo per dirgli che il papa era assai compiaciuto del fatto che il duca avesse compiuto il suo dovere: « Sua Beatitudine manda per questo all'Eccellenza Vostra la sua Santissima beneditione, et promette serbarne viva et grata memoria; così dice ancora che se molti altri Principi Christiani fossero simili a lei in questa parte, et da lei pigliassero esempio per l'avenire, le cose della religione pigliarebbero forma migliore». In un angolino di quella lettera Cosimo appose una nota molto concisa: « Non serve altro ». Forse se ne vergognava.

Carnesecchi fu rinchiuso in prigione e il processo che seguì fu tanto contro di lui quanto contro Reginald Pole, Vittoria Colonna, Giulia Gonzaga e Gaspare Contarini: punendo lui, i 'falchi' si vendicavano di tutto quanto il gruppo dei riformatori. Giulia Gonzaga morì a Napoli poco dopo quell'arresto: Carnesecchi perdeva così, oltre alla libertà, anche l'amore della sua vita.

Nel novembre del 1566 Carnesecchi fu interrogato a lungo su Vittoria Colonna, le cui lettere e i cui sonetti 'eretici' furono prodotti a titolo di prova. L'accusato rispose con grande compostezza, come se avesse fiducia in coloro che lo accusavano. Quando gli fu richiesto di dichiarare quando e come avesse conosciuto Vittoria, Carnesecchi rispose:

L'ho conosciuta et l'ho osservata come meritava in virtù di quella signora. La prima volta che io la vedesse et le baciasse le mani fu qui in Roma il primo anno di Paolo III [1534] per introduzione, se ben ricordo, del cardinal Palmieri, il quale era molto amico di quella signora. Di poi la rividi a Fiorenza ove era giunta recandosi ai Bagni di Lucca e dove, per mia fortuna, anch'io mi recavo. Così ebbi occasione di pigliare ancor più stretta famigliarità et la continuai per insin all'ultimo della sua vita, havendola in quel mezzo revista più volte et qui a Roma et a Viterbo nel tempo che io ero appresso il cardinal d'Inghilterra, essendosi lei ritirata in quelle terre in un monastero del cui titolo io non mi ricordo, per potere, secondo di me, attendere a servire Dio più quietamente che non fosse a Roma.

Richiesto – in latino – di raccontare di cosa parlasse insieme a lei, Carnesecchi rispose: «Di questioni spirituali, per ore». Quando gli domandarono quale fosse l'orientamento religioso di Vittoria, rispose: «Attribuiva molto alla grazia e alla fede nei suoi ragionamenti. E d'altra parte nella vita e nelle azioni sue dimostrava di tener gran conto delle opere, facendo grandi elemosine ed usando carità universalmente con tutti». Dopo aver descritto l'atteggiamento di non compromissione di Pole a riguardo delle questioni teologiche, Carnesecchi – che a questo punto probabilmente venne torturato, dato che confessò il «peccato» di alcuni tra i suoi più cari amici – aggiunse: «Non posso dire di certa scienza che quella signora deviasse in nessun articolo della fede cattolica, ma ho bene per opinione ch'ella tenesse l'articolo della giustificazione per la fede, se ben non mi ricordo ch'ella si aprisse mai totalmente meco ch'io lo possa testificare altrimenti che per congettura, fondata principalmente nella intrinsichezza che aveva avuto con fra' Bernardino Ochino».

Fu menzionato anche il nome di Giulia Gonzaga, accusata di essere «una persona amicissima a voi, inquisita e diffamata d'eresia». Il papa chiese che fossero acquisiti i documenti e le carte personali di Giulia, e secondo l'ambasciatore veneziano questo fu il suo commento: «Nostra Beatitudine per l'occasione di queste scritture ha detto che se le havesse viste prima che lei fusse morta l'havrebbe abbruciata prima!»

Nel maggio del 1567 Cosimo scrisse a Pio V, implorandolo di compiere un atto di clemenza e di liberare Carnesecchi dopo quel lungo periodo di imprigionamento: era passato ormai un anno da quando aveva consegnato l'amico nelle mani degli inquisitori. Ma proprio nel maggio dello stesso anno Pietro Carnesecchi fu giudicato colpevole di credere in trentaquattro articoli di fede eretici, «heretiche erronee temerarie et scandalose», e in ragione di ciò venne condannato a morte.

Il 1° ottobre, all'alba di una giornata fredda e piovosa, Carnesecchi fu scortato al ponte Sant'Angelo. «Andò elegantemente vestito, con la camicia bianca, con un par di guanti nuovi e una pezzuola bianca in mano» riferì in tono distaccato il fiorentino Serristori al duca Cosimo, come se quella scena fosse uno spettacolo di tutti i giorni (e così probabilmente era, in quegli anni). In un altro resoconto, questa volta diretto al figlio di Cosimo, Francesco Babbi scrisse (1° ottobre

1567): «Questa medesima mattina a fare apunto del giorno quello sfortunato del Carnesecchi in compagnia di quel Frate fu menato in ponte, e lì decapitato l'uno e l'altro».

Sempre il Serristori, nella sua lettera, così proseguiva:

> La esecuzione si fece così per tempo, non per rispetto a lui, ma perché è stato concistore, che i cardinali nel passare il Ponte, non vedessino così atroce spettacolo; ma piovigginando e non abbruciando la legna, tutti i cardinali lo videro, appeso per i piedi, ignudo come nacque. Ancora che fosse così per tempo, mi ci trovai per sentire se diceva qualche parola prima che mettesse giù il collo; lui mostrò desiderio di volere parlare, ma non fu lassato; solo si raccomandò a Dio due volte, che ho sentito nel condursi non mostrò viltà [...] Dopo che fu decapitato, il Maestro de la Iustizia lo spogliò ignudo come nacque, poiché le spoglie e i vestimenti di ragione erano sua, e lo trascinò per li piedi per condurlo al palo dove fu abbruciato.

Un anno dopo, Cosimo fu ricompensato con il titolo di granduca di Toscana. Forse, passando da Castel Sant'Angelo per la cerimonia d'incoronazione, gli capitò di pensare al prezzo pagato per quella vuota onorificenza, peraltro mai riconosciuta dagli Asburgo. Una ricompensa toccò anche a Pio V, che alla sua morte venne proclamato santo: come al solito, il male trionfava sia in cielo che in terra.

Capitolo dieci

Donne in Francia

Il Rinascimento si spostò al Nord, verso la Francia, l'Inghilterra e le Fiandre, dove la strada era già aperta grazie alla libertà e alla facilità delle comunicazioni, nonché al rapido e diffuso assorbimento dei costumi e della cultura italiani. Ma mentre il dibattito sulle nuove idee si allargava, a causa del contemporaneo diffondersi della Riforma, quello che fiorì nell'Europa del Nord fu un altro tipo di Rinascimento. Se in Italia coloro che possedevano una mente speculativa erano mandati al rogo e la difficile situazione economica chiudeva la strada al *patronage* di artisti e intellettuali, in Francia invece un certo grado di libertà e una più florida economia creavano condizioni decisamente più favorevoli.

Nel 1567, mentre Carnesecchi veniva decapitato a Roma, un altro fiorentino, Tommaso Fortini, riparato a Lione per sfuggire alle persecuzioni religiose, si ritrovava unico erede della tenuta di Parcieu, appartenuta a Louise Labé, la grande poetessa che egli non aveva abbandonato negli anni della disgrazia. Lione era il primo centro della Francia che ereditava lo spirito del Rinascimento.

E proprio a Lione, la città dei commerci e delle manifatture della seta, delle tipografie e delle banche, Tommaso Fortini si era arricchito esercitando la professione di avvocato. Con grande stupore e rabbia dei contadini, un avvocato poteva accumulare una fortuna in un luogo dove fioriva il commercio. A questo proposito Braudel cita le parole di un certo Noël du Fail, contadino bretone che nel 1548 si stupisce nel vedere cambiamenti così rapidi nella società. Era sorta una nuova classe intermedia, con la quale il contadino doveva fare i conti, mentre gli scambi in denaro – altra novità in quegli ambienti dove si era sempre fatto ricorso al baratto – stavano rapidamente prendendo piede:

Polli e papere si lasciano appena crescere prima di essere venduti per denaro da dare o all'avvocato o al dottore, persone prima d'ora quasi sconosciute; al primo perché tratta con durezza con il vicino, facendolo mettere in prigione, all'altro per curarsi da una febbre facendosi ordinare un salasso (che grazie a Dio non ho mai provato) o un clistere.

Come si può vedere, anche in Francia le classi subalterne rimpiangevano i vecchi tempi, quelli antecedenti l'ascesa dei mercanti, dei piccoli proprietari terrieri, dei notai e dei dottori: in breve, di quella borghesia che cominciava a costituire l'ossatura della prospera economia di una città come Lione.

I membri di questa classe, in Francia così come in altri paesi del Nord dell'Europa, simpatizzavano per la Riforma e spesso diedero una fattiva adesione al protestantesimo: intorno alla metà del XVI secolo, il 15 per cento della popolazione francese era calvinista, o per meglio dire ugonotta – così detta dall'antica leggenda di re Hugo –, e organizzata in ben 2000 congregazioni.

La Riforma assegnava alle donne una collocazione più realistica di quanto facesse la Chiesa di Roma, nel senso che considerandole utili alla società, le rendeva parte integrante di questa invece di relegarle ai suoi margini. Nel capitolo 31 dei *Proverbi di Salomone* Lutero dava una definizione di tipo materialistico della figura della moglie, intesa come colei in cui il marito ripone la sua completa fiducia; pur non facendo credito alla donna di nessuna dote intellettuale, se non altro la riconosceva in quanto compagna dell'uomo. Per ciò che lo riguardava personalmente, invece, Lutero non voleva sposarsi perché pensava di poter essere assassinato da un momento all'altro: il 15 giugno 1520 papa Leone X lo aveva scomunicato con la bolla *Exsurge Domine et iudica causam tuam*, scomunica reiterata il 23 gennaio del 1521 con la *Decet Romanum Pontificem*. Rassicurato dall'alleanza con Carlo V, Leone pensava che al suo arrivo a Worms (aprile 1521) Lutero sarebbe finito al rogo, ma contrariamente alla sua ipotesi Worms segnò il trionfo del monaco agostiniano e i bandi imperiali rimasero lettera morta.

Scriveva Lutero al papa Leone: «La Chiesa di Roma, un tempo la più santa, è diventata un covo di assassini»; i suoi peccati sono più gravi di quelli dei turchi e «se un tempo Roma era la porta del Paradiso, ora essa è la bocca spalancata dell'Inferno...». Ancora nel novembre del 1524 Lutero affermava che non si sarebbe sposato a nessun costo, ma sei mesi più tardi si unì in matrimonio con Catherine de Bore.

Catherine veniva da una famiglia nobile che, troppo povera per poterle dare una dote, l'aveva rinchiusa in un convento nei pressi di Lipsia fin dall'età di dieci anni. Quando le idee di Lutero penetrarono clandestinamente nel convento, Catherine scoprì che il legame tra una monaca e Dio si fondava sul patto stretto tra loro, e che pertanto i voti presi forzosamente non avevano alcuna validità. Fuggita dal convento insieme ad altre otto monache, chiese l'aiuto di Lutero, il quale accolse le religiose a Wittenberg e si diede da fare per trovar loro un marito. Catherine rifiutò due pretendenti, mettendo in chiaro che avrebbe accettato di sposare solo Lutero. Costui era irritato dalle sue pretese, ma come egli stesso scrisse più tardi, arrivò il giorno in cui «Dio improvvisamente, quando meno ci pensavo», lo mise sulla strada del matrimonio. A quell'epoca Martin Lutero aveva quarantun anni e Catherine venti. La loro fu un'unione felice; vissero nel convento che il principe del Wittenberg aveva dato a Lutero e Catherine divenne l'incarnazione di quella moglie ideale di cui il riformatore predicava: una compagna che si affaccendava a cucinare per i loro numerosi visitatori, abile nel gestire l'economia famigliare (Lutero aveva poco denaro, dal momento che rifiutava di percepire un compenso per i propri scritti). Ebbero sette figli e quando Lutero morì, nel 1546, Catherine rimase senza un soldo. Il principe le fece generosamente dono di una tenuta, che tuttavia la donna non riuscì mai a far rendere, in parte a causa delle guerre, in parte a causa della peste che dilagava allora in quelle contrade. Morì all'età di cinquantatré anni, personificazione perfetta della moglie protestante dell'emergente borghesia urbana.

La figura della moglie protestante aristocratica, invece, obbediva a regole diverse. Una di esse è Margherita di Navarra (1492-1549), sorella maggiore del re Francesco I di Francia, seguace di Lutero e parente di quella Renata di Francia, duchessa di Ferrara, che abbiamo già incontrato tra le corrispondenti di Vittoria Colonna.

Benché non si fosse mai ufficialmente convertita, Margherita aderì alla Riforma e si prestò a intercedere a favore dei gruppi guidati dai vescovi Briçonnet e Lefèvre d'Etaples, oltre a dare protezione agli 'eretici' Marot e a Rabelais. Nel 1509 aveva sposato Carlo di Valois, duca d'Alençon; dopo la morte di costui, avvenuta nel 1525, sposò Enrico d'Albret. Da questa unione nacque Jeanne, la madre ugonotta del futuro re Enrico IV, l'uomo che avrebbe dato unità politica alla Francia. Nonostante ci siano pervenute poche lettere, sappiamo che fu fitta la corrispondenza tra lei e Vittoria Colonna, quasi un alter ego della regina.

Margherita di Navarra era una donna di idee progressiste, illuminata e di grande fascino. «Il matrimonio» disse, «non deve avere come fine il piacere o un interesse particolare. Esso non è uno stato di perfezione, e ci si accontenti di prenderlo con saggezza per ciò che è: un onesto stato di medietà». Scriveva poesie di genere devozionale, e nel suo *Heptameron*, pubblicato per la prima volta nel 1558 con il titolo di *Histoire des amants fortunés* – settanta novelle strutturate alla maniera del *Decameron* – affermò un principio molto importante: la donna era libera di non darsi agli uomini, nell'anima come nel corpo. La donna doveva poter scegliere; non era un oggetto di proprietà del marito piuttosto che dell'amante o di qualsiasi uomo dotato del potere di metterla da parte dopo avere usato il suo corpo. Ed era proprio la possibilità di scegliere di non darsi a un uomo a darle lo *status* di 'persona', di essere umano. Con le sue originali storie, Margherita di Navarra si inseriva nel filone tanto alla moda della contrapposizione tra l'amore onesto e quello profano, con un'importante differenza: per lei l'amore onesto era prerogativa della donna, non dell'uomo.

Un interessante approfondimento di questo tema è contenuto nella decima novella dell'*Heptameron*, che narra di una vedova altolocata (come lo era l'autrice) che si dedica anima e corpo all'educazione dei due figli. Tale è la nobiltà della donna che a farle visita giunge il viceré, al seguito del quale vi è il cavaliere Amadour, non un valente soldato ma uomo intelligente e sensibile. In questa novella l'uomo non si impone alla donna, e anche solo il fatto che Amadour sia un personaggio positivo grazie alle sue qualità intellettuali, e non a quelle militari, costituisce una variante indubbiamente originale.

Nelle novelle di Margherita le donne possono mantenere un atteggiamento di freddezza nei confronti degli uomini perché vivono con distacco la propria sessualità, come probabilmente faceva Margherita stessa, che entrò in conflitto con la Chiesa di Roma principalmente per quel suo farsi paladina di un nuovo *status* femminile. Sviluppò il tema del rispetto reciproco tra uomo e donna, che in quanto frutto della curiosità intellettuale rientra non tanto nella concezione medievale e mistica dell'amore, ma piuttosto in quella dell'amicizia. A un tale rispetto era possibile giungere soltanto se la donna era colta, scriveva Margherita, e alle donne si cominciò a insegnare a leggere, a scrivere e a conoscere la musica. L'*élite* ricorreva ai precettori privati affinché le ragazze imparassero il francese, l'italiano e anche un po' di latino, oltre alla musica e all'aritmetica. La borghesia nascente aveva gli strumenti necessari per istruirsi e per leggere: possedeva infatti la ricchezza e il tempo libero che ne derivava, entrambi fattori di progresso. La donna di città aveva più possibilità di istruirsi di quella di campagna; un medico di Lione insegnò a sua figlia l'ebraico, il greco e il latino prima ancora che essa compisse gli otto anni.

Sappiamo che la Riforma, specialmente nei suoi aspetti luterani ed erasmiani più aperti e democratici, favorì l'educazione delle donne; uno dei capisaldi del protestantesimo era la lettura delle Sacre Scritture, che però non penetrò mai a fondo in quegli strati sociali ancora esclusi dall'alfabetizzazione. Per giunta Lutero, e in una certa misura anche Calvino prima di assumere atteggiamenti dittatoriali, capirono che una donna istruita avrebbe accudito meglio i suoi famigliari: la moglie avrebbe soddisfatto il marito, il quale non avrebbe cercato altre donne, e sarebbe stata meglio preparata a tenere ordine in casa, tanto sul piano morale che su quello economico. Inoltre, grazie ai progressi compiuti dalla scienza medica, cominciarono ad apparire libri specificamente dedicati alle malattie femminili: si iniziò a considerare il parto un fatto di natura 'medica' anziché una punizione divina, e se vi era da scegliere tra la vita del neonato e quella della madre, era quest'ultima a essere privilegiata (stando a Braudel), in base a considerazioni razionali e soprattutto di natura economica. Intorno alla metà del XVI secolo dalle università francesi uscirono le prime donne laureate in medicina.

La Riforma suscitava l'interesse della donna borghese e nobile perché la responsabilizzava e le conferiva spiritualità, oltre ad attribuirle un ruolo non più meramente passivo all'interno del matrimonio. Tutto ciò era dovuto non solo al pensiero religioso, ma anche alla dinamicità del nuovo clima economico che si era instaurato in Francia. Le mogli dei magistrati, dei mercanti e dei funzionari regi, oltre a sovrintendere all'andamento della casa, spesso aiutavano i mariti negli affari o addirittura si mettevano in affari per proprio conto e a proprio nome. Commercianti e artigiani non avevano più il laboratorio in casa, e questa diventava perciò più grande e più confortevole, con stanze adibite alle diverse attività del cucinare, mangiare, dormire. Le donne più ricche avevano i bagni in casa, le altre andavano a quelli pubblici, dove incontravano altre donne: nasceva così un nuovo luogo di ritrovo, sostitutivo della chiesa.

Tra le donne del *menu peuple* (il popolino) erano in molte a lavorare nell'industria tessile e in quella dei pellami, oltre che nel settore dell'approvvigionamento; vi erano poi donne che gestivano locande, donne che facevano scarpe e collari; a Lione, in particolare, le troviamo in tutte le fasi di produzione della seta precedenti alla tessitura. Un mercante di calzature di Lione arricchitosi affermò che il suo denaro proveniva più dall'attività della moglie, commerciante di lino, che dalla sua. Alcune gilde aprirono le porte alla donna, pur non assegnandole quel ruolo preminente che vi svolgevano gli uomini.

A una gerarchia cattolica che disapprovava che le donne conoscessero la Bibbia, l'anonimo autore di *The Way to Arrive at the Knowledge of God* (*Il modo di giungere alla conoscenza di Dio*) ribatteva che se i preti cattolici le chiamavano impudiche, era solo perché queste donne non avevano acconsentito a farsi sedurre: «Dite che a una donna per salvarsi basta stare in casa a lavorare, a cucire e a tessere? Che se ne fanno allora delle promesse fatte da Cristo? Voi farete entrare dei ragni in Paradiso, visto che sanno tessere le ragnatele». Le donne potevano ora accusare i preti cattolici di diffondere un messaggio il cui senso era profondamente distorto: avendo letto le Scritture, conoscevano le parole di Cristo talvolta meglio dei preti stessi.

Nonostante il drenaggio delle risorse finanziarie causato dalle continue guerre nelle quali la Francia si trovò coinvolta a partire dal 1550, si assistette ugualmente a un aumento delle ricchezze e dell'alfabetizzazione. I vetri alle finestre avevano ormai raggiunto un tale grado di diffusione che in un viaggio attraverso la Francia Montaigne notò quanto poche fossero, in ognuno dei villaggi visitati, le case che ne erano ancora sprovviste. Il modo di riscaldare le abitazioni era ancora molto primitivo, anche se i camini di recente introduzione perlomeno eliminavano il fumo dall'ambiente domestico: a una dama era rimasto impresso nella memoria un pranzo in cui l'acqua e il vino nella sua coppa erano diventati ghiaccio. Fino alla metà del XVI secolo vi era abbondanza di cibi, in Francia così come nel resto d'Europa. Un contadino bretone racconta del basso prezzo al quale era possibile acquistare prosciutti, agnello e polli, e del prezzo ancora più basso degli ortaggi; nel 1560 Chanon Lithem ripensava ai bei tempi antichi, quando «mangiavamo carne tutti i giorni, le porzioni erano abbondanti e si mandava giù il vino come se fosse acqua».

Situata alla confluenza tra la Saona e il Rodano, la città di Lione era un grande centro commerciale; godeva inoltre di una posizione particolarmente privilegiata per il fatto di trovarsi alle porte dell'Italia, della Savoia e della Svizzera. Meta di frequenti visite da parte dei Valois, nel 1522 contava circa 60.000 abitanti, il cui incremento era largamente dovuto a movimenti migratori. «Io non conobbi mai sito di città più bello, né più nobile, né più utile, né più libero di questo di Lione contenendo dentro a un circuito di mura una città sì grande» scrive Gabriele Symeoni fiorentino nel suo *Dialogo pio e speculativo* (Lione, 1560).

Nata a Lione nel 1522, Louise Labé era figlia di un artigiano cordaio appartenente al *menu peuple*. Vera figlia del Rinascimento francese, Louise possedeva un talento eccezionale, mentre suo padre, quando decise di darle un'educazione completa, si limitò a percorrere una strada già battuta da altri: Labé stava facendo il salto di classe. Entrando a far parte della borghesia imitava quanti favorivano lo sviluppo intellettuale delle figlie provvedendo loro un bagaglio culturale superiore.

Louise Labé fu una delle più singolari e originali poetesse del suo tempo, se non addirittura di tutti i tempi. Le sue opere erano note all'estero anche anteriormente al 1555, anno in cui furono pubblicate per la prima volta. Ma più interessante ancora del suo stile appassionato e originale è il fatto che Louise Labé fosse ampiamente conosciuta in quanto poetessa e che sulla sua personalità molti contemporanei – financo lo stesso Calvino – sentirono il bisogno di esprimere un giudizio. Louise usava il sapere come trampolino di lancio per l'amore, dato che si innamorava appassionatamente e spesso, senza nasconderlo anzi, lavorando nelle sue poesie proprio sul dolore e sulle gioie fisiche dell'amore come ben pochi uomini avevano il coraggio di fare. Cresciuta leggendo i classici, da Platone al Petrarca, ed educata da uno dei migliori precettori di Lione, Louise non è debitrice nei confronti di nessun altro autore. In verità, anzi, la sua poesia apertamente sensuale va controcorrente rispetto alle tendenze del tempo. Come tanti contemporanei – Tullia compresa – anch'essa scrisse un 'dibattito sull'amore', avendo però l'originalità di far muovere sulla scena l'Amore e la Follia come personaggi principali. La sua prosa è qui disseminata di sentenze audaci per una donna dell'epoca: le donne devono «superare o eguagliare gli uomini nella scienza e negli altri campi» e «sollevare un poco le loro menti sopra la conocchia e il fuso [...] per applicarsi alla scienza e allo studio [...] e far sapere al mondo che, se non siamo fatte per comandare, non dobbiamo per questo essere disdegnate come compagne, negli affari privati e pubblici di coloro che governano e sono obbediti». Le donne «non possono liberarsi degli uomini tanto facilmente come gli uomini delle donne, non avendo la possibilità di lasciarli e iniziare un'altra relazione, di rincorrere l'amore con un altro amore». E una volta abbandonate dai loro amanti, le donne «maledicono tutti gli uomini per sempre. Chiamano pazze quelle che amano, maledicono il giorno in cui hanno amato per la prima volta. Protestano che non ameranno mai più, ma questo non dura. Se possiedono qualche oggetto che ricorda loro l'innamorato, lo baciano una, due volte, poi lo coprono di lacrime e se ne fanno un cuscino, e si compiacciono di lamentare il proprio miserevole stato».

Prima di sposarsi Louise ebbe degli amanti, e ancora di più ne ebbe dopo essersi unita in matrimonio con un uomo anch'egli cordaio di mestiere. Provocò numerosi scandali, soprattutto via via che a Lione cresceva il peso degli ugonotti, i protestanti calvinisti che, pur capeggiati dai nobili, contavano un seguito soprattutto tra le file della borghesia urbana. La matrigna di Louise non approvava la libertà eccessiva della figliastra, né l'approvava il padre, tanto che alla fine la diseredò. Ma per un certo tempo almeno, attorno a Louise si strinsero numerosi amici fidati, tra i quali si contavano molte ragazze istruite, perlopiù di estrazione borghese o di una condizione sociale di poco superiore a quella di Louise stessa.

Il padre di Louise, Pierre Charly – o anche Charlieu o Charliu – detto Labé, aveva accumulato notevoli ricchezze e qualche carica onorifica (come quella di 'collettore di carità per l'ospedale') al tempo in cui rimase vedovo di Guillermette. Viveva in un quartiere nel centro di Lione insieme ai tre figli avuti da quel matrimonio quando si risposò Etienne Deschamps, un'altra borghese, che gli diede Louise e probabilmente morì di parto. A Louise rimase la piccola proprietà di Parcieu en Dombes, nei pressi di Lione, che la madre aveva portato in dote: avere un posto alle porte di una città popolosa era importante non solo come mezzo per elevarsi socialmente ma anche come rifugio dalle guerre e dalle epidemie, che mietevano meno vittime tra i ricchi proprio perché costoro potevano abbandonare gli agglomerati urbani colpiti dal contagio.

Ma Pierre, ben presto risposatosi – questa volta con Antoinette Tallard, la figlia giovanissima e spiantata di un macellaio –, possedeva un'altra proprietà in campagna, in una certa località 'della Gella', dalle parti della parrocchia di Saint Vincent de Lyons. Ricco ma di modesti natali, Pierre Labé aveva letto il libro che allora furoreggiava, il *Pantagruel* di François Rabelais, con tutta la sua valenza pedagogica d'ispirazione rinascimentale, e decise così che quella sua brillante figliola doveva essere educata *à la mode d'Ytalie*.

Ancora bambina, Louise assistette alle scene di violenza che irrompevano nelle strade ogni volta che a Lione scoppiava una sommossa contro le nuove tasse o gli 'eretici' bruciavano sul rogo. In seguito dovette subire la silenziosa ostilità della matrigna: se non poteva non sentirsi superiore all'analfabeta Antoinette, Louise era una rivale soprattutto per Jeanne, l'unica figlia di Antoinette e Pierre Labé, anche perché la futura poetessa si faceva ogni giorno più bella, con un viso dall'ovale perfetto, capelli biondi e ricci, languidi occhi castani e labbra capricciosamente piegate all'insù. I suoi fratellastri le volevano bene, e a quella ragazza piena di vitalità e con la passione di cavalcare avevano insegnato gli sport maschili. In questo modo Louise sviluppò uno spirito di indipendenza e una passione per le armi simili a quelli delle eroine dell'Ariosto, un autore che conosceva bene. Ai lavori di cucito, al *petit point*, preferiva le uscite a cavallo, e oltre a cantare e danzare, suonava il liuto. A Lione, tra le mani di Louise, il liuto trovava nuova vita.

Secondo la tradizione, all'età di sedici anni si innamorò del Delfino di Francia, e non si fa fatica a crederlo: vedere il primo tra i principi vestito di bianco e d'argento, e a volte avere l'onore di sedersi al suo fianco, era una cosa che la mandava in estasi. A quel tempo i membri della famiglia reale erano più vicini alla gente comune, come ci dimostrano anche i diari di Benvenuto Cellini. Essendo molto graziosa e bene educata, Louise era ricevuta a corte quando i Valois arrivavano a Lione in visita. La giovane, ma non gli altri membri della sua famiglia, era invitata insieme ad altre ragazze – né mariti né padri erano ammessi – agli interminabili ricevimenti e pranzi di gala offerti dalla nobiltà. Si faceva della musica, si ballava, e le doti di Louise erano grandemente apprezzate. È quindi del tutto plausibile che il Delfino fosse incuriosito e attratto da quella ragazza che sapeva danzare ed esprimersi con tanta grazia. Le leggende non sono mai completamente prive di sostanza, e sebbene i biografi di Louise lo neghino, è possibile che abbia trascorso una notte o due con l'erede al trono di Francia, alle chiome dorate del quale dedicò più di un verso.

Il primo amore la fece soffrire: aveva sedici anni, e come spesso succede agli amori adolescenziali, questo finì per assumere proporzioni gigantesche nella memoria. Non si sa se il suo primo innamorato fosse il Delfino o un nobile di corte, ma di certo si trattava di un membro dell'aristocrazia. In seguito Louise rievocò il tempo in cui il suo amante l'aveva 'presa' per la prima volta: l'amore era il suo elemento naturale, e se il periodo della felicità era stato breve, il ricordo invece durò per anni. Se c'era una cosa che la faceva infuriare, era il tempo sprecato lontana dall'oggetto del suo amore: la rabbia di essere sola a disperarsi anziché con lui a fare l'amore è la rabbia di tutte le donne che il destino costringe all'attesa. Ciononostante, nella sua terza elegia, Louise scrive che prima di scoprire l'amore per essere felice le bastava giocare con Marte, il dio della guerra, e dedicarsi allo studio:

> Ma a che pro? Amor non poté a lungo vedere
> il mio cuor che solo amava Marte ed il sapere:
> e volendo darmi altro affanno ancora
> ei sorridendo così diceva allora:
> tu pensi dunque, madonna lionese,
> la mia fiamma rifuggir con tal pretese?

Nella prima elegia, invece, dava sfogo alla sua passione violenta, esprimendo un piacere quasi masochistico nel ricordarla:

> Quando Amor vincitore d'umani e dèi
> con la sua fiamma m'infocava il cuore
> cingendo d'abbraccio in sue malvage ire
> il sangue e l'ossa, e lo spirto e l'ardire:
> ancor io non avea certa possanza
> di lamentar mia pena e mia doglianza.
> Ancor Febo, dei verdi lauri amico
> ch'io le scolpissi in versi era inimico.

Alla morte del re, avvenuta nel 1536, salì al trono Enrico II, il Delfino di Francia sposato con Caterina de' Medici. Qualche anno dopo, probabilmente intorno al 1539, Louise si innamorò di un altro membro della corte, un uomo che ben presto lasciò Lione e si dimenticò di lei. Gli strali di Cupido dovevano diventare per Louise una fonte perenne di lacrime e poesia erotica.

Il tempo attutisce il dolore e distrugge i monumenti, ma dopo molti anni Louise ricordava ancora il suo amante: «...[l'amore] sembra crescere in me con il passar del tempo, e tormentarmi sempre più». Il vecchio precettore di Louise fu sostituito da Maurice Scève, amico e seguace del poeta Clément Marot. Provvisto di un gran naso e di occhi sporgenti, Scève apparteneva alla nobiltà minore e le sue simpatie andavano – come nel caso di Marot – alla Riforma e agli ugonotti. Con Louise leggeva Virgilio in latino, le opere di Castiglione e quelle del Sannazzaro, il poeta che abbiamo trovato a Napoli in compagnia di Vittoria Colonna. Louise leggeva anche Jean de la Fontaine, il grande scrittore e adattatore delle favole di Esopo che, avendo sposato una donna di Lione, viveva nella sua stessa città.

Nel 1537 Marot ebbe il permesso di rimettere piede in Francia. Come sappiamo, aveva trovato rifugio dalle persecuzioni presso la duchessa Renata di Ferrara; da qui, approfittando dell'offerta del perdono reale ai protestanti che rinnegavano la fede, era tornato a Lione e aveva fatto abiura sulla pubblica piazza. Fu appunto a Lione che avvenne il suo primo incontro con Louise. Marot era stato il primo a introdurre il sonetto in Francia; dopo avere tradotto i Salmi in francese era diventato il poeta della Riforma, nel cui seno sarebbe tornato ben presto. Il secondo incontro con Louise avvenne durante uno dei suoi successivi soggiorni a Lione, databili rispettivamente al 1538 e al 1541. Non è dato di sapere con precisione quando si innamorò di lei, ma in una deliziosa poesia tradisce una grande ammirazione per le sue qualità:

> Louise ha tanto di ciò che in tutte s'ammira,
> che non posso non lodare Louise,
> e pur così non lodo abbastanza Louise.
> [...]
> Lasciatemi e lodatemi Louise,
> il duplice fuoco che accende la mia Musa
> è dei miei versi la meta precisa.

Durante la sua prima visita a Lione, Marot scrisse una poesia in onore di tutte le *poètesses lyonnaises*, il che dimostra che Louise non era un caso isolato di donna riconosciuta come valida poetessa. Fu grazie a Marot e Scève che Louise entrò in rapporto con le persone che le erano più congeniali, come Rabelais, Fontaine ed Etienne Dolet, un umanista di tendenze protestanti che nel 1536, con il benestare del re, aveva aperto una tipografia a Lione.

217

Le problematiche della Riforma non parevano turbare i sonni di Louise, che aderiva piuttosto alla filosofia del primo Rinascimento: vivi la tua vita fino in fondo, poiché la giovinezza e la bellezza hanno la fuggevole durata di una stagione. Si innamorava e si dava agli innamorati; accettava di buon grado i doni. Amava i bei vestiti e i gioielli, che tuttavia portava solo in privato perché le leggi suntuarie (che in Francia rispecchiavano il risentimento dell'aristocrazia) vietavano alle borghesi di abbigliarsi come le nobildonne; in bella mostra in pubblico erano, se mai, la sua raffinata educazione e la sua cultura. Louise derideva apertamente «il tipo del gentiluomo erudito che vive la sua saggezza in solitudine, [...] al quale non mancherà il tempo di piantare i cavolfiori» invece delle rose, dei gigli e del timo, e ammoniva le donne a non sacrificare la bellezza «alla scienza e tantomeno alla virtù»: meglio avere una minuziosa cura del proprio corpo per compiacere «la curiosità amorosa degli uomini». Capiva perfettamente che il culto dell'intelletto aveva ridefinito anche la posizione delle donne, e sosteneva che «l'onore che ci verrà dalla conoscenza sarà interamente nostro, e non ce lo lasceremo portare via [...] dal trascorrere del tempo».

Un poeta romano si innamorò di lei che, oltre a non ricambiarlo, lo prendeva in giro per i suoi calzoni tanto attillati da metter in mostra «i movimenti del suo corpo così ben disposto». Insieme alle amiche Jeanne Gaillarde, Catherine de Vauzelles, Claudine e Sybille Scève, sorelle di Maurice, e Pernette du Guillet, che componeva versi nello stile del Petrarca, se la rideva prendendo in giro il *poète rommain*.

Nel 1542, quando le truppe francesi cinsero d'assedio Perpignan, Pierre Labé, fornitore di corde dell'esercito, portò sua figlia con sé. L'assedio durò tre mesi ma Perpignan, difesa dal duca d'Alba, resisteva a oltranza. Emulando le famose 'virago' italiane che tanto ammirava, vestita da uomo e maneggiando armi e cavalli con la stessa perizia dei migliori soldati, Louise partecipò all'assedio meritandosi l'appellativo di 'Capitaine Loys'.

La vista di quella donna soldato ispirò un'ode dal titolo *Des louenges de Dame Louïze Labé, Lionnoize*:

Così Luisa furiosa
lasciando gli abiti molli
delle donne e invidiosa
di bellici suoni, contro gli spagnoli
si scagliò con gran rumore
e a lungo li assediò
quando la gioventù francese
Perpignano circondò.
Là mostra sua prestanza
là vince con sua lancia
il più valente dei nemici:
e coraggiosa in sella
di sé nulla rivela
se non un valente cavalier.

In Francia era un fatto insolito ma niente affatto nuovo che una giovane entrasse nell'esercito del re per combattere da soldato, come una moderna Giovanna d'Arco o una Caterina Sforza, e non furono poche le donne che indossarono l'armatura. Qualche anno più tardi, a Tolosa, una donna ugonotta impugnò le armi contro l'esercito cattolico, e Jeanne d'Albret si pose alla testa delle truppe del regno di Navarra nelle sue appassionate crociate contro i 'papisti'.

Al suo ritorno dalla guerra Louise trovò le malelingue di Lione in gran fermento. Il suo comportamento irritava le signore degli ambienti puritani e certamente non le conquistava le simpatie della matrigna Antoinette. Pur concedendo una certa libertà in alcune sfere dell'esistenza, da religione della borghesia quale era il protestantesimo si mostrava intollerante verso chiunque si distaccasse dalla norma, anche se ciò avveniva in ragione di un particolare talento. Gli ugonotti guardavano Louise con disapprovazione. Pierre Labé, ormai invecchiato, era deciso a fare accasare quella sua vivace figlia che, all'età di vent'anni, poteva già essere considerata una zitella. A causa della notorietà di Louise, però, non poteva più scegliere il partito che avrebbe desiderato per la ragazza a cui aveva dato un'educazione così raffinata e dispendiosa. Più vecchio di Louise di vent'anni almeno, Ennemond Perrin, ricco cordaio come lo stesso Pierre Labé, era proprietario di una bella casa in rue de Confort, con un giardino sul retro confinante con quello della chiesa di Notre-Dame de Confort. La data del loro matrimonio è sconosciuta, ma si colloca agli inizi del 1543. La sposa, che aveva portato in dote una consistente somma di denaro, si trasferì nella nuova abitazione su due piani, con due finestre per piano e il laboratorio di Ennemond al pianterreno. Da quel giorno in poi Louise fu chiamata *'la belle cordière'*.

Trasformò la casa arredandola con un gusto sconosciuto a quel marito semplice e laborioso. Comprò broccati e arazzi e mise ovunque pannelli di cuoio. Secondo l'uso del tempo, fece cospargere i pavimenti di erbe odorose e riempì le credenze – rivelatrici del grado di benessere della famiglia – di una quantità di oggetti di peltro. Trasformò anche il giardino, sistemandolo alla maniera italiana, e vi fece costruire un piccolo ambiente separato, una sorta di salottino nel quale avrebbe ricevuto gli amici, gli scrittori, i poeti e i visitatori. Oltre ai nomi già citati, nella sua cerchia troviamo Antoine du Moulin e Jean de Tournes, il raffinato tipografo di Lione, e poi anche Clémence de Bourges, Luigi Alamanni, Guillaume Paradin. Tra i visitatori di passaggio a Lione, chiunque si fosse guadagnato una certa notorietà in campo letterario trovava accoglienza in casa di Louise. Si comprò dei bellissimi vestiti per sfoggiarli alle sue *soirées*: tra questi, uno di damasco giallo con abbinati un berretto su cui erano cucite delle perle e una sopravveste blu con preziosi ricami in filo d'oro e maniche bordate di ermellino. In quelle serate Louise suonava la viola, oppure la spinetta o il liuto, e cantava, esattamente come avevano fatto anche Tullia e Imperia. Clément Marot elogiò le sue doti in campo musicale con le seguenti parole:

> Louise ha una voce che eleva più in alto la musica,
> Louise ha una mano che soavemente suona il liuto.

Ma a differenza di Tullia e Imperia, Louise non era una cortigiana, nonostante i suoi detrattori (compreso Calvino, che da Ginevra l'aveva bollata come *'plebeia meretrix'*) sostenessero il contrario. Perché mai avrebbe dovuto esserlo? Il denaro non le mancava, sia prima sia dopo il matrimonio; poteva avere accettato dei doni, ma certamente non andava a letto con gli uomini né per soldi né in cambio di regali. Se è vero che ebbe una relazione con Clément Marot, che era molto più vecchio di lei (e non certo bello, con la sua faccia da brigante), può averlo fatto per il piacere della compagnia di quel famoso poeta. È evidente che in un clima sempre più pervaso dal calvinismo, chi voleva condannare i suoi *mores* avrebbe finito per etichettarla come una *putaine*, una cortigiana, mentre in realtà Louise era una donna che viveva con straordinaria intensità le sue passioni. E poi l'anziano consorte era divertito da quella ragazza che gli rendeva più bella la casa e l'esistenza, ma non avrebbe mai tollerato una moglie che vendesse il proprio corpo. In quanto a 'darlo', quella era tutt'altra storia: l'infedeltà non era rara tra le donne sposate, e il fatto che Louise non potesse avere figli, per motivi a noi sconosciuti, deve essere stato sufficiente a rassicurare Ennemond che nessun bastardo avrebbe ereditato i suoi averi o il suo nome.

Come Elisabetta Tudor, anche Louise sapeva di essere sterile, e questa consapevolezza poteva derivarle o dall'assenza del flusso mestruale (anche se ciò non è di per sé sufficiente a escludere la possibilità di una gravidanza) o forse da qualche lesione fisica provocata da metodi anticoncezionali primitivi e dannosi utilizzati nella prima giovinezza: per esempio l'inserimento di un anello o di una spirale per prevenire il concepimento, una pratica a cui le donne ricorrevano e che era sovente causa di infezioni.

Pernette de Guillet, l'amica con la quale Louise aveva condiviso tante risate e la passione per la poesia, morì il 17 luglio del 1545 lasciando delle composizioni in versi che furono pubblicate postume.

Nel 1542 un'altra lionese, Jeanne Flore, aveva pubblicato un'opera in versi intitolata *Contes*. Tutte pubblicavano, Louise doveva spicciarsi! Antoine du Moulin, che era stato valletto di Margherita di Navarra, la esortò a pubblicare quei lavori che egli aveva ascoltato durante le serate a casa di Louise. Talvolta a questi incontri presenziava anche il marito: pur non trovandosi a suo agio con gli amici della moglie, Ennemond andava fiero di lei e dei suoi molteplici talenti; era anche orgoglioso del fatto che personaggi famosi, e in qualche occasione persino aristocratici, frequentassero la sua casa. Non era così, invece, per il padre di Louise, che dietro pressione della moglie Antoinette nel 1548 cambiò il suo testamento, diseredando la figlia.

Alla fine del XV secolo a Lione si contavano quaranta tipografie. Qui erano di casa poeti come Maurice Scève, il quale asseriva di avere scoperto ad Avignone la tomba di Laura, la donna cantata da Petrarca. Fortemente influenzato dal pensiero di Clément Marot, Scève aveva introdotto la 'mania' letteraria per il Petrarca. Lione, la 'Firenze della Francia', era un luogo dove l'attività intellettuale fioriva, una sorta di prosecuzione del Rinascimento italiano. Quando nel 1548 il nuovo re di Francia vi fece visita, ad accompagnarlo vi era non solo la moglie, ma anche la sua celebre amante, Diana di Poitiers (1499-1566), che in qualità di duchessa di Valentinois possedeva vaste tenute in quella regione.

Tra i nobili al seguito del re vi era anche il cardinale di Guisa, la cui sorella Maria aveva sposato il re di Scozia e il cui potente casato era di salda fede cattolica. Ogni anno Lione era sede di importanti fiere agricole, e parecchie banche italiane vi avevano impiantato una filiale. Come si diceva, la sua prosperità derivava dall'industria della seta, e le sue tipografie (la prima delle quali aveva iniziato a funzionare nel 1548) stampavano a ritmo continuo, al contrario di quelle italiane che avevano sempre meno lavoro. Mentre i poeti lionesi erano intenti a scrivere, infatti, i loro colleghi d'oltralpe venivano messi all'Indice; a Lione i libri erano comprati e letti, in Italia bruciati.

Le celebrazioni in onore della visita del re furono superbe: a sovraintenderle era stato designato Maurice Scève, che a sua volta si era rivolto per aiuto ad alcuni amici. Accompagnato da Diana, il re sarebbe arrivato il giorno prima della moglie, la regina Caterina de' Medici, che avrebbe fatto il suo ingresso dalla parte opposta della città. Louise Labé era entusiasta della parte che le era toccata nello svolgimento delle cerimonie. In onore di Diana, una donna la cui bellezza, gusto e fama non potevano non suscitare un'ammirazione entusiasta, Louise Labé ridisegnò il suo giardino decorandolo con il giglio di Francia intrecciato alla luna crescente, simbolo della dea Diana-Artemide. Tutti avrebbero ammirato il suo giardino, forse anche Diana.

Diana di Poitiers, che doveva la sua gloria soprattutto ai gusti raffinati e alla grazia squisita della sua conversazione, era diventata il simbolo della supremazia dell'intelletto. Questa donna che in realtà non era una bellezza, all'età di sedici anni era andata sposa a Louis de Brézé, che ne aveva cinquantasei e che grazie all'intelligenza della moglie ebbe una brillante carriera a cui pose termine solo la morte, avvenuta nel 1531. Da allora Diana, che era alta ed esile, si vestì solo di bianco e di nero a simbolo di lutto perenne. Nel 1526, a ventisette anni, incontrò per la prima volta il principe Enrico, che aveva allora sette anni e si trovava a Bayonne in attesa di essere tradotto alla corte di Carlo V in cambio della liberazione del padre, Francesco I di Valois, catturato durante la battaglia di Pavia dal marito di Vittoria Colonna. Alcuni anni più tardi Francesco, che aveva un'altissima opinione di quella vedova dalla conversazione e dai gusti raffinatissimi, le affidò il delicato incarico di 'iniziare' all'amore fisico Enrico, un giovane taciturno, timido e cupo.

E così Diana si occupò dell'iniziazione sessuale del futuro re, e non soltanto di quello. Lo educò anche alla consapevolezza del proprio potere, e instillò in lui quel senso di dignità e quella forza che il giovane principe – di vent'anni più giovane di lei – non aveva mai conosciuto prima. Diana sarebbe rimasta per sempre il suo grande amore, ed Enrico quello di Diana. Fatto strano, ma in un certo senso tipico del tempo, la duchessa divenne la confidente sia del suo amante che di Caterina de' Medici, la moglie che Enrico non amò mai e che veniva chiamata con disprezzo 'la banchiera italiana', nonostante la madre fosse francese e di stirpe reale. Gelosa di Diana, chiusa in un universo mentale sempre più fittamente popolato di ossessioni alimentate da maghi, veleni e talismani, la regina spiava il re e la sua amante durante le notti che essi passavano insieme. Di contro a una Caterina oscurantista, Diana – vera e propria incarnazione del Rinascimento – assurse a simbolo del pensiero illuminato. Spesso la regina le diceva in faccia che la Francia era stata rovinata dalle *femmes putaines*, con ciò intendendo proprio lei, Diana di Poitiers.

Durante la visita della coppia reale a Lione, Louise e la sua amica Clémence de Bourges dovevano prendere parte a uno spettacolo, una specie di *tableau vivant* nel quale Louise avrebbe impersonato l'Immortalità e Clémence la Virtù. Rimasero in posa per ore, vestite di bianco come due divinità pagane, guardando la lunga e splendida

processione del seguito reale, finché alla fine, preceduto da sei gentiluomini vestiti di raso bianco e altri sei vestiti di raso nero, apparve il
re, sfolgorante nel suo manto d'oro. Fu una fortuna che la regina non
fosse presente, perché in uno dei *tableaux vivants* si poteva osservare
una giovinetta lionese vestita come la dea Diana, nell'atto di cacciare
un cervo addomesticato: un chiaro omaggio a Diana di Poitiers. Louise e Clémence recitarono poi una poesia scritta per l'occasione da
Maurice Scève, dove Immortalità e Virtù promettevano di essere
sempre al fianco del re: una promessa che non fu mantenuta.

Il giorno dopo, quando doveva arrivare la regina Caterina, la folla
rimase in attesa della replica della cerimonia. Ma la regina, offesa,
preferì entrare in città al crepuscolo, rendendo così impossibile lo
spettacolo dei *tableaux vivants* e la vista delle decorazioni approntate.
Il suo non era il modo più adatto per guadagnarsi le simpatie di una
città già completamente conquistata dalla regale amante. Durante i
dieci giorni di celebrazioni, nel corso dei quali tutta la cittadinanza
di Lione fu coinvolta negli intrattenimenti, Louise si divertì un mondo, anche perché ebbe modo di conoscere gentiluomini di corte e intellettuali parigini. Parecchi cortigiani al seguito del re si erano infatti
recati in visita al famoso salotto della *belle cordière*, ormai divenuta
una celebrità.

Uno di questi era Antoine du Verdier, signore di Vauprivas, che nel
suo resoconto di quelle giornate descrive il modo in cui Louise riceveva la nobiltà: a volte stando distesa nel suo letto, essa intratteneva
gli ospiti suonando e cantando oppure leggendo poesie in latino, in
italiano o in spagnolo; nel frattempo offriva cibi prelibati, e chiedeva
denaro quando «alla fine rivelava il lato più intimo del suo fascino».
Qui Louise ci è dipinta come una cortigiana che però, ci informa du
Verdier, non a tutti concedeva il proprio corpo. Può darsi che du Verdier abbia voluto così vendicarsi di una donna che gli aveva negato
quei favori accordati invece ad altri uomini di corte, poiché è certo
che Louise, approfittando della presenza di quei nobili, andò a letto
con qualcuno di loro. Una delle sue più grandi aspirazioni era di vivere la loro stessa vita, quella vita che in tutti i modi si sforzava di
emulare. Inoltre le piaceva fare l'amore, anche se «la lubricità e l'ar-

dore dei lombi non hanno niente in comune e ben poco a che fare con l'amore».

Una donna come Louise era destinata a diventare il bersaglio delle malelingue, in forza di un meccanismo che non è tipico solo del Rinascimento. Il fervore religioso del protestantesimo si dispiegava in un'Europa agitata da sommovimenti che avevano al fondo motivazioni economiche. Nel 1546 la Scozia si ribellò contro la Chiesa di Roma, mentre Ginevra conquistava forti appoggi a livello internazionale; la nobiltà minore, insieme alla ben più salda borghesia, era attratta da un calvinismo le cui tendenze rivoluzionarie spaventavano invece i Valois, al punto che nel 1581 fu promulgato in Francia un editto contro i protestanti, vero preludio alle guerre di religione. Tremava Lione, con la sua borghesia in prevalenza ugonotta, e tremavano anche gli esuli italiani come Tommaso Fortini, che essendo fuggito da un'Italia sotto la dominazione spagnola sapeva cos'erano le persecuzioni religiose.

Louise, che aveva conosciuto Fortini, all'avvocato fiorentino chiedeva lumi su certe minuzie del linguaggio legale e su talune procedure che voleva inserire nella scherzosa *Disputa di Follia e Amore*. In quest'opera (probabilmente completata nel 1552) Louise narra di una festa data da Giove in onore di tutti gli altri dèi. Cupido, che è cieco, e Follia, che è pazza, arrivano ai cancelli del palazzo di Giove nello stesso momento; i due sono in ritardo e i cancelli sono chiusi. Quando Follia si fa avanti per prima, le due divinità cominciano a litigare: Follia dovrebbe precedere Amore, essa dice, come ha sempre fatto. Per risolvere la disputa, che ha ormai assunto dimensioni sproporzionate, Giove convoca il consiglio degli dèi, e dopo essersi autoproclamato giudice nomina i due avvocati che esporranno le ragioni dei litiganti. Mercurio prenderà le parti di Follia, Apollo quelle di Cupido.

Il dibattito, successivamente tradotto in inglese e contrabbandato da Robert Greene come farina del suo sacco, destò enorme interesse per il punto di vista che in esso trova espressione. Apollo, il difensore di Cupido, dice:

Mi dovete ascoltare attentamente. L'offesa che io sostengo essere stata inflitta a Cupido è la seguente: giunse tardi alla festa, e proprio mentre si apprestava a varcare la soglia, Follia gli si parò da-

225

vanti e con una manata sulle spalle lo spinse indietro, in modo da entrare lei per prima. Quando Cupido la interrogò, desiderando di sapere chi fosse, costei rispose offensivamente, con maniere che non si addicono a una donna ammodo. [...] Egli voleva soggiogarla al potere dell'amore; essa scansò il colpo, e fingendo di non essere offesa per quello che Cupido aveva detto, incominciò a discutere con lui e poi d'improvviso con una botta sola lo accecò [...] La ferita è visibile, il danno manifesto; su chi ne sia l'autore non serve indagare. Eppure proprio colei che ha inferto il colpo lo ammette, lo giustifica, e ovunque ne racconta la storia...

È questo dunque quel che Follia ha fatto all'Amore: lo ha reso cieco! Alla fine del dibattito, Giove conclude:

Tenendo conto della difficoltà e dell'importanza delle vostre divergenze e diversità d'opinione, rinviamo il tutto per tre volte, separate l'una dall'altra da sette volte nove secoli a partire da oggi. Nel frattempo vi ordiniamo di vivere in armonia, senza farvi reciprocamente del male. La pazza Follia guiderà l'Amore cieco e lo condurrà ovunque le sembrerà giusto andare. E per quanto riguarda il recupero della vista, una decisione sarà presa dopo che ne avremo discusso con il Fato.

Il 13 agosto 1554 a Louise fu ufficialmente concesso il privilegio di dare alle stampe i suoi lavori, che consistevano del *Debat*, di tre elegie e di ventiquattro sonetti.

Poco prima della Pasqua di quello stesso anno giunse a Lione Olivier de Magny, poeta già noto per una sua promettente raccolta di versi pubblicata con il titolo di *Amours*. Il ventitreenne Olivier era stato assunto da Jean d'Avanson, che godeva della protezione di Diana di Poitiers ed era stato da poco nominato ambasciatore di Francia presso la Santa Sede. In viaggio per Roma, l'ambasciatore e il suo seguito si erano fermati a Lione, dove rimasero in attesa di istruzioni dal re. Naturalmente Olivier fu ricevuto nel famosissimo salotto della *belle cordière*.

Malgrado il successo in campo letterario, Louise stava attraversando un periodo di crisi; una sua cugina era sotto processo, accusata di aver tentato di avvelenare il marito, un medico ugonotto che aveva trovato rifugio a Ginevra. Se i calvinisti ginevrini non potevano lasciarsi sfuggire l'occasione di creare un caso che rendesse pubblica la depravazione delle donne cattoliche come Louise e la cugina, sul fronte cattolico l'intolleranza era ancora più feroce: dopo avere esaminato il caso di Etienne Dolet, umanista e stampatore, i giudici della Sorbona di Parigi lo condannarono a morire sul rogo (1546).

Ma intanto, a Lione, Louise non riusciva a pensare ad altro che all'amore. Benché più vecchia di lui, il focoso Olivier vide in Louise una preda da non lasciarsi sfuggire. A idillio incominciato, Louise resisteva ancora, e Olivier commentò amaramente:

> Ma a che servono tutte le carezze
> ch'io ricevetti dalla mia amata?
> E a che serve passar giorni e ore
> in queste mie speranze d'amore
> se le notti di mille sofferenze piene
> rendono le mie speranze vane?

Per parte sua, nella *Disputa* Louise descrisse il proprio stato d'animo come una tipica malattia delle donne che «... come sanno di essere amate [...] dichiarano la loro debolezza, confessando il fuoco che brucia dentro: talvolta le frena la vergogna, e non si lasciano andare se non quando sono abbandonate e consumate a metà [...] Più resistono all'Amore e più ne sono prese». Tutte le attività di una donna, prosegue Louise, sembrano subire una battuta d'arresto ogni volta che si tratta di vedere 'lui'. «Le donne prendono in mano la penna e il liuto; scrivono e cantano le loro passioni, e alla fine quella rabbia che le consuma cresce al punto da far loro abbandonare padre, madre, marito [...] ed esse vanno dove va il loro cuore».

Quando alla fine si arrese a Olivier, lo amò con passione:

> Baciami ancora, dammi baci e ancora baci
> dammene uno dei tuoi più appassionati
> dammene uno dei tuoi più innamorati:
> io te ne darò quattro più caldi che braci.

Duplice vita a noi ne seguirà
nell'amico e in sé ciascun di noi vivrà.
Mi lasci Amor pensar qualche follia:
sto sempre male se discreta vivo,
e contentezza non mi posso dare
se fuor di me non faccio una pazzia.

Questa è la vera identità di Louise: non cortigiana, ma terribilmente infelice se non può buttarsi a capofitto in un nuovo amore; non interessata a chiedere pagamenti in denaro, ma pronta a supplicare Amore di lasciarle commettere qualche *folie*. Dal canto suo Olivier celebrò, con versi molto più convenzionali e meno ispirati, la caduta delle difese di Louise.

Olivier divenne per lei un'ossessione: non esisteva più nessun altro e, chiuso il suo salotto, Louise riceveva soltanto lui. Un altro giovane corteggiatore, Claude de Rubys, fu bruscamente messo alla porta: più tardi si sarebbe crudelmente vendicato. Mente e corpo vivevano solo e interamente per Olivier, come appare chiaro dalla descrizione che Louise ci dà del suo stato di donna innamorata:

Vivo, muoio: brucio e m'annego.
Calore estremo e intanto sento freddo:
viver m'è troppo dolce e troppo amaro.
A tetra angoscia s'intreccia la gioia.
[...]
Così Amore incostante mi mena
e quando penso d'aver troppo dolore
senza pensarci già son fuori di mia pena.

Ma intanto per Olivier era arrivato il momento di partire da Lione e lasciare Louise. Promise che sarebbe tornato, e in effetti mentre era in viaggio le inviò una poesia dedicata ai suoi occhi bruni, alla sua bocca e al suo riso, nonché agli alberi e ai fiumi che erano stati testimoni del loro amore.

Louise gli scriveva lunghe lettere, e per alleviare la sofferenza compose anche dei sonetti:

O begli occhi bruni, o sguardi mancati,
o caldi sospiri, o lacrime versate,
o nere notti invano invocate,
o giorni lucenti vanamente rinati.

Olivier era lontano, a Roma, e Louise nella casa di rue de Confort insieme al vecchio marito. Malgrado le nuvole nere che si addensavano sulla Francia e sulla sua città, Olivier era la sola persona di cui le importasse. Non tollerava più la grossolanità del marito e trovava scarsa consolazione negli amici. E comunque, con l'infuriare delle persecuzioni, la gente evitava ormai riunioni e incontri.

Un altro libro pieno di pettegolezzi apparve a Parigi nel 1555. Si trattava di *Le fort inexpugnable de l'honneur du sexe feminin*, scritto da François de Billon, il quale a proposito della *belle cordière* sosteneva che più che accostarla a Cleopatra, come spesso si faceva giudicandola da un'angolatura puramente sessuale, bisognava paragonarla a un uomo. In un certo senso quest'osservazione sarcastica conteneva del vero, perché la libertà con la quale Louise si portava a letto un uomo o lo respingeva o parlava del proprio godimento sessuale erano tipicamente maschili.

Però Louise, che pure aveva amato Olivier durante quei pochi mesi di infuocata passione, con masochismo tutto femminile continuava a tormentarsi con i ricordi. Ogni parola, ogni istante di quella relazione diventava fonte di ore strazianti consumate attorno a pensieri sconsolati.

L'attesa di Olivier durò tutta la vita.

Mentre Louise lo aspettava, Olivier aveva altri progetti. Faceva spesso ritorno in Francia in veste di inviato speciale dell'ambasciatore di Diana di Poitiers. E alla presenza di Diana, la dea vivente, in quella corte dove i più grandi pittori francesi l'avevano rappresentata nei panni di Artemide, Olivier non aveva tempo per Louise. Scrisse un'*Ode a Sire Aymon*, una volgare declamazione nella quale Ennemond Perrin era dipinto come un insulso commerciante con indosso un grembiulone unto e preoccupato solo dei suoi affari, e Louise era citata di sfuggita come «*la belle capitaine*». Tutti riconobbero il marito della poetessa, che deve essersi sentita tradita nel profondo da tanta volgarità.

Nella sua proprietà di Parcieu, dove soggiornava in solitudine, Louise si occupò degli ultimi preparativi per la pubblicazione della sua *oeuvre*, che in spregio agli uomini tutti volle dedicare a Clémence de Bourges, la sua nobile e casta amica. Le parole della dedica sono diventate un proclama femminista:

> Visto che è giunto il tempo, Mademoiselle, in cui le leggi severe degli uomini non proibiscono più alle donne di dedicarsi alla scienza e ad altre discipline, mi sembra che coloro che ne hanno la possibilità debbano dedicare questa onesta libertà al loro apprendimento, una cosa che in altri tempi il nostro sesso ha tanto desiderato; e mostrare così agli uomini il male che hanno fatto privandoci del bene e dell'onore che deriva dal loro uso [...] Avendo passato parte della mia giovinezza studiando musica, ed il tempo che rimaneva trovandolo scarso per raffinare il mio intelletto, e non essendo io stessa capace di soddisfare il bene che sentivo necessario per il mio sesso, di vedere le donne superare gli uomini non solo in bellezza, ma anche nella scienza e nella conoscenza, non posso che implorare le dame virtuose di alzare un poco gli occhi dalle loro conocchie e dai loro fusi.

Il libro di Louise ebbe un grande successo, tanto che fu ristampato quattro volte in due anni. Jean de Tournes, il suo tipografo (uno dei duecento attivi in quel periodo a Lione), dovette fare la prima ristampa del libro pochi mesi dopo la sua apparizione, e un'altra ristampa clandestina per soddisfare le richieste nel Nord della Francia.

Non sappiamo se Louise e Olivier si rividero, né se lui la cercò o no. È tuttavia poco probabile che lei potesse perdonargli quei versi su Ennemond e la sua lunga assenza. Ma il fatto è che Louise trasformò Olivier in un volo della fantasia, come accade frequentemente alle donne: nella sua immaginazione diventò un essere perfetto, qualcuno che non esisteva nella realtà ma solo grazie alle sue doti poetiche. Questo amante ideale fu interamente creato da Louise. E quindi, a maggior ragione, l'offesa, l'assenza e il silenzio si trasformarono per lei in orgoglio ferito.

Nel clima di un puritanesimo sempre più ossessivo, Louise fu attaccata di nuovo da un libello scurrile in cui si diceva che Tommaso Fortini, l'avvocato fiorentino, era il suo amante e la pagava, essendo il suo corpo in vendita. Che Tommaso fosse il suo amante risponde certamente a verità, ma Louise non era costretta a vendere il proprio corpo né aveva bisogno di denaro. Se mai era vero l'opposto: Tommaso può avere chiesto e ricevuto da lei un aiuto finanziario. Alla gente invidiosa della fama e del successo di Louise piaceva recitare quei versi pieni di oscenità, anche se nel frattempo rue de Confort aveva cambiato nome in rue Belle Cordière per rendere omaggio alla fama di una delle migliori figlie di Lione.

A Lione, però, la vita stava diventando sempre più difficile. Persino Maurice Scève venne sospettato di eresia. Era impensabile che in tempi così duri Louise potesse riaprire il suo salotto per intrattenervi gli amici, conversare, recitare e suonare musica. Ogni convegno era sospetto, e con pari intolleranza i cattolici e gli ugonotti si spiavano e si odiavano reciprocamente. Tra i cattolici che vedevano eretici dappertutto e gli ugonotti che condannavano tutto ciò che non fosse improntato alla massima sobrietà, la Francia stava diventando sempre più intollerante. Nella sola Lione più di novecento famiglie erano sospettate di eresia; il precettore dei figli di Maurice Scève fu mandato al rogo e la stessa fine toccò a Pierre Bouchillon, un gioielliere ugonotto. L'avanzare dell'intolleranza religiosa spinse duemila famiglie a lasciare quella città un tempo libera, ricca e governata da princìpi equilibrati.

Incapace di restituire unità spirituale al suo impero, nel 1556 Carlo V aveva abdicato in favore del figlio Filippo, il quale quattro anni più tardi concluse la tanto sospirata pace con Enrico di Francia. Un anno prima i due regnanti erano stati colti entrambi di sorpresa: Maria, la regina che aveva restaurato il cattolicesimo in Inghilterra, era morta lasciando il trono a Elisabetta Tudor, che all'opposto era favorevole sia alla Riforma che ai ribelli protestanti dei Paesi Bassi. A quel punto il Nord e il Sud dell'Europa erano divisi da un antagonismo religioso che si concretizzava ora in una serie di guerre. La stessa Francia era lacerata tra le sue due anime: quella nordica e quella mediterranea. Dopo la morte di Enrico II, avvenuta nel 1559, suo figlio Francesco II regnò per alcuni mesi, durante i quali la Francia cadde sotto il controllo della potentissima famiglia cattolica dei Guisa. L'intolleranza religiosa si fece ancora più virulenta, esacerbando il malcontento popolare. Il casato dei Guisa aveva il controllo dell'esercito e dell'artiglieria, considerata la migliore d'Europa, ma quando a Francesco II succedette il giovane Carlo IX, le redini della Francia passarono nelle mani della regina madre Caterina de' Medici, che dopo essersi assicurata la reggenza fu per oltre vent'anni la figura dominante della scena politica francese. Per quanto la riguardava personalmente, essa era «indifferente alle sottigliezze della teologia, ai suoi occhi materia di tanta sconcertante incomprensibilità da non riuscire a credere che altri potessero vederla sotto una luce differente» scrive John H. Elliott. Su questo punto Caterina vedeva giusto: soprattutto tra i nobili, le tensioni religiose nascondevano in realtà conflitti di natura economica. La reggente era presa nel mezzo di molteplici rivalità, in quanto la Francia era a quel tempo controllata da tre grandi famiglie: i Borboni nel Sud e nell'Ovest, i Guisa nell'Est e i Montmorency al Centro. La fazione cattolica dei Guisa cercava di imporre la propria supremazia di contro agli ugonotti dei partiti avversi, Condé e Coligny; la causa cattolica e quella ugonotta furono usate dalle grandi famiglie aristocratiche per raggiungere i loro fini particolari. Nel 1561 lo scontro tra interessi materiali e spirituali sfociò infine nella guerra civile. «Questa guerra non è come le altre» scriveva il pastore protestante Pierre Viret, «poiché vi è coinvolto anche chi non ha nulla da perdere, dal momento che combattiamo per la libertà della nostra coscienza». Se Viret parlava con l'occhio rivolto agli strati più umili della popolazione, l'ambasciatore veneziano guardava invece ai potenti quando spiegava al suo doge che la guerra era dovuta ai Guisa, che non tolleravano di avere degli «eguali», e all'ammiraglio Coligny, che non tollerava di avere dei «superiori».

Guerre, massacri e saccheggi devastarono la Francia. Il paese dove un tempo il cibo abbondava e le case avevano i vetri alle finestre era ridotto alla fame e semidistrutto. Lione soffrì tremendamente. Nel 1562 la città fu conquistata dagli ugonotti guidati dal crudele barone des Andrets. I soldati, e persino le donne e i bambini, sfogarono la loro rabbia e il loro risentimento abbattendo le statue, spaccando i fonti battesimali e distruggendo le immagini sacre. Fecero tutto ciò cantando i Salmi in francese anziché in latino: un fatto, questo, che indignava i cattolici ma univa gli ugonotti, poiché diveniva il segno tangibile della loro sfida al potere costituito e della loro comune militanza. Sulla cattedrale si abbatté la furia degli iconoclasti, e il magnifico monumento funebre del cardinale di Saluzzo fu completamente distrutto. Le stamperie di Lione, un tempo all'avanguardia, pubblicavano ora insulsi libriccini che parlavano di Lucifero o dell'Anticristo, quando addirittura non si limitavano a riprodurre i Salmi. Allorché il maresciallo de Vieilleville riconquistò la città al partito dei Guisa, il giovane Carlo IX ebbe a Lione un trionfo di breve durata, poiché ben presto la Chiesa riformata venne restaurata. Quella guerra sanguinosa era sostanzialmente dovuta agli attriti tra la borghesia di nuova formazione e la nobiltà, e si inseriva nel quadro di una coesistenza poco pacifica e molto instabile che esploderà di nuovo nel 1789.

Infine, nel 1564, a colpire Lione fu la Morte Nera. Il re, che si trovava in città con tutta la corte, fece appena in tempo a mettersi in salvo. Insieme al marito, Louise riparò a Parcieu, la proprietà ereditata dalla madre. Nel corso dell'estate due terzi degli abitanti di Lione morirono e sulle sue vie un tempo animate dai traffici cresceva ormai l'erba. Nell'inverno del 1565 Parcieu era stretta nella morsa del gelo e la campagna era infestata dai briganti e dagli ugonotti. Placata l'epidemia dalla rigidità del clima, marito e moglie rientrarono a Lione. Al suo ritorno nella casa di rue de Confort, Louise apprese che la peste aveva ucciso anche suo fratello François e l'amico Maurice Scève.

Due grandi amici se n'erano andati e il marito, il buon Ennemond, era vecchio e stanco. Il volume dei suoi affari, stando ai documenti d'archivio certificanti l'importo delle tasse che egli pagava, doveva essersi alquanto ridotto in seguito alla guerra civile e alla pestilenza. Ennemond morì poche settimane dopo il ritorno da Parcieu. Egli lasciò tutti i suoi averi alla moglie: probabilmente in quegli ultimi anni erano stati bene insieme, l'anziano marito e la disillusa Louise, abbandonata dalla famiglia e dall'amante. E adesso Louise era sola: gli amici o erano deceduti o erano troppo impauriti per frequentare chicchessia. Il pensiero della morte, che non l'aveva mai sfiorata fino a quel momento, ora si insinuava inquietante.

Le restava però Tommaso Fortini, e la loro divenne una relazione quasi coniugale. Louise era incapace di vivere da sola e Tommaso era legato a lei da una lunga amicizia e una profonda ammirazione. Nell'aprile del 1565 troviamo Louise in casa di Fortini, malata e ormai prossima alla morte. Mandato a chiamare un notaio, all'età di quarantatré anni detta le sue ultime volontà: i beni da distribuire sono molti. Il suo testamento è la prova documentaria di una natura generosa. Louise si ricordò dei parenti che l'avevano abbandonata e destinò delle somme alle ragazze che non avrebbero potuto sposarsi senza una piccola dote. È importante notare che non lasciò donazioni a nessun istituto per 'donne perdute', cosa che avrebbe dovuto fare per legge se fosse stata una cortigiana. A Tommaso Fortini, designato esecutore testamentario, lasciò la proprietà di Parcieu, dove era nata.

Dopo la stesura del testamento passò un anno intero prima che Louise, malata a Parcieu, morisse. Per paura degli ugonotti, il funerale con rito cattolico ebbe luogo nelle prime ore del mattino, affinché nessuno fosse visto piangere la morte di quella grande poetessa. L'epitaffio più bello di Louise è costituito dal suo ventiquattresimo sonetto, nel quale essa esorta le altre donne a comprendere la debolezza di chi ha tanto intensamente amato:

> Perdonate, donne, se ho amato:
> se ho sentito mille torce ardenti,
> travagli mille e dolori brucianti
> se in pianto il tempo ho consumato,
>
> ahi, il nome mio non sia biasimato:
> se ho errato, la pena è già presente,
> non fatene la punta più tagliente.
> Sappiate che Amor il giorno designato
>
> senza ardor di Vulcano che sia scusa
> senza beltà di Adone a far da accusa
> potrà se vuole farvi innamorare,
>
> pur avendo meno di me occasione
> e più folle e più forte la passione.
> Guardatevi da pene ancor più amare.

Capitolo undici

Le donne del Nord

Per settantasette anni, tra il 1506 e il 1583, sotto il dominio spagnolo i Paesi Bassi furono governati da tre donne molto capaci, e questo è un fattore da tenere in considerazione quando si scrive di questa regione e della posizione che le donne occupavano nella società. Può ingenerare una certa confusione il fatto che due delle reggenti – rispettivamente una zia e la figlia dell'imperatore Carlo V – si chiamassero entrambe Margherita. Le tre donne, tutte principesse asburgiche, erano convinte fautrici della tolleranza religiosa e, a differenza di quanto si legge spesso, il ruolo di reggente era stato loro affidato perché erano capaci di una politica energica, non perché le si credesse docili e manovrabili. Le due reggenti e Maria d'Ungheria, la reggente ad interim, erano dotate di acume politico, ma l'ostilità di una nobiltà riottosa e diffidente, insieme al declino dell'autorità monarchica e agli scontri religiosi all'interno della nobiltà, finì per condannarle all'isolamento.

Margherita d'Austria (1480-1530), duchessa di Savoia e reggente dell'Olanda dal 1507 al 1530, era figlia dell'imperatore Massimiliano e della sua prima moglie, la duchessa Maria di Borgogna. Nata a Bruxelles, era 'indigena' esattamente come il nipote Carlo, che era nato a Gand il 24 febbraio del 1500 e aveva ereditato il Brabante – oggi parte del Belgio – dalla nonna Maria di Borgogna. Il padre di Carlo, Filippo il Bello, era morto lasciandolo in balìa del pericoloso nonno materno Ferdinando d'Aragona. Ferdinando non solo nutriva una particolare avversione per Carlo, ma aveva anche segregato la sua stessa figlia Giovanna, facendo circolare la voce che fosse pazza. Per tenere il Brabante e Carlo lontani dalle mani rapaci di Ferdinando, la reggenza del paese e la tutela legale di Carlo andarono a Margherita.

Margherita era una donna estremamente sofisticata, amava danzare ed era un'ottima musicista; componeva versi e musiche, suonava diversi strumenti e cantava molto bene. La sua corte a Mechelen (Malines), nel nord del Belgio, divenne ben presto un luogo di ritrovo per i musicisti di tutto il paese e la sua biblioteca era famosa per la grande quantità di spartiti musicali e di testi classici che vi erano conservati. Quando il Maestro di Moulins la ritrasse, Margherita aveva solo dieci anni, ma al pittore fiammingo già si mostravano la luminosità della sua pelle e la prominenza delle labbra; quest'ultimo era il tratto somatico distintivo degli Asburgo, e sarebbe diventato sempre più pronunciato a causa dei frequenti matrimoni tra consanguinei. Ornata di velluti rossi, nel ritratto Margherita d'Austria ha un aspetto decisamente regale sullo sfondo del Louvre, il castello dove avrebbe abitato se la promessa di matrimonio al Delfino di Francia fosse stata mantenuta. Margherita, infatti, all'età di tre anni (!) era stata ufficialmente data in sposa a Carlo di Francia, poco prima che questi salisse al trono. In vista di quelle nozze, frutto dei complessi negoziati condotti da suo padre, Margherita fu educata ad Amboise insieme ad altri membri della famiglia reale e le furono riconosciuti tutti gli onori dovuti alla sua posizione di regina di Francia. Questo è un fattore degno di nota, in quanto l'ottima educazione da lei ricevuta si riversò sul suo pupillo Carlo, il futuro imperatore. Ma nel 1491 Margherita dovette subire il ripudio, che avrebbe consentito al marito di sposare la giovane duchessa Anna di Bretagna. Le ostilità che ne seguirono, e che videro opposti Carlo di Francia e Massimiliano d'Austria, fecero sì che Margherita fosse trattenuta in Francia fino al 1493, anno in cui la raffinatissima principessa, ormai abituata a esprimersi in francese, poté finalmente rientrare nelle Fiandre. All'inizio della primavera del 1497, dopo un tempestoso viaggio per mare, arrivò in Spagna; il 3 aprile, domenica delle Palme, a Burgos fu celebrato in forma solenne il suo matrimonio con l'Infante Giovanni, erede al trono di Castiglia e d'Aragona. Un matrimonio destinato a durare solo sei mesi, perché Giovanni, unico figlio di Isabella e Ferdinando morì a Salamanca il 4 ottobre dello stesso anno colpito da una violenta febbre. Pochi mesi dopo Margherita partorì un bambino nato morto, mettendo così fine a ogni speranza di assicurare la continuità dinastica dei re cattolici, titolo che era stato conferito alla coppia reale da papa Borgia. Margherita, che durante quel breve periodo da Infanta di Spagna si era conquistata l'affetto del re e della regina e anche del popolo, si trattenne presso la corte aragonese per due anni, trattata come una figlia. Insegnò a sua cognata, la dodicenne Caterina d'Aragona (che sarebbe diventata la moglie di Arturo e poi di Enrico Tudor), a parlare correntemente il francese.

Quattro anni dopo Margherita sposò Filiberto II, duca di Savoia, da lei amato sinceramente. Filiberto visse solo fino al 1504, e quando le morì anche il fratello Filippo (25 settembre 1506), forse la persona a cui era stata legata più di ogni altra, Margherita decise di vestirsi di nero per il resto della sua vita; da quel momento portò sempre il lutto, che la faceva sembrare una monaca.

In un ritratto di Conrad Meer Margherita appare effettivamente vestita di nero, ma ci mostra anche due splendidi occhi a mandorla e mani candide dalle lunghe dita affusolate. Illuminata patrona delle arti figurative, ebbe l'intelligenza di servirsi di uno dei più grandi maestri di tutti i tempi, Albrecht Dürer, che era apertamente schierato a favore della causa di Lutero, come egli stesso racconta nel suo diario, e che di lì a poco, a Venezia, avrebbe fatto amicizia con un altro protagonista di quei tempi, il banchiere Jakob Fugger.

Su commissione di Margherita venne costruita la magnifica tomba nell'eglise de Brou, a Bourg-en-Bresse, per lei e per il marito. Nei Paesi Bassi Margherita si fece promotrice della diffusione di un nuovo stile architettonico, descritto da Hugh Honour e da John Fleming come «una versione più solida ma ugualmente ricca del gotico [che] si andava sviluppando nei Paesi Bassi. Un esempio notevole ne è il Palazzo del Municipio di Gand, in cui trovò espressione l'opulenza di un grande centro di commerci nel 1518, un anno dopo che la reggente delle Fiandre Margherita d'Austria si era fatta costruire un ampliamento in puro stile rinascimentale del suo palazzo di Mechelen».

Margherita si era presa cura di Carlo che era ancora un neonato, e ne divenne la reggente quando questi aveva sette anni. Il suo pupillo era destinato a ereditare la Spagna, l'Italia meridionale, la Sicilia, i Paesi Bassi e l'Austria, ma anche a diventare – cosa che la sua tutrice non poteva ancora sapere – imperatore del Sacro Romano Impero con il nome di Carlo V. Le sue tre sorelle Eleonora, Isabella e Maria erano cresciute insieme a lui, anch'esse educate da Margherita nello spirito dell'umanesimo rinascimentale. La piccola Maria, che sarebbe diventata una grande collezionista di opere d'arte, sapeva recitare a memoria interi brani dalle opere di Erasmo, mentre Carlo conosceva talmente tante lingue che in seguito si vantò di parlare italiano con le donne, spagnolo con Dio, francese con i politici e tedesco con il suo cavallo. Margherita esercitò la sua funzione di tutrice con efficenza, preparando Carlo alle grandi responsabilità di governo che lo attendevano e svolgendo per lui, che aveva a malapena conosciuto il padre e la madre, lo stesso ruolo di un genitore. Quando nel 1517 Carlo lasciò il Brabante per rivendicare l'eredità spagnola, i territori che andavano sotto il nome di Paesi Bassi spagnoli furono posti sotto la reggenza di Margherita, la quale entrò ben presto in conflitto con i nobili olandesi a causa del loro particolarismo e della loro faziosità.

I rapporti tra Margherita e gli esponenti della nobiltà andarono progressivamente raffreddandosi, al punto che nel 1524 una petizione giunse a Carlo, il quale malgrado le sue colpe (in particolare gli oneri fiscali imposti al paese) era amato dai sudditi per le sue origini borgognone. Nella petizione i nobili dei Paesi Bassi si lamentavano della reggente, che li lasciava in anticamera quando avevano bisogno di parlare con lei e che a volte si rifiutava addirittura di discutere con loro questioni di grande importanza. Carlo scrisse alla zia da Valladolid, sollecitandola a mostrare maggiore riguardo per l'aristocrazia e pregandola di consultarsi con i conti di Nassau e di Lalaing.

La morte di Margherita, avvenuta nel 1530, fu un duro colpo per Carlo; sconvolto dal dolore, passò la maggior parte di quell'anno a Bruxelles. Nel 1531 nominò reggente dei Paesi Bassi sua sorella Maria, vedova del re Luigi d'Ungheria, e trasferì la capitale da Malines a Bruxelles, «nel paese del basso». Abile manovratrice delle finanze, Maria godeva della fiducia del fratello che però, allo scopo di evitare uno scontro diretto tra la nobiltà locale e la nuova reggente, istituì tre organi di controllo: il cosiddetto Consiglio di Stato, il Consiglio per le Finanze e un terzo corpo chiamato Consiglio Segreto. Proprio come Carlo, Maria era nata ed era stata educata nei Paesi Bassi, circostanza molto importante per il popolo di quella regione.

Oltre a patrocinare le arti, Maria si diede da fare per promuovere l'artigianato locale, ad esempio commissionando una serie (scandalosamente costosa) di dodici arazzi che dovevano esaltare le gesta del fratello facendo esplicito riferimento alla spedizione di Tunisi, nella quale l'imperatore aveva voluto presentarsi come l'iniziatore di una santa crociata contro gli infedeli. Era importante far apparire Carlo come il salvatore dell'Europa cattolica in un momento in cui le forze della cristianità erano spaccate in due da una lotta fratricida; ed era altrettanto importante, sul piano politico, celebrare la magnificenza e la grandezza degli Asburgo, sicché Maria diede al pittore Jan Vermeyen l'incarico di aggregarsi alla campagna di Tunisi per ritrarre i luoghi in cui si erano svolte le battaglie e i personaggi che vi erano coinvolti. Dopo aver firmato un contratto molto particolareggiato con Vermeyen nel giugno del 1546 a Bruxelles, Maria interpellò i più rinomati tessitori e anche con costoro stipulò un contratto – siglato nel febbraio del 1548 – per la manifattura di dodici arazzi. Fu lei stessa a fornire i filati d'oro e d'argento di cui si fece abbondante uso nel corso della lavorazione. Completati nell'aprile del 1554 e mandati in Inghilterra per essere esposti in occasione delle nozze di Filippo con Maria Tudor, quegli arazzi dal forte impatto propagandistico potevano essere facilmente trasportati e mostrati al pubblico. Da alcuni dei suoi disegni Jan Vermeyen realizzò poi una serie di incisioni per la nuova tecnica della pressa da stampa, facendone in tal modo non solo una merce vendibile a basso prezzo, ma anche un efficace strumento ideologico al servizio della politica di Carlo.

Maria stessa possedeva una copia in formato ridotto degli arazzi e un'altra fu ordinata dal duca d'Alba, uno dei comandanti in capo della spedizione di Tunisi. Con questa sua iniziativa la reggente aveva dato slancio al settore della manifattura degli arazzi, all'epoca molto importante: da quel momento ai laboratori di Bruxelles cominciarono a giungere ordinazioni da tutta Europa, persino da quell'acerrimo nemico degli Asburgo che era il re di Francia.

Prima di lasciare Bruxelles Carlo aveva dato disposizione alla sorella di perseguire una politica di unificazione dei territori da lui ereditati. Fu così che durante la reggenza di Maria – che durò ventidue anni – altre due province, la Gheldria e lo Zutphen, andarono ad aggiungersi ai «paesi di qua» di Carlo (1548). Ciò finì col tradursi in un'ulteriore ispanizzazione dei Paesi Bassi, e a rafforzare questa sensazione fu la visita del principe destinato a ereditare il trono di Carlo: nel 1548 Filippo raggiunse il padre a Bruxelles, e malgrado i tentativi di Maria di mitigare l'atteggiamento arrogante dell'Infante, egli fu giudicato «poco simpatico» dagli italiani, come scrisse l'ambasciarore di Venezia, «molto antipatico» dai fiamminghi e «odioso» dai tedeschi. Filippo era, nel giudizio unanime, un uomo freddo e pieno di sprezzante alterigia: uno spagnolo da cima a fondo per «lingua e comportamento», come aveva ben compreso Maria.

Dopo il 1559 Filippo non fece più ritorno nei Paesi Bassi spagnoli e Maria si trovò a dover fronteggiare una situazione che diventava sempre più difficile. Fu in quegli anni che lo scultore ufficiale degli Asburgo, Leone Leoni, ebbe l'incarico di realizzare per lei un busto di bronzo: i suoi grandi occhi, al di sotto del copricapo vedovile, appaiono severi e disincantati, anche se in questa donna che aveva la capacità di tenere a freno i nobili vi erano aspetti di dolcezza.

Stanco e frustrato, nel 1555 l'imperatore decise di abdicare in favore del figlio Filippo proprio a cominciare dal regno dei Paesi Bassi. Le divisioni religiose avevano fatto naufragare il suo sogno di unità, né gli era riuscito di conciliare l'avversione nei confronti della Santa Sede con le proprie convinzioni religiose. Nel giudizio di Carlo, e probabilmente Maria concordava con lui, la politica di tutti quei papi che si erano via via succeduti aveva vanificato ogni speranza di riformare la Chiesa cattolica dall'interno. Convocati i notabili e gli esponenti della nobiltà locale a Bruxelles, che ancora considerava la sua città, l'imperatore, affiancato da Maria, presentò Filippo all'assemblea fiamminga e dichiarò di avere rinunciato alla corona in suo favore.

Mentre Carlo, un po' in fiammingo e un po' in francese, rievocava il proprio passato, l'assemblea lo ascoltò commossa fino alle lacrime. L'imperatore stesso pianse ricordando i particolari della sua vita errabonda e tempestosa di soldato e di re; ma quando venne il turno di Filippo, l'assemblea rimase delusa: il nuovo sovrano parlava solo in spagnolo. L'imperatore abdicò anche dal trono di Spagna con un documento firmato a Bruxelles poco tempo dopo, il 16 gennaio 1556.

Dettò persino un memorandum che avrebbe dovuto servire di guida al figlio, il quale, tuttavia, vi prestò ben poca attenzione:

> Mira sempre alla pace. Entra in guerra solo quando non ti resta altra scelta [...] Nel nord-est ho reso più forti le Fiandre contro la Francia con l'annessione di Gheldria, di Utrecht e della Frisia. Tuttavia lì dovrai tenere prontamente disponibile il denaro che si rendesse necessario per una rapida mobilitazione; gli abitanti sono ragionevolmente leali verso noi, ma tu non abbassare la guardia...

La terza e ancora più eccezionale figura di reggente dei Paesi Bassi fu quella di Margherita di Parma (1522-1586), figlia naturale di Carlo V e della fiamminga Johanna van der Gheynst. Margherita era stata educata nelle Fiandre dalla madre; di aspetto grossolano, aveva però un viso intelligente, con la fronte alta, occhi castani e labbra piene e sensuali. Il padre l'aveva insignita di tutti i titoli ufficiali dovuti a una principessa di sangue reale, cosicché era conosciuta con il titolo di arciduchessa d'Austria, Infanta di Spagna, principessa di Borgogna, di Milano, di Napoli e di Sicilia. In Italia era 'Madama', in Spagna 'Margarita de Austria'. Villa Madama a Roma fu costruita per lei.

Il suo primo marito, quell'Alessandro de' Medici (1510-1537) verosimilmente figlio di papa Clemente VII, fu assassinato pochi mesi dopo il loro matrimonio, avvenuto nel 1536. Due anni più tardi Margherita si risposò con Ottavio Farnese (1525-1586), figlio di un altro papa (Paolo III), e da lui ebbe due gemelli. A somiglianza della zia che l'aveva educata, Margherita possedeva un'intelligenza penetrante e si muoveva con accortezza. Parlava diverse lingue, compreso il latino, e come Maria aveva uno stile epistolare elegante. Tra le altre cose, pretendeva di essere sempre informata fin nei minimi particolari dei movimenti di Elisabetta d'Inghilterra, particolari che le forniva il pettegolo ambasciatore spagnolo con cui Elisabetta, stranamente, aveva molta confidenza. Non è da escludere però che la regina d'Inghilterra, astuta com'era, passasse all'ambasciatore solo le notizie che voleva far arrivare alle orecchie di Margherita, e non altre. La reggente era preoccupata per le rotte nella Manica e nel Golfo di Biscaglia, le due grandi vie di comunicazione tra la Spagna e i Paesi Bassi al tempo intralciate dai corsari Drake e Hawkins, i quali – come era universalmente noto – avevano la benedizione di Elisabetta.

Filippo II aveva nominato Margherita reggente dei Paesi Bassi spagnoli attribuendole però un'autorità puramente nominale, con la quale la reggente doveva far fronte al crescente malcontento della popolazione. Borgognona d'origine, Margherita non si sentiva spagnola e la sua lealtà andava tutta agli Asburgo. Assistita da un Consiglio di Stato presieduto dal cardinale de Granvelle, governava con un'autorità ridotta; aveva tuttavia l'onere di portare avanti la politica religiosa del fratellastro, con il quale i rapporti erano tesi, e per giunta in una situazione in cui il cardinale stesso era considerato dalla popolazione come un semplice portavoce di Filippo.

Nel giugno del 1562 le agitazioni che si andavano estendendo a tutta la regione a causa dalle rigide posizioni assunte dal re e dal cardinale de Granvelle indussero Margherita a convocare un'assemblea e a inviare dei rappresentanti in Spagna per parlamentare con Filippo II. L'anno seguente Guglielmo d'Orange, uno dei più influenti esponenti della nobiltà, chiese che Granvelle fosse congedato da Filippo; quando vide che la sua richiesta non aveva esito, diede le dimissioni dal Consiglio di Stato, seguito da altri membri di quell'organismo.

Margherita non aveva sufficiente potere per far rispettare la legge e mantenere l'ordine. Nel 1564, quando Granvelle venne finalmente allontanato, Guglielmo d'Orange e il conte Egmont (1522-1568), governatore delle Fiandre e dell'Artois, rientrarono nel Consiglio di Stato. L'anno successivo a Bruxelles, durante le celebrazioni per le nozze del figlio di Margherita, un gruppo di nobili sia cattolici che protestanti formò una lega e chiese una svolta radicale nella politica religiosa del governo. Quella proposta, sostenuta dall'Orange e da Egmont, aveva lo scopo preciso di porre fine alla persecuzione degli eretici e dei dissenzienti.

Gli occhi di tutta Europa erano puntati su quell'ipotesi di compromesso; in Francia la fragile tregua tra cattolici e protestanti imposta da Caterina poteva essere spezzata da un qualsiasi evento esterno, e in Inghilterra Elisabetta non solo incoraggiava un protestantesimo tollerante, ma dava anche il suo sostegno alla nascente ribellione olandese. Margherita di Parma decise di abolire l'Inquisizione, una scelta politica ben presto vanificata dal fanatismo religioso di Filippo, il quale fece chiaramente intendere che con eretici e dissenzienti il disaccordo era totale: «Vorrei piuttosto perdere i Paesi Bassi che regnare su di essi qualora cessassero di essere cattolici».

Nel 1566 il calvinismo delle Fiandre aveva la sua roccaforte ad Anversa; in altre aree si assisteva intanto alla rapida diffusione del meno bellicoso luteranesimo, ma in una situazione in cui le persecuzioni, i processi e le esecuzioni infiammavano la popolazione e la spingevano a cercare una via d'uscita, a penetrare a fondo nel tessuto sociale erano sempre più spesso i calvinisti, dotati di un'organizzazione più efficiente. In rappresentanza di diciassette province Filippo nominò altrettanti governatori che rispondessero direttamente al governo di Madrid: quattordici nel Nord della regione, dove si parlavano i dialetti olandesi, e tre nelle province del Sud, che parlavano il vallone. La lingua dei nobili e della stessa Margherita era invece il francese, usato in prevalenza nel Sud.

Margherita si rese conto ben presto che i già ristretti margini della sua azione volta a evitare lo scontro erano erosi sia dai governatori provinciali che dai cattolici. La reggente credeva in una politica di conciliazione tra i cattolici e gli 'eretici' (questi ultimi rappresentavano la classe media e la classe subalterna, in altre parole la maggioranza), mentre Filippo era stato convinto dal duca d'Alba a inviare nei Paesi Bassi un esercito per soffocare la rivolta sul nascere.

Nel 1568, appena entrato a Bruxelles, il duca andò a rendere omaggio alla reggente, che era imbarazzata dalla sua presenza e non approvava quella crociata. Nelle numerose lettere indirizzate al re, Margherita scrisse ripetutamente che la mano pesante del duca d'Alba sarebbe risultata controproducente e avrebbe finito per trasformare la militanza religiosa in ardore patriottico. La sua voce rimase però inascoltata, mentre il duca d'Alba seguitava a fare pressione affinché i Paesi Bassi fossero sottomessi con la forza. L'obiettivo era triplice: sostituire il cattolicesimo tollerante dei Paesi Bassi con la versione intollerante datane dalla Controriforma, punire esemplarmente i capi dei rivoltosi e accentrare le leve del potere nelle mani della corona di Spagna. A questo fine il duca d'Alba istituì quello che venne definito il 'Consiglio del Sangue', che decretò punizioni severissime, tra cui l'arresto per tradimento (1568) dei conti di Egmont e di Horn. L'evento più sconvolgente per Margherita fu non tanto l'arresto degli uomini che avevano collaborato con lei per anni, quanto la loro esecuzione nella Grande Place di Bruxelles, avvenuta malgrado il veto da lei posto.

Gli spettatori che avevano riempito ogni angolo della piazza del mercato non nascosero le lacrime quando i due giovani esponenti politici furono decapitati; per Margherita quell'evento fu la definitiva conferma del ribaltamento della politica da lei perseguita fino ad allora. Profondamente umiliata, si dimise dalla carica di reggente. L'esecuzione pubblica del conte di Egmont e del conte di Horn colpì tutta l'Europa: un sentimento di orrore ancora vivo nel XIX secolo e che ispirò a Goethe il dramma sulla figura di Egmont, a Beethoven l'opera (incompiuta) *Egmont* e a Donizetti la splendida opera lirica *Il duca d'Alba*, nella quale espresse tutta la sua avversione nei confronti del dispotismo.

La reggenza dei Paesi Bassi passò nelle impopolari mani del duca d'Alba, che durante i sei anni del suo governo si rese responsabile di continue esecuzioni e di massacri; 60.000 persone abbandonarono la regione. Questi eventi segnarono l'inizio della guerra degli ottant'anni anni contro la Spagna: i calvinisti diedero inizio alla 'distruzione delle immagini' in un'orgia iconoclastica che colpì con violenza i Paesi Bassi, la Francia e l'Inghilterra. Migliaia di immagini sacre, statue e paramenti furono bruciati: nella cattedrale di Bruges è ancora visibile uno spesso strato nero di fuliggine, alto circa tre metri, che corre tutt'intorno alle pareti gotiche.

Mentre manteneva rapporti amichevoli con Filippo, che a livello personale le piaceva, Elisabetta I d'Inghilterra continuava a mandare denaro ai ribelli, dai quali riceveva pressioni affinché costituisse un esercito protestante. La regina non aveva intenzione di impegnarsi concretamente nella creazione di un simile esercito, e si limitò ad accordare ai protestanti insorti un sostanzioso prestito di 106.000 sterline dopo che gliene aveva già date 20.000. L'Olanda e lo Zeeland caddero in mano ai ribelli mentre Bruxelles era minacciata da Guglielmo d'Orange e da Luigi di Nassau, un altro principe protestante.

Nel 1578 la reggenza dei Paesi Bassi fu assunta da Alessandro Farnese, duca di Parma e figlio di Margherita. Alessandro riuscì a riportare le province del Sud sotto la corona spagnola, mentre l'Unione di Utrecht, che comprendeva tutte le province del Nord (Olanda, Zeeland, Utrecht, Gheldria, Overijssel, Frisia, Groningen, Brabante e Fiandre), formò un nuovo stato chiamato Province Unite dei Paesi Bassi o Repubblica olandese (1579). Margherita lasciò Bruxelles nel settembre del 1583 e si ritirò a Parma nel magnifico palazzo Farnese, l'edificio iniziato da suo marito Ottavio ma mai completato che domina la bella città e ospita parte della collezione Farnese; la maggioranza dei dipinti partì poi per Capodimonte e più tardi per il Prado, al seguito di Elisabetta Farnese.

I sanguinosi eventi delle guerre civili cancellarono dalla memoria dei popoli l'operato delle tre reggenti, ma se non altro la presenza femminile nelle più alte cariche produsse, nella società olandese, un mutamento di giudizio sulle capacità delle donne. Ora gli uomini avevano bisogno delle donne non più solo per mandare avanti la casa, ma anche per contribuire al benessere dell'intero paese; il risultato fu che in Olanda l'istituto del matrimonio assunse i caratteri della società d'affari. Determinato da precise ragioni economiche, questo fu un tratto distintivo della società olandese, dove la donna era non soltanto una persona su cui si poteva contare ma anche la fidata detentrice delle chiavi di casa e bottega.

La Dichiarazione d'Indipendenza dei Paesi Bassi, firmata nel 1581, fu l'esito di una guerra per l'indipendenza politica e religiosa che aveva accresciuto il ruolo e l'importanza della donna nella società olandese, una società che lasciava meravigliati i visitatori stranieri. Quel popolo, che da un secolo si era abituato ad avere delle donne al vertice dello Stato, aveva un atteggiamento diverso dagli altri, e il risalto dato dagli stranieri al fatto che la donna olandese fosse 'liberata' era certamente giustificato, anche se solitamente vi affiorava la critica di un rapporto così ugualitario tra uomini e donne.

Gli osservatori di altri paesi, per esempio, trovavano strano che a Leida e ad Harlem gli uomini e le donne lavorassero fianco a fianco alla filatura e alla tessitura, e che in queste stesse città le donne costituissero i due terzi della forza-lavoro e occupassero cariche ufficiali di una certa importanza negli istituti di carità, negli ospedali, nelle case di correzione e negli orfanotrofi.

Numerosi erano anche i casi di giovani donne che dimostravano la propria indipendenza sposando chi volevano loro e non un uomo scelto dal padre, e altrettanto numerose erano le donne che prendevano in mano le redini dell'impresa di famiglia dopo essere rimaste vedove. Se non sposate, le donne incinte potevano fare causa al padre del bambino, e la separazione, il divorzio o le seconde nozze non erano soltanto una prerogativa maschile. L'adulterio del marito (o anche una sua malattia venerea) era motivo sufficiente per chiedere il divorzio. Alle donne si raccomandava la castità dopo il matrimonio ma non prima, forse perché le olandesi si sposavano mediamente tra i ventitré e i venticinque anni, cioè tardi in confronto alle loro sorelle dell'Europa del Sud.

Le fanciulle fiamminghe, si scriveva, dovevano essere istruite sui metodi per trarre il massimo piacere dal sesso, per se stesse e per i loro uomini. Diversi manuali contenevano indicazioni non solo sui metodi per procurarsi il piacere prolungando l'atto sessuale, ma anche sul modo di evitare le malattie veneree. In questi testi, inoltre, si descriveva senza reticenze l'anatomia femminile, indicando a entrambi i sessi nel clitoride l'organo responsabile del piacere della donna e suggerendo che la masturbazione era tollerabile, se non addirittura consigliabile. E malgrado ciò i figli illegittimi erano pochi, a riprova del fatto che le donne olandesi praticavano la contraccezione.

I visitatori dei Paesi Bassi erano stupefatti di questa parità tra uomo e donna e in Olanda giungevano viaggiatori da tutto il mondo, tanto che Anversa divenne ben presto la città più cosmopolita d'Europa. Era in quella città che le navi veneziane e genovesi scaricavano le loro mercanzie, dal vasellame alle sete alle spezie. Con l'apertura delle nuove rotte del commercio marittimo, i carichi di argento e oro si smistavano ad Anversa, dove il mercato offriva i prezzi migliori per la maggior parte dei tessuti a dispetto delle ingiunzioni del governo spagnolo.

Nel corso dei drammatici eventi della ribellione contro la Spagna e delle persecuzioni religiose, gli olandesi dovettero fronteggiare anche una serie di calamità naturali: oltre a essere un fattore di ricchezza, il mare metteva sistematicamente in pericolo la loro terra. E così, mentre gli uomini erano in guerra o in navigazione, toccava alle donne proteggere la terraferma dall'incursione delle onde. Un autore olandese contemporaneo descrisse come «quelle donne che non avevano il carretto trasportavano la terra nei loro grembiuli; altre si caricavano i sacchi sulle spalle, e altre ancora raccoglievano i fuscelli facendone delle fascine...»

Il fenomeno nuovo di un'economia legata al commercio con le colonie ebbe un'importanza decisiva per la prosperità economica dei Paesi Bassi. Le materie prime d'importazione, tra le quali vi erano la lana, il tabacco e i metalli preziosi, venivano lavorate e poi esportate come manufatti, un processo che richiedeva l'impiego di tutti i cittadini abili al lavoro, sia maschi che femmine. Ciò comportava ritmi e condizioni di lavoro talmente dure per le donne che il 31 maggio 1531, in un lanificio di Amsterdam, scoppiò una rivolta di lavoratrici. Con la progressiva concentrazione della produzione laniera in Olanda, il Nord dell'Europa diventò il punto nevralgico dei commerci internazionali. Nasceva il capitalismo moderno, e fortune enormi furono ammassate o perdute. I grandi banchieri non erano più i Medici, ma i Fugger.

Le merci arrivavano con i barconi attraverso una fitta rete di fiumi e canali, oppure con navi atte alla navigazione d'alto mare, essendo diventato pericoloso il trasporto via strada. Non era una visione consolante, per il viaggiatore, la vista delle forche degli impiccati ai bordi delle strade appena fuori città: quelle stesse forche che possiamo vedere nei quadri di Bruegel, dalle quali pendono cadaveri putrefatti con le orbite mezze vuote beccate dai corvi. Le campagne pullulavano di disertori pronti a derubare chiunque fosse nell'impossibilità di difendersi. Solitamente le donne viaggiavano soltanto per tragitti brevi, e i pericoli connessi al transito lungo le strade maestre di campagna le dissuadevano dall'attraversamento dei confini. Le sole a compiere viaggi di lunga percorrenza erano quelle che seguivano i mariti in guerra, oppure le lavandaie, le vivandiere, le attrici, le cantanti o le prostitute (quest'ultima era spesso la reale professione di quelle che si dicevano attrici e cantanti) al seguito degli eserciti. Anche i pellegrinaggi, in passato molto diffusi e non molto dissimili dai pacchetti di viaggio dei nostri giorni, erano diventati troppo pericolosi, e perciò il trasporto per mare era la via preferita, malgrado esso comportasse numerosi pericoli d'altra sorta.

Poiché il centro di redistribuzione dei metalli preziosi provenienti dal Nuovo Mondo era Anversa, Carlo V e Filippo II avevano ottime ragioni per volersi tenere ben stretti i Paesi Bassi. Anche la produzione agricola delle campagne era ricca, tanto da fornire una quota significativa delle entrate del governo spagnolo, e in più la potenza marinara olandese era una fonte preziosa di nuove merci e di nuove scoperte. Ma dal momento che anche gli olandesi avevano i loro Francis Drake, la pirateria stava diventando una delle più fastidiose spine nel fianco della Spagna, e al tempo stesso un colossale giro d'affari per l'Olanda. Quantità enormi d'argento – proveniente dalle Americhe e destinato a coprire le spese delle guerre di Filippo – venivano rubate dai pirati inglesi e olandesi, che a buon diritto avrebbero potuto proclamarsi patrioti *ante litteram* grazie al danno che infliggevano ai forzieri di Filippo mentre, simili a tanti Ulisse, si facevano beffe del ciclope Polifemo.

A governare queste navi corsare olandesi erano degli avventurieri, marinai eccezionali che agivano sotto la protezione dei sovrani protestanti e in particolare di Elisabetta d'Inghilterra, che il papa avrebbe voluto attaccare militarmente. Elisabetta poi era sconvolta dalla 'grande apostasia' di Enrico III di Navarra, salito al trono di Francia con il nome di Enrico IV dopo aver abiurato la fede protestante. Il 25 luglio 1593 uno dei più famosi esempi di pragmatismo politico trovò espressione nelle altrettanto famose parole di Enrico: «Parigi val bene una messa». Di fronte alla minaccia spagnola, l'Inghilterra, la Francia e – per la prima volta come nazione ed entità politica indipendente – l'Olanda, firmarono un trattato di pace il 24 maggio 1596.

L'aumento della ricchezza e il progressivo svilupparsi di un'economia di stampo capitalistico (cui contribuì anche una nuova nozione del tempo che portò alla diffusione degli orologi, fino ad allora oggetti rari, ingombranti e privilegio di pochi) comportarono la formazione di un'articolata classe borghese e, a causa delle occupazioni militari e marinare degli uomini, il compito di mandare avanti casa e affari ricadde spesso sulle donne. Già abituati al fatto che le donne si assumessero la responsabilità della conduzione degli affari domestici e dei lavori agricoli, gli uomini non esitarono a delegare alle mogli anche le funzioni sociali proprie di quella nuova classe in espansione, tanto che si può concludere con sicurezza che furono proprio le donne olandesi a dare corpo alla borghesia emergente. L'ambiente domestico costituiva il microcosmo di città altrettanto ben governate, si diceva, e tra le sue pareti era racchiuso il fulcro della vita sociale, fatto più che comprensibile in quei paesi freddi dove strade e piazze non potevano proporsi come luogo di aggregazione sociale. La pittura olandese ci presenta interni di abitazioni dove le donne siedono o chiacchierano, e che quasi sempre incorporano il laboratorio artigiano o il banco della bottega. Le case che vediamo nei quadri dei maestri fiamminghi appartengono a gente che sta iniziando a impossessarsi degli emblemi della ricchezza, case 'illeggiadrite' dalle donne entro un processo che segna l'inizio della decorazione. Le stanze erano piccole e basse, in modo da trattenere il calore, e le pareti rivestite di pannelli di legno dai quali spesso pendevano arazzi o dipinti a olio (si deve ai pittori fiamminghi l'introduzione della tecnica dei colori a olio).

I pannelli di legno richiedevano l'inserimento di qualche elemento decorativo, ma poiché le loro dimensioni erano limitate, anche i quadri da appendere dovevano essere piccoli: nasceva così un nuovo genere, quello della pittura decorativa. Ciò che in una composizione del Rinascimento italiano era solo un dettaglio, nella pittura fiamminga si dilatava a soggetto esclusivo del quadro, e per il fatto stesso di commissionare dei dipinti, ogni donna olandese o quasi poteva dirsi patrona delle arti. Se alcuni dipinti avevano una funzione puramente decorativa, altri avevano il compito di esplicitare l'occupazione e la condizione sociale del committente.

In quanto elemento catalizzatore dell'ambiente domestico, nei quadri che la ritraggono la donna fiamminga può apparire al fianco del marito ma anche sola. La ritrattistica invade le case della borghesia non appena la moglie del ricco mercante di città sente il bisogno di affidare alla pittura la futura memoria delle proprie sembianze. Dal momento che nella pittura fiamminga il soggetto del ritratto non è né una Colonna né una Medici, che non avevano bisogno di nessuna presentazione, era essenziale che a circondare la donna in posa fossero oggetti che ne indicassero la posizione sociale: da qui l'origine di un nuovo apparato simbolico nella pittura. Il tappeto persiano steso a ricoprire il tavolo (esiste tuttora un tipo di tappeto chiamato Holbein) aveva la funzione di parlare della ricchezza della casa. Nel dipinto *Giovinetta con le ostriche* (1658-1660), volendo indicare che la bella fanciulla con tanti fiori in mano è una cortigiana, Jan Steen si serve delle ostriche e dei fiori come simbolo per suggerire una profferta, una promessa, la quale è a sua volta richiamata nello sfondo, dove è rappresentato l'incontro tra la fanciulla e un uomo. La giovane donna è una geisha piuttosto che una prostituta, e questo quadro da lei commissionato a Steen probabilmente era appeso nell'ingresso della sua abitazione, un po' come se si trattasse di un manifesto pubblicitario.

L'osservazione attenta dei quadri di Vermeer rivela molto sullo stato d'animo di queste donne e sull'atmosfera languida che ne avvolge la solitudine, ma non ci dice niente su chi erano, e in questo consiste l'elemento di novità. Vermeer dipinge la malinconia, i pensieri e l'anima di queste giovani, ma non il loro *status*; non è il ritrattista della classe borghese, ed è proprio per questo che oggi lo amiamo tanto, dopo che il XIX secolo lo aveva completamente dimenticato. Quando ritrae una giovane signora vista di spalle – un *profile perdu* – dà inizio a una nuova scuola che lascia spazio all'immaginazione, anzi, che addirittura costringe chi guarda a fantasticare sullo stato d'animo della donna, sui suoi pensieri, sulle ragioni della sua malinconia. I suoi sono quasi tutti soggetti senza storia, e proprio questo spinge l'osservatore a lanciarsi nei misteriosi meandri delle congetture. Vermeer rappresentò il lavoro di cucito nel bellissimo quadro *La merlettaia*. L'associazione tra il merletto e la virtuosità della donna olandese non era nuova; in effetti la manifattura di pizzi e merletti era un'attività molto redditizia, e già nel 1629 le ragazze povere di Amsterdam potevano guadagnarsi da vivere lavorando in questo settore.

Ogni volta che è ritratta una coppia, il dipinto dimostra che il benessere economico ha dato a marito e moglie eleganza e serenità. Persino una coppia di italiani come gli Arnolfini, quali ce li mostra il celebre ritratto eseguito da Jan van Eyck (1434, ora alla National Gallery di Londra), sono rappresentati come uguali. Circondati da oggetti simbolici come il cane, emblema di fedeltà, il letto, simbolo dell'amore, e lo specchio, simbolo di verità e di ricchezza, ci raccontano la storia di una coppia di coniugi che affrontano la vita insieme, in un rapporto di reciproca solidarietà che non troviamo nella pittura italiana. Un altro esempio ci viene da un quadro esposto al museo di Anversa, raffigurante un usuraio e sua moglie. Il pittore Marinus van Reymerswaele ci mostra una coppa in abiti sfarzosi, seduta a un tavolo letteralmente ricoperto dal simbolo più diretto ed esplicito del loro mestiere, cioè soldi e cambiali; verso di essi i due tendono le mani mentre un'altra figura, quella del figlio, è ritta in piedi dietro alla madre. Un altro pittore, Pieter Coecke, ritrasse se stesso al fianco della moglie Maaike, anch'essa pittrice di talento, nell'ambientazione della loro casa di Anversa. La loro figlia sposò Pieter Bruegel il Vecchio, che di Coecke era stato l'allievo.

Grazie alla libertà di scelta di cui anche le donne godevano quando si trattava di avviarsi a una professione, erano in molte a orientarsi verso l'attività di pittrice. I dipinti che ne risultavano erano generalmente di dimensioni ridotte, in quanto realizzati in uno spazio limitato, e spesso lo stile era quello della miniatura. Si tratta di quadri molto curati nel segno e nei particolari, più vicini a un pizzo che alle pennellate larghe delle grandi tele – come quelle di un'Artemisia Gentileschi, per esempio – e non danno l'impressione che le loro autrici fossero tormentate dalle filosofie che preoccupavano le loro colleghe dell'Europa del Sud.

È un dato interessante il gran numero di donne pittrici di mestiere nei Paesi Bassi: professioniste che viaggiavano e vendevano i propri quadri anche all'estero, sempre eseguendoli con la naturalezza e l'atteggiamento pratico di chi va a vendere le uova al mercato. Pittrici come Judith Leyster, Rachel Ruysch o Maria van Oosterwyck ritraevano oggetti: un vaso oppure un cesto, da soli o entro un insieme di oggetti similari. Un'altra occupazione femminile era la produzione di miniature o di disegni ornamentali per i manoscritti, attività indubbiamente meno impegnativa della pittura e che poteva essere svolta a casa, sedute vicino alla finestra, da sole o in compagnia di altre donne. A ogni modo le miniature erano generalmente il prodotto di un lavoro di gruppo.

Levina Teerlinc, la figlia del noto pittore e miniaturista Simon Bening, compì frequenti viaggi in Inghilterra per dipingere ritratti in miniatura di Elisabetta I durante i primi anni del suo regno. Uno di questi, che rappresenta la regina con gli abiti e i paludamenti dell'incoronazione, fu copiato da Nicholas Hilliard intorno al 1600; l'originale è andato perduto. Pur in presenza di un gran numero di pittrici, alle donne non era permesso l'apprendistato nelle gilde dei pittori e ciò spiega come mai tante di loro avessero imparato il mestiere dal padre, in casa. Katharina van Hemessen (1527-1579?), anch'essa istruita dal padre, lavorò alla corte di Maria d'Austria, acquistando una certa notorietà e ricevendo commissioni da ogni dove, soprattutto per tele di dimensioni ridotte che rappresentassero nature morte e per disegni di motivi ornamentali. Anche l'illustrazione di libri era un'attività redditizia, in cui gli artisti fiamminghi si distinguevano in modo particolare. Nel testo, il vernacolo faceva posto a un ritorno del latino là dove l'ambiente era più cosmopolita, oppure quando i governanti dovevano viaggiare o incontrarsi con governanti di altri paesi. Le donne imparavano le lingue straniere, la cui padronanza comportava un'elevazione dello *status*; in particolare, ogni donna che aspirasse a farsi una cultura doveva studiare il latino, l'italiano e il francese. Gli uomini, dal canto loro, avevano poco tempo a disposizione per gli studi: navigavano, commerciavano e combattevano.

A partire dal 1480 circa, i pittori fiamminghi passano a dipingere su tela, abbandonando le tavole in legno: un'innovazione che i pittori italiani portarono poi nel nostro paese. Si assiste anche a un'evoluzione nel campo delle nature morte: la pittrice tende ora ad aggiungere il riflesso del proprio viso su un bicchiere o su uno specchio, oppure qualche insetto che svolazza intorno ai fiori, suggerendo o disvelando in tal modo i segreti dell'ambiente domestico. Quando il tulipano fu importato per la prima volta dalla Turchia in Inghilterra, alla corte elisabettiana, nel giro di poche settimane in questa nuova attività economica furono accumulate e distrutte fortune colossali: non in Inghilterra, ma nei Paesi Bassi. Judith Leyster fece ottimi affari vendendo quadretti di tulipani ad acquerello che costavano meno dei fiori freschi. Altre pittrici si specializzarono nel disegno dei fiori e nelle illustrazioni per i libri di botanica, cioè in un tipo di opere che richiedevano più precisione descrittiva che ispirazione e nelle quali si distinsero artiste come Maria van Oosterwyck, Rachel Ruysch e, con maggiore ispirazione, Judith Leyster. Per esempio, *La proposta* (1631) presenta in primo piano una donna intenta al suo lavoro di ricamo sul calare della sera. La quiete della scena è rotta dalla presenza dell'uomo dietro di lei, con una mano posata sulla sua spalla e l'altra protesa nel gesto di offrire delle monete che tuttavia la donna sembra ignorare. Il dipinto rappresenta la desiderabilità della donna in ragione delle sue virtù domestiche: fu con ogni probabilità l'assenza di un forte movimento neoplatonico a impedire che nei paesi nordici, nell'ambito della pittura, sembianze femminili e bellezza ideale venissero identificate. Questo è un fattore importante nell'iconografia della donna olandese, sul quale ritornerò.

Anche il paesaggio, fino ad allora usato con la semplice funzione di fondale o per dare maggior risalto al soggetto del dipinto, divenne una nuova modalità decorativa. È per questo che a far da sfondo alla fuga dall'Egitto si possono trovare paesaggi nordici, foreste o chiese gotiche che niente hanno a che fare con l'Antico Testamento.

Le donne erano essenziali per l'economia, dove in prima linea troviamo un nuovo tipo di donna, instancabile nel lavoro e quasi asessuata. L'idealizzazione della bellezza non era la preoccupazione principale della borghesia olandese, interessata piuttosto alla formulazione di una filosofia di vita che fosse emancipatoria e al tempo stesso consona ai nuovi interessi economici.

L'assenza di un'attenzione specifica per l'aspetto fisico e di una corrente di pensiero neoplatonica altrettanto pervasiva di quella diffusa nell'Europa del Sud fecero sì che l'attrattiva della donna olandese si concentrasse tutta nella sua capacità di fare soldi. È interessante notare a questo proposito anche l'assenza di quella manualistica sulla bellezza che tanto successo riscuoteva invece in Italia, in Francia e in Inghilterra: in Olanda si preferiva stampare manuali sul 'come fare' nel campo della finanza o dell'agricoltura. Niente forme leggiadre alla Botticelli o biondi capelli alla Veronese, in questa parte del mondo, e niente elementi platonici: dalle donne ci si aspettava che fossero sane e svelte a far di conto. «Platone insegnava che l'anima era debitrice di questa idea – cioè l'idea della bellezza – alla sua esistenza precedente» scrive Ernst H. Gombrich. «Prima che penetrasse il corpo e si sposasse alla materia, all'anima è stata concessa la visione dell'Idea del bello non offuscata dalla materia, e perciò la nostra conoscenza dell'ideale si basa fondamentalmente sulla memoria». La bellezza della donna olandese è innanzitutto morale e in quanto tale si incarna nella figura della donna di casa e grande lavoratrice, anziché in volti di raffaellesca perfezione.

Un aspetto per il quale le donne olandesi non si attiravano particolari lodi era la cucina. Gli olandesi mangiavano in continuazione, secondo quanto osservò l'inglese John Ray, un contemporaneo: «Gli olandesi, uomini e donne» scriveva, «li vedo sempre mangiare quando sono in viaggio, che sia per mare o per terra...» Un altro viaggiatore, in questo caso al seguito dell'esercito spagnolo, scriveva a casa lamentandosi del cibo: «Questa è la terra ove non si crescono né timo né lavanda, e nemmeno fichi, olive, meloni o mandorle; dove il prezzemolo, le cipolle e le insalate non hanno né succo né consistenza; dove le pietanze si cucinano, per quanto possa suonare strano, con il burro delle vacche invece che con l'olio». Gli uomini dell'esercito mangiavano spinaci lessi, carni stufate e grandi quantità di merluzzo, ostriche e aringhe sottaceto, che erano per la 'gente comune'. I poveri in effetti potevano contare su una quantità infinita di salmoni, sogliole, passere e molluschi, i quali ultimi erano la varietà meno pregiata e perciò più a buon mercato. Ben rende l'atteggiamento tipico dell'Europa del Sud la confessione di quel visitatore italiano che a Bruxelles si sentiva «in mezzo agli stranieri e barbari».

Parecchi viaggiatori inglesi notavano con orrore tutte le varietà di formaggi che gli olandesi riuscivano a produrre grazie all'abbondanza di latte; del formaggio verde, in particolare, si diceva che fosse colorato con gli escrementi di pecora e che rendesse ruvida la pelle delle donne. Ritenendolo troppo pesante per essere bevuto al naturale, le donne allungavano il latte con l'acqua e avevano ragione di farlo, almeno a giudicare dall'obesità che affligge chi ai nostri giorni continua a berlo anche in età adulta.

Si potrebbe affermare, generalizzando, che per le donne olandesi il desiderio di un cambiamento in ambito religioso era motivato più da fattori economici e patriottici che dal tormento dell'anima. Del resto è vero che a Roma la spiritualità veniva barattata in cambio di denaro, che in Spagna le famiglie si erano impoverite a causa delle tasse esorbitanti e che entrambi i potentati cattolici reprimevano le donne, per cui l'adesione alla causa protestante da parte delle donne dei Paesi Bassi fu una cosa naturale. Inoltre, i predicatori luterani e calvinisti permettevano loro di far sentire la propria voce, di cantare gli inni, di leggere i testi sacri e anche di interpretarli, rapportandosi direttamente con Dio: tutte cose che al giorno d'oggi possono apparire ben poco rivoluzionarie, quando invece il fatto di potersi rivolgere a Dio senza l'intermediazione del clero rappresentò in realtà una grande conquista.

Come ho già detto, essere protestante in quel momento coincideva con l'essere patriota e di estrazione borghese. In un certo senso significava anche optare per l'uscita dal grande mondo cosmopolita del cattolicesimo romano per divenire più attenti all'interiorità e più nazionalisti, essendo la nazione un'invenzione della classe media nonché prodotto del tempo, anche se in forma ancora embrionale. Il che spiega come mai le donne olandesi altolocate tendessero a rimanere cattoliche: l'educazione umanistica non era conciliabile con le idee calviniste, che erano spesso di livello mediocre e, nello spirito dello scozzese John Knox, avverse a qualsiasi novità, a qualunque cosa si presentasse come differente.

Tuttavia, alcune donne fiamminghe ritornarono al cattolicesimo perché non potevano accettare da un lato la mancanza di un senso estetico, pur se nella spiritualità, e dall'altro l'esaltazione del convenzionalismo dell'esistenza 'borghese'. Infatti, se la Riforma calvinista portò alle donne dei vantaggi, le privò però del piacere. Il cibo, se goduto come un piacere, era peccaminoso; i granchi erano il simbolo pittorico di un'educazione non cristiana, le ostriche quello della lussuria, le cipolle della menzogna e della malvagità e il formaggio troppo stagionato della decadenza. I moralisti condannavano le spezie esotiche e alcuni predicatori consideravano riprovevole l'uso di certi prodotti di lusso come la cannella e le salse, ma il nemico principale era lo zucchero, che arrivava dal Brasile in quantità così elevate da essere praticamente alla portata di tutti. I denti diventavano neri per la masticazione del tabacco, che l'Olanda importava in modo massiccio e poi riesportava dopo averlo miscelato, con enorme vantaggio economico (un tipo di commercio che esiste tuttora). L'uso del tabacco da parte delle donne era esecrato (in tutti i dipinti olandesi la pipa è sinonimo del fallo) e le donne che bevevano liquori erano considerate licenziose. Ma proprio perché venivano ritenute tanto spregevoli, agli occhi dell'anima puritana queste pratiche erano ancora più attraenti: come tutti sappiamo, la disobbedienza rende il peccato più eccitante.

Prima dell'unificazione la donna olandese aveva svariate attività che la tenevano occupata. L'istruzione delle ragazze era incoraggiata, ma l'accento cadeva più sul far di conto che sulla lettura di Petrarca: le donne tenevano infatti la contabilità degli affari dei mariti, spesso lontani per lunghi periodi. D'altronde, stando allo scrittore contemporaneo Jacob Cats, c'erano anche donne come le sorelle Maria e Anna Vischer di Utrecht, due intellettuali che scrivevano poesie. Ma, come osserva Cats, esse erano l'eccezione che conferma la regola. Tutte e due tenevano un salotto che era «luogo d'incontro per pittori e attori, per cantanti e poeti» e attorno ad Anna (1583-1651) si era raccolto un vero e proprio cenacolo 'intellettuale', quasi un'accademia del tipo mediceo; non deve sorprendere il fatto che entrambe le poetesse, che componevano versi italianizzanti e di sapore neoplatonico, si convertissero al cattolicesimo (1641).

Nei Paesi Bassi il Rinascimento assunse un nuovo volto: quello del capitalismo, della crescita, del sapere di più e del vedere più lontano pensando al profitto. Nella brama di conquistare nuove vie di commercio, di escogitare nuove tecnologie per rendere i viaggi e gli scambi meno faticosi e più rapidi, gli olandesi furono dei veri figli del Rinascimento. E nella loro lotta per l'indipendenza, per la libertà religiosa e per la parità dei sessi furono anche i figli dell'Età Moderna.

Capitolo dodici

Epilogo

Giano bifronte: da un lato le arti, dall'altro le scienze. Questo è il Rinascimento. O anche: da un lato un volto di donna, dall'altro un volto di uomo. Una parte che mostra l'amore sacro, platonico, l'altra che mostra l'amor profano, la libertà dei sensi, l'entusiasmo e la curiosità: si potrebbe sintetizzare in questo modo l'ambivalenza di un movimento che fu anche una filosofia di vita.

Il lato scientifico-maschile si fuse con la componente artistica femminile, attraverso quel bisogno spirituale che creò il Rinascimento, e le donne furono all'avanguardia. Come tutte le epoche di grandezza, anche il Rinascimento fiorì a spese di qualcuno, e se il primo Rinascimento prosperò sfruttando gli strati più umili della società, il tardo Rinascimento si nutrì delle risorse più vitali del Nuovo Mondo. È certo però che l'aumento della consapevolezza e del benessere non fu una risultante dello sfruttamento delle donne. In quel periodo alcune di loro conquistarono un'uguaglianza con gli uomini che fino ad allora era stata preclusa alla donna, migliorando il proprio *status* e vedendo riconosciuto il proprio talento. Le donne fecero le prime conquiste nel campo del diritto all'istruzione e furono accettate dalla società in quanto valide compagne, specialmente nei paesi in cui la Riforma legittimava la loro unione con i ministri del culto. «Per meglio cogliere la natura delle relazioni sociali all'interno dei ceti più elevati in quel periodo» scrive Jacob Burckhardt, «occorre capire che le donne erano su un piede di assoluta parità e uguaglianza con gli uomini».

Ho cercato di dimostrare che le donne contribuirono attivamente allo sviluppo del Rinascimento scegliendo alcune protagoniste di quell'epoca. Editori e critici diranno che le prove da me fornite per sostenere questa tesi sono piuttosto esigue, ma a meno di dipingere un Rinascimento senza la presenza della componente femminile, essi non possono dimostrare il contrario, né io posso confutare le loro obiezioni. Salvo poi, quegli stessi editori, scegliere una figura di donna per rendere nel modo più immediato l'idea del Rinascimento se c'è da decidere sull'immagine di copertina di un libro dedicato a quest'età. Raffaello stesso spiegava al papa che la sua ricerca della perfezione negli ideali rinascimentali si incarnava in un volto di donna. Naturalmente questo movimento subì diverse variazioni nel corso del tempo ed ebbe un'evoluzione non uniforme; le donne avevano un ruolo più importante in certe società e in certi ceti sociali più che in altri; inoltre, il movimento si dispiegò attraverso un lungo periodo di tempo e maturò precocemente in alcune menti e mai in altre. La borghesia si espandeva e il lavoro delle donne si espandeva a sua volta al di là delle pareti domestiche. Il risultato, almeno nelle aree dell'Europa toccate dal Rinascimento, fu la nascita della donna moderna.

La donna moderna è capace di gestire il proprio tempo; ha la possibilità e la capacità di plasmare la propria vita. Una volta scoperto di non essere un bene di proprietà altrui, una volta compreso che non spetta al padre piuttosto che al fratello o al marito la potestà sulla sua vita, la donna ha una sua volontà autonoma e può fare le sue scelte e prendere le sue decisioni. È questa la conquista della donna del Rinascimento. Nelle pagine precedenti l'abbiamo vista muoversi nelle sue stanze ma anche viaggiare e lavorare; l'abbiamo osservata difendere la causa del suo uomo, della sua famiglia o del suo popolo. Abbiamo visto le donne del Rinascimento mangiare, vestirsi, farsi più belle con creme e cosmetici. Le abbiamo viste intrattenere gli altri o essere intrattenute, amare o essere amate, ora suonando qualche strumento musicale, ora malate e sofferenti. Abbiamo visto la donna del Rinascimento vivere e divertirsi, amare e morire.

«Le civiltà prendono caratteri diversi, in prima istanza negli strati più elevati e poi tra la massa degli individui, a seconda di come vi è redistribuita la ricchezza e a seconda degli specifici meccanismi sociali ed economici che presiedono al prelievo, dalla ricchezza circolante, di tutto ciò che è destinato al lusso, all'arte o alla cultura» spiega Ferdinand Braudel. E la scintilla, che come sempre calava dall'alto, divampò come un incendio nelle mani della donna che aderiva alla Riforma o poetava. Scrivendo delle donne, l'"altra metà' del Rinascimento, sono consapevole di aver scelto qualche caso esemplare e di avere ignorato intere nazioni. Il fatto è che sono poche le donne rappresentative del Rinascimento in quanto corrente di pensiero: sebbene si espandesse sempre di più, le donne povere dell'Auvergne, della Calabria, delle montagne della Svizzera o delle *highlands* scozzesi non furono neppure toccate dalle ali di quel nuovo movimento.

Come Margherita di Navarra scrisse nel suo *Heptameron*, le donne vissero la loro libertà provando a se stesse e agli altri che le loro menti e i loro corpi non erano più una merce di proprietà maschile. E questo è ben esemplificato da Louise Labé, il cui anticonformismo è ancor più stupefacente trattandosi di una donna di estrazione borghese. Louise parlava a tutte le donne quando scriveva di volerle vedere «superare gli uomini non solo in bellezza, ma anche nella scienza e nella conoscenza», e aveva scelto di scrivere proprio per potere indicar loro una via da percorrere in uguaglianza con gli uomini.

Non è credibile che Louise, questa donna trattata così male dalla storia, non abbia composto più niente dal 1555 sino alla fine della sua vita, sedici anni più tardi. Quelli furono anni di violenze e distruzione, che videro la città di Lione in preda agli iconoclasti. Inoltre Louise attraversava proprio allora una fase che spesso si presenta al sopraggiungere dell'età matura: quella dell'abbandono da parte della famiglia e degli amici insieme. Non è pensabile, quindi, che una vena feconda come la sua non desse voce al dolore di quegli anni, ed è probabile invece che le carte di questa donna cattolica e 'immorale', cadute in mani ugonotte, in realtà siano finite bruciate. Louise Labé, massima espressione della donna del Rinascimento, ammonì quelle donne che non sapevano come «elevare lo spirito quel tanto al di sopra delle pentole e dell'arcolaio» ad alzare la testa e a lottare per l'uguaglianza.

Le amiche che compaiono nella sua storia forse non combatterono con l'armatura del soldato e non scrissero versi altrettanto belli, ma conversarono con lei nel suo salottino e presero parte agli spettacoli teatrali dati in onore del re. Queste donne erano allo stesso livello dei letterati famosi a quel tempo e si circondavano della loro compagnia; eppure, come sempre succede alle donne, furono attaccate sul piano sessuale con la calunniosa accusa di essere delle cortigiane, se non addirittura delle prostitute. Le donne che si erano elevate sul piano intellettuale venivano sminuite dalla gente meschina, dall'onnipresente invidia.

Per ispirazione e musicalità, la poesia di Louise Labé brilla di luce propria nella letteratura non solo francese ma di tutti i tempi e luoghi. Quando in toni quasi surrealistici piange l'amore perduto, la poetessa parla direttamente al suo liuto, il compagno delle sue sventure:

> Fin che la mia mano tenderà le corde
> del mio dolce liuto per cantar le tue grazie
> fin che la mente mia sarà contenta
> di non voler comprender che te, non desidero morire.

E ancora:

> Liuto, compagno di mia sventura,
> Dei miei sospiri irreprensibile testimone,
> Del mio patir veritiera misura
> Che tanto spesso hai pianto con me...

Sono sopravvissuti nei secoli anche i sonetti di Tullia, quelli di Veronica Gambara (1485-1550) e di Gaspara Stampa (1523-1554), e soprattutto quelli di Vittoria Colonna. E se oggi Veronica Franco (1546-1591) è rinomata per le sue poesie, ai suoi tempi era la più bella tra tutte le cortigiane di Venezia. Allo stesso modo in cui altre rendevano note le loro qualità mettendo in mostra il proprio ritratto, Veronica usava la poesia per pubblicizzare le sue doti 'artistiche' a letto. Dopo aver detto a un tale Marco che vorrebbe fare l'amore con lui, continua:

> Così dolce e gustevole divento,
> quando mi trovo in letto,
> da cui amata e gradita mi sento
> che quel mio piacer vince ogni diletto
> [...]

Febo che serve a l'amorosa dea,
e in dolce guiderdon da lei ottiene
quel che via più, che l'esser dio, il bea,
a rivelar nel mio pensier ne viene
quei modi, che con lui Venere adopra,
mentre in soavi abbracciamenti il tiene;
ond'io istrutta a questi so dar opra
sì ben nel letto, che d'Apollo a arte
questa ne va d'assai spazio sopra,
e 'l mio cantar e 'l mio scriver in carte
s'oblia da che mi prova in quella guisa
ch'a' suoi seguaci Venere comparte.

È tipico del Rinascimento magnificare l'attrattiva di un bel corpo nell'abbraccio e nel suo congiungersi con un altro corpo, in un letto.

Veronica Gambara era invece signora di Correggio e, più per la sua condizione di donna aristocratica che per il suo effettivo talento, a lei andava il rispetto di poeti come Bernardo Tasso e persino Pietro Aretino; nata nei pressi di Brescia, non possedeva le doti poetiche della Franco o di Tullia pur se, nel suo saluto a Brescia, rivela più ispirazione che nei suoi sonetti.

[...]

Salve mia cara patria, e tu felice,
tanto amato dal ciel, ricco paese
che a guisa di leggiadra alma fenice
mostri l'alto valor chiaro e palese:
natura a te sol madre e pia nutrice
ha fatto agli altri mille gravi offese
spogliandoli di quanto avian di buono
per farne a te cortese e largo dono.

Nessuna analfabeta vittima dell'Inquisizione, nessuna schiava o contadina avrebbe potuto scambiare con Michelangelo Buonarroti o con Carlo V lettere come quelle scritte da Vittoria Colonna, e solo una donna eccezionale come Giulia Gonzaga avrebbe potuto essere amata da un cardinale e ritratta da Sebastiano del Piombo; infine, nessuna donna comune avrebbe potuto tenere un salotto come quello di Tullia d'Aragona, dove si riuniva il fior fiore degli intellettuali e degli artisti del tempo. Queste donne sono emblemi del Rinascimento e la loro vita è strettamente intrecciata alle drammatiche vicende politiche così come ai progressi dell'epoca.

Nel dimostrare che le donne olandesi contribuirono alla creazione di un diversificato ceto borghese che accrebbe significativamente la ricchezza dei Paesi Bassi, ho posto in luce il fatto che furono tre donne al governo a spianare la strada a tutte le altre, aiutandole a diventare rispettabili membri della loro comunità. Le tre reggenti asburgiche, tutte fiamminghe di nascita, erano ostili tanto all'Inquisizione quanto all'occupazione spagnola; esse avevano capito che le persecuzioni religiose avrebbero portato solo a un aumento delle conversioni. La responsabilità degli affari e della famiglia ricadde su di loro perché gli uomini erano spesso assenti da casa, non solo in tempo di guerra ma anche a causa dei lunghi viaggi per mare. Le donne olandesi – descritte dal loro compatriota de Hooghe, uno scrittore del XVII secolo, come donne operose, orgogliose della casa e caste – ebbero un ruolo centrale nella costruzione di una nuova classe sociale, ed essendo in tutti i sensi le compagne di vita dei mercanti loro mariti, aggiunge de Hooghe, esse erano fino in fondo padrone nella loro casa.

Se nell'Europa del Sud le donne che dipingevano erano una rarità, in Olanda ve n'erano in abbondanza: nei Paesi Bassi era più facile intraprendere una carriera di quel genere, e inoltre la domanda di mercato per i temi paesaggistici, per le nature morte floreali e per gli interni domestici era praticamente inesauribile. Le donne della borghesia arredavano la casa e sceglievano o commissionavano i dipinti: quello del quadro in quanto elemento decorativo della casa era un concetto moderno, e le famiglie che avevano raggiunto un certo grado di benessere economico desideravano che esso si riflettesse nella propria abitazione.

La Riforma favorì le donne e le riconobbe come membri importanti della comunità, degni di fiducia per tutta una serie di funzioni e ruoli, nello stesso momento in cui le donne della nobiltà italiana salivano a una posizione preminente in campo politico e letterario. Le donne comuni, man mano che le loro condizioni economiche miglioravano ed esse andavano a costituire un nuovo ceto 'intermedio', emularono le loro sorelle delle classi alte grazie alla consapevolezza di non essere una minoranza, benché il loro sesso fosse trattato come tale. In Italia, tra le classi alte, le donne che aderirono alla Riforma rappresentavano una maggioranza, ma le poche che ebbero il coraggio di esprimere apertamente ciò che pensavano furono ben presto ridotte al silenzio dall'Inquisizione. La devozione di Vittoria Colonna nei confronti di un marito perennemente assente la abituò alla solitudine, che presto si tramutò nell'isolamento dei poeti. Tra coloro che compresero a fondo la ricchezza del suo universo mentale vi fu l'uomo più straordinario di tutti i tempi, Michelangelo Buonarroti, che essa amava e dal quale era amata.

La natura dell'individualità rinascimentale era per definizione ricca di sfaccettature, come si addice a una personalità versatile e allo stesso tempo interessata ai più svariati campi della cultura. Una donna dalla personalità a tutto tondo come Vittoria Colonna andò incontro a diverse trasformazioni nel corso della sua vita, sia quando usava la poesia per esprimere le sue idee sia quando combatteva per una maggiore tolleranza religiosa. Nei suoi rapporti epistolari, nelle sue amicizie e nella sua sintonia con le menti più elevate del tempo, Vittoria rappresenta la quintessenza del Rinascimento. A differenza della sua giovane parente Giulia Gonzaga che scelse la Riforma (tanto che la sua morte fece rimpiangere a Pio V di non averla potuta bruciare viva), Vittoria non si convertì mai ufficialmente al protestantesimo, ma la sua prestigiosa figura fu danneggiata dalle campagne diffamatorie montate contro di lei dall'Inquisizione.

Giulia si era trasformata in una donna distante, e la lontananza algida della sua bellezza incantava gli uomini e ispirava versi d'amore, mentre nella sua anima si agitava il tormento spirituale del dubbio. La sua 'romantica' fuga dagli artigli di Solimano il Magnifico la rese leggendaria. Travolta dalla tempesta di una Controriforma ai suoi inizi, Giulia ne emerge come una donna coraggiosa, che non ha paura di ritrovare se stessa, il suo amore e il suo ruolo, e di combattere a beneficio di altri come lei. Vittima di un matrimonio precoce, aveva trovato l'amore con due uomini di vasta cultura: Ippolito de' Medici e Pietro Carnesecchi. Un tempo segretario personale del papa, quest'ultimo finì i suoi giorni in un lago di sangue sul ponte di Castel Sant'Angelo, andando ad aggiungersi alle numerose vittime dell'Inquisizione.

Alcune tra coloro che possiamo con sicurezza definire donne del Rinascimento si fecero promotrici di un'Accademia, qualcosa di non molto lontano dai salotti proustiani, a parte la mancanza di quello snobismo che la borghesia doveva ancora inventare. I personaggi di maggior spicco di questi luoghi d'incontro conversavano con somma eleganza sui temi che una crescente libertà di scelta suggeriva di affrontare. Inoltre, mentre negli incontri di società cibi e bevande acquistavano un posto sempre più importante, parallelamente si inventarono nuove regole per servirli agli ospiti. Le persone d'ingegno si mescolavano liberamente ai membri della nobiltà, ed era spesso una donna a presiedere a quegli incontri e a suggerire i temi della discussione.

A perdere Tullia d'Aragona fu in ultima analisi il suo tentativo di essere accettata, ma la sua gioia di vivere continuò a risplendere, perché mai si lasciò abbattere dagli attacchi ripetutamente lanciati contro la sua persona e perché anche nei momenti di più cupa disperazione compose poesie che le hanno conquistato un posto nella storia della letteratura.

La breve apparizione di Imperia su questa terra racchiude e sintetizza l'ideale rinascimentale: la sua bellezza e la sua giovinezza esigono onore e rispetto nonostante il suo essere 'cortegiana'. Amica (e probabilmente occasionale amante) di Raffaello, del Sadoleto e del potentissimo Agostino Chigi, ebbe il perdono personale del pontefice quando, suicidandosi, disobbedì alla legge divina. Sebbene per loro il sesso fosse un'abitudine, Tullia e Imperia paiono avere incontrato la passione una volta sola nella vita... ma forse questo è tipico proprio delle donne che hanno fatto del sesso una professione.

Le donne non avevano cessato di essere considerate diverse, esattamente come gli ebrei o gli omosessuali o i neri. Formavano una specie a parte, e poiché non si può affermare che costituissero una minoranza, la ragione di ciò va ricercata alla radice del problema: le donne erano da sempre prive di una rappresentanza, di una storia scritta da loro. Alcuni storici sostengono che l'atteggiamento vendicativo degli uomini nei confronti delle donne risale agli albori della storia, al tempo in cui a prevalere era il matriarcato. È vero infatti che oggi ci resta solo una percezione sfumata di un tempo in cui le donne, le creatrici della vita, dominavano la vita sociale, e non è da escludere che questo tempo sia durato molto più a lungo di quanto si creda. Ma esso si colloca nella preistoria, in un'epoca anteriore alla scrittura. In talune delle società 'preistoriche' che ancor oggi sopravvivono (quella dei tuareg, per esempio), il matriarcato è tuttora in vigore. E ciò spiega come mai Ishtar, Inanna, Astarte, Afrodite o Venere, in origine tutte dee dominanti, furono gradualmente ridimensionate nel loro potere fino a diventare tentatrici e peccatrici. Siamo ancora agli albori della civiltà, eppure la saga di Gilgamesh racconta già di come Ishtar fu sopraffatta da questo supereroe che resiste al pericoloso richiamo sessuale della dea.

Il sesso identificato con il peccato, di cui è fatta responsabile unicamente la donna, è l'eredità che ci hanno lasciato gli intolleranti monoteismi d'Oriente: il giudaismo, il cristianesimo e l'islamismo. Il Rinascimento infranse buona parte di questi miti per pura forza di necessità, in quanto le donne servivano per dare equilibrio alla struttura sociale. Cosa, questa, che potrebbe verificarsi in futuro anche nell'Islam, benché la sovrappopolazione sia un deterrente alla possibile trasmissione, da parte degli uomini, di responsabilità, lavoro e istruzione alle donne. Con la Controriforma le donne furono allontanate dalla vita pubblica e persino dalla conduzione degli affari domestici. Tra i paesi cattolici solo la Francia, che non aveva l'ingombro di una curia onnipotente, fu libera di prosperare; ben presto la storia del pensiero sarebbe passata nelle sue mani.

Grazie alla bellezza tanto del loro corpo quanto del loro spirito, le donne sottrassero il Rinascimento a quel persistente labirinto di ipocrisia. Lo vediamo, ad esempio, nelle parole della bella e brava poetessa Gaspara Stampa, che gli amici chiamavano Gasparina, la quale non si vergognò mai di proclamare la sua gioiosa esperienza dell'amore fisico – «vivere ardendo e non sentire il male» – e il fatto di essersi perdutamente innamorata:

Oimé le notti mie colme di gioia
io non v'invidio punto, angeli santi
rimandatemi il cor, empio tiranno...

Né si vergognava di rivolgersi alla notte, che tanta gioia le aveva dato,
rendendo più splendente la luce del giorno:

O notte, a me più chiara e più beata
che i più beati giorni ed i più chiari,
notte degna da' primi e da' più rari
ingegni esser, non pur da me, lodata;
tu de le gioie mie sola sei stata
fida ministra; tu tutti gli amari
de la mia vita hai fatto dolci e cari,
resomi in braccio lui che m'ha legata.

[...]

Figlia di un orafo di Padova che l'aveva istruita nell'arte della musica,
Gasparina preferì dedicarsi alla poesia e in questo campo si conquistò
il riconoscimento e il rispetto dei contemporanei. Le sue *Rime* furono
pubblicate nel 1554, l'anno della sua morte, avvenuta all'età di tren-
t'anni. Visse quasi tutta la sua breve vita a Venezia, vittima di Cupido:

Che vuol dir che, da poi
che voi partiste, io son sempre con voi?

Le donne si innamoravano di un amore avvolgente e totale, forse sconosciuto agli uomini. A quell'amare perdutamente gli uomini avevano bisogno di trovare una spiegazione semplice ed efficace, sicché a
volte lo imputarono alla stregoneria, come possiamo vedere da alcuni
processi dell'Inquisizione tenutisi a Siena. Nel gennaio del 1534 Caterina Gerina confessò di saper preparare una 'fattura amorosa' e di
averne dato la formula a Bartolomeo Tornai:

mettendovi acqua di tre fiumi, pietre di tre incrociate di vie, acqua
benedetta di tre pile di tre chiese, sogna con oglio di una lampada

di una chiesa, uno chiovo, uno mocholo di quelli che sonno stati a le messe et, per riempire, acqua di tre lavatoi.

Un certo Agnolo Palmieri era andato da una tale Maffia da Cinigaiano e le aveva chiesto una pozione per fare innamorare di lui l'amata (marzo 1508). E, a quanto risulta, nel giugno del 1540 finì sotto processo una certa Lucia da Pienza che copulava con il diavolo da sei anni!

La storia è stata scritta dagli uomini, o meglio da uomini che spesso avversavano le conquiste delle donne non solo perché ciò poneva fine alla sottomissione del sesso femminile, ma anche per concrete ragioni economiche: le donne stavano – e stanno tuttora – occupando ruoli e posizioni fino ad allora di esclusivo dominio maschile, e si aspettavano che gli uomini condividessero con loro i poco gratificanti lavori domestici; in effetti i progressi delle donne nel campo del lavoro furono più solidi in quelle società che per necessità richiedevano il loro contributo. A questo proposito, dallo storico Ferdinand Braudel ci viene un'ammonizione: «Dunque la civiltà ha almeno due livelli, con i quali si spiega la tentazione, avvertita da molti autori, di separare i due mondi della cultura e della civilizzazione, uno elevato alla dignità delle occupazioni spirituali, l'altro ridotto alla trivialità delle cose materiali».

Le donne colte erano motivo di sospetto se non addirittura di odio per il fatto che la loro sessualità, non limitandosi alla procreazione e all'altrui piacere, poteva esprimere amore e dare luogo a una comunanza spirituale. Quelli della sessualità, del cibo e del femminile, sebbene temi di non facile trattazione, sono comunque pertinenti al discorso sul Rinascimento, su questa età che scoprì e perseguì la qualità della vita e creò l'alta cucina. L'arte di cucinare pietanze elaborate, portata in Italia dai raffinati bizantini in abiti di seta ed esotici copricapi che vediamo nei dipinti di Piero della Francesca, fu motivo di ispirazione e di trasformazione della tavola rinascimentale. Perché l'amore fisico dovrebbe essere una trappola? Perché l'uomo ha paura di essere giudicato nel più intimo dei suoi atti? Si tratta certamente di amor proprio, a fronte di donne che hanno il vantaggio di non dover 'dare prestazioni'. Il rapporto sessuale può offrire o meno piacere tanto all'uomo quanto alla donna. Al pari del cibo, che può essere squisito, indifferente o rivoltante, anche il sesso può essere scarso o assente, ma non per questo ne abbiamo meno bisogno.

La paura di essere contaminati trasformò l'atto sessuale in una fonte di malattie di cui si incolpavano le donne.

Proviamo a immaginare cosa sarebbe accaduto se l'uomo avesse scagliato il suo anatema non contro il sesso, che in ultima istanza sfocia nella procreazione, bensì contro un altro dominio del piacere: l'atto del mangiare. Il consumo di cibo può dare un piacere che per alcuni è ancora più grande di quello sessuale; mangiare ha un grado di fisicità identico, non obbedisce a nessuna estetica e può proporsi come sostituto del sesso. L'idea non è poi così peregrina: nella Bibbia, per esempio, l'astinenza dai cibi è paragonata al celibato e un buon piatto costituisce una pericolosa tentazione; inoltre troviamo eremiti e anacoreti, che rifiutano il cibo come atto di penitenza. Al pari del sesso, la digestione può essere difficile, addirittura pericolosa se il cibo è guasto o, come accadeva nel Rinascimento, avvelenato; anche il processo della digestione può essere rumoroso e imbarazzante. Proprio come accade con il sesso, il cibo può essere dispendioso, e non sempre un costo maggiore coincide con una migliore qualità. Se il sesso può trasmettere malattie come la sifilide o la gonorrea – l'AIDS di quel tempo –, il cibo a sua volta può danneggiare lo stomaco e l'intestino e condurre persino alla morte.

I pericoli connessi all'atto sessuale erano altissimi per le donne, soprattutto per le conseguenti gravidanze e in particolare al momento del parto, il cui alto tasso di mortalità aveva un impatto pesante anche sugli uomini, in quanto ne discendeva la rottura dell'unità economica familiare. Perciò la sfiduciata visione degli uomini che nella donna vedono una trappola della sessualità nasconde forse la paura della malattia, che pur essendo presente anche in altre sfere dell'esistenza non ha causato in esse una catastrofe culturale altrettanto grave. Inoltre, può darsi che a livello inconscio l'atto del mangiare fosse percepito come più essenziale ancora della copulazione.

Ma per le donne, specialmente per le più giovani, il rifiuto continuato del cibo è causa di malattia. Quelle che oggi chiamiamo bulimia e anoressia, diffuse soprattutto tra gli strati sociali che hanno a disposizione cibo in sovrabbondanza, possono essere entrambe causa di morte; allo stesso modo, il sesso perde di attrattiva quando è inflazionato e quando la popolazione è in soprannumero. La bulimia e l'anoressia sono più diffuse tra le donne dell'Europa del Nord e tra le giovanissime, in particolare quelle delle classi privilegiate, che rifiutano la 'consistenza' del loro corpo femminile.

Se al Rinascimento e alla sua ammirazione per la flessuosità del corpo femminile fosse seguita una Controriforma che avversava i piaceri della tavola anziché quelli della carne, con la conseguente riprovazione del cibo e dei processi della digestione, oggi avremmo sotto gli occhi quadri che raffigurano torte peccaminose e prosciutti invece delle Maddalene e delle Veneri nude, invece di una Tullia o di un'Imperia. Al posto di Vittoria Colonna o di Giulia Gonzaga, l'Inquisizione avrebbe messo sotto processo gli Escoffier del Rinascimento, e oggi parole come 'soufflé' e 'mousse' sarebbero pronunciate in un sussurro cospiratorio, e ci sarebbero luoghi chiamati 'ristoranti' dove la polizia farebbe irruzione di tanto in tanto, arrestando giocatori di calcio, politici e uomini d'affari colti in flagrante a un banchetto illegale. La cultura del mondo contemporaneo ha ventilato una simile possibilità con film memorabili come quelli di Luis Buñuel o *La grande abbuffata* di Marco Ferreri. In tempi di carestia, quando la necessità di cibo non era soddisfatta, un corpo grasso era segno di ricchezza. Oggi quell'obesità e quella grassezza che un tempo erano giudicate attraenti (si vedano ad esempio i quadri di Rubens) sono considerate brutte, anche se nei paesi dove vi è sottoalimentazione le donne grasse sono ancora ritenute desiderabili. Secondo i canoni attuali dell'estetica del mondo occidentale, dove l'obesità è ormai diffusa soprattutto tra i meno ricchi, l'ideale della bellezza femminile è un corpo magro, quasi da malata, pallido e androgino, il cui modello è la Simonetta Vespucci ritratta da Botticelli, morta a ventitré anni di tubercolosi: un fisico quasi da anoressica, il suo, che spiega come mai la sua immagine è tanto di moda ancor oggi. Storicamente nel passato la donna ricca è grassa e la donna povera è magra; oggi è vero l'opposto. Anche l'architettura si è adeguata a questa tendenza, generando forme punitive su cui pesa l'impronta di Le Corbusier. Al pingue, orrendo Millennium Dome londinese di Richard Rogers si preferisce la semitrasparenza gotica della piramide del Louvre o lo svettante 'Cetriolo' di Norman Forster.

In uno dei *Canti carnascialeschi*, Lorenzo de' Medici associa il cibo al sesso. Sei donne che hanno perso i loro mariti si ritrovano da sole e con grande contentezza; è Carnevale, le donne sono contadine e coltivano la terra. Parlano in prima persona, usando espressioni e parole oscene della lingua popolare, come ci mostrano questi versi tratti dalla *Canzona delle foreste*:

> [...]
> Cetrïuoli abbiamo e grossi,
> di fuor pur ronchiosi e strani;
> paion quasi pien' di cossi,
> poi sono apritivi e strani;
> e' si piglion con duo mani:
> di fuor lieva un po' di buccia,
> apri ben la bocca e succia;
> chi s'avezza, e' non fa male.
> Mellon c'è cogli altri insieme
> quanto è una zucca grossa;
> noi serbiam questi per seme,
> perché assai nascer ne possa.
> [...]
> Queste frutte, come sono,
> se i mariti c'insegnate,
> noi ve ne faremo un dono:
> noi siam pur di verde etate;
> se lor fien persone ingrate,
> troverrem qualche altro modo,
> che 'l poder non resti sodo:
> noi vogliam far carnasciale.

Il cibo avrebbe creato una divisione non tra i sessi ma tra i golosi, e meno spazio sarebbe stato concesso a quella preoccupazione così cara agli esseri umani: la differenza. Non furono solo il clero e gli uomini di vedute ristrette a scorgere un pericolo nella donna emancipata e a volerla escludere. In passato i cibi serviti ai banchetti erano presentati come se si trattasse di incontri amorosi, con musiche e danze e grandi sforzi da parte di tutti i partecipanti per sembrare più giovani e più belli. Uno di questi banchetti fu offerto dal duca Ercole d'Este domenica 24 gennaio 1529 in onore del padre, il duca Alfonso, e della zia, Isabella Gonzaga di Mantova; durò quattordici ore e vi parteciparono 104 invitati. Furono servite ostriche, arance e pere, pasticcio di ostriche, miele, tortini d'uovo e latte, il tutto con un sottofondo di musica strumentale che accompagnava la conversazione o riempiva gli intervalli in cui i servitori sparecchiavano la tavola per fare spazio alle nuove portate in arrivo. Alla fine, dopo che gli ospiti si furono lavati le mani ancora una volta, giunsero in tavola i dolci: pere, limoni canditi, lattuga candita e, insieme a questi, trecento stuzzicadenti profumati. Poi fu la volta di una piccola orchestra e di un coro a cinque voci. Fu portata in tavola una grande torta, dalla quale uscirono i nomi stampati di ciascun invitato e poi collane, orecchini e svariati altri gioielli, e subito dopo il duca organizzò una tombola. Infine, al suono degli squilli di tromba gli ospiti si ritirarono nelle stanze che li avevano accolti prima del sontuoso banchetto per darsi una rinfrescata mentre il salone veniva ripulito. Alle otto e mezzo di sera gli invitati tornarono nel salone per ballare la pavana, la gagliarda e l'allemanda. Il duca Alfonso e Isabella Gonzaga avevano consumato il pasto a un tavolo separato, come si confaceva ai capi di Stato; Ercole, sua moglie Renata e Lucrezia si erano invece mescolati agli ospiti. Alle tre del mattino fu servita la colazione: uva, frutta cotta, ciliegie, gelatine di diversi gusti, uva passa e mele. Cinquanta servitori offrirono acqua zuccherata, dopodiché si riprese a ballare.

Non tutte le donne avevano la fortuna di poter partecipare a simili banchetti. L'isolamento e l'ignoranza, la povertà e la vecchiaia esclusero molte di loro dal Rinascimento e l'invidia portò a cercare vendetta sulle privilegiate, su quelle che avevano più talento, più cultura, più coraggio e più mezzi per godersi la vita. In altre parole, le fiamme del Rinascimento si levarono alte, ma non per tutte, e l'invidia a volte era motivata proprio da quelle fiamme.

Le donne presero parte attiva al dibattito sulle grandi controversie del tempo e furono all'avanguardia nella battaglia per la Riforma. In

Francia e in Inghilterra in particolar modo, le donne si fecero convinte sostenitrici della nuova religione riformata, che nonostante le posizioni assunte da Calvino non le escludeva dalla vita sociale e pubblica in quanto fonti di 'vita animale'. Conquiste apparentemente piccole ma in realtà di grande importanza, come per esempio la possibilità di cantare i Salmi in chiesa insieme agli uomini, diedero alle donne un senso di partecipazione, di 'non differenza' al cospetto di Dio. I motivi di questo atteggiamento militante delle donne protestanti erano più che validi, dal momento che i preti cattolici avevano approfittato della loro ignoranza per secoli, derubandole e stuprandole. Dopo un periodo di tolleranza, la classe media in espansione espresse tre credo fanatici: Controriforma, cattolicesimo e protestantesimo calvinista. È purtroppo sintomatico che il luteranesimo più tollerante e il riformismo di stampo erasmiano avessero ben poco successo. «Nel giro di vent'anni si susseguirono due tipi di protestantesimo, due ondate» scrive Braudel «l'una dominata dall'appassionato attivismo di Martin Lutero, l'altra dal meditativo e autoritario Giovanni Calvino. Tra i due non poteva esserci più netta differenza. Lutero era un contadino originario delle regioni di frontiera della Germania orientale; nel rusticismo della sua ribellione spirituale vi era una naturalezza forte e immediata [...] Egli si situa al polo opposto di Calvino, l'abitante di città, il freddo intellettuale, il politico, l'organizzatore instancabile, l'avvocato che segue la sua logica fino in fondo. Per Lutero il protestantesimo è una verità rivelata, mentre per Calvino è una formula matematica dalla quale dedurre i risultati».

Le guerre di religione, dettate più dalla politica che da motivazioni spirituali, ovviamente coinvolsero anche le donne, che tuttavia vissero i grandi sconvolgimenti religiosi del tempo in un modo mistico, con un bisogno di spiritualità che insieme al bisogno di istruzione e di conoscenza era ormai diventato insopprimibile. Ma l'intolleranza, tanto nei suoi aspetti economici che religiosi, ancora una volta operò per svilire ciò che era stato conquistato: con il suo entusiasmo per l'istruzione, il Rinascimento aveva dato alle donne la parità con gli uomini. Le due direzioni vittoriose del movimento per la riforma, cioè la Riforma protestante nei paesi del Nord e la Controriforma cattolica nei paesi del Sud dell'Europa, furono la conseguenza del fatto che le donne avevano capito di essere persone, non una specie subordinata e inferiore.

Le masse non furono neppure sfiorate dalla filosofia del Rinascimento e, prigioniere dell'intolleranza, avevano in sospetto gli intelletti aperti. Il successo e la prosperità economica dell'Europa settentrionale derivavano dall'attiva partecipazione al lavoro da parte delle donne. Le grandi guerre di religione, le torture e i roghi dell'Inquisizione non avevano niente a che vedere con l'accettazione di concezioni come quella della 'giustificazione per fede', essendo piuttosto il risultato della diffidenza verso il diverso di cui si nutre l'ignoranza degli uomini. Mentre nei Paesi Bassi, grazie alla nuova libertà, si assisteva a una crescita economica e a un aumento del benessere, il Sud dell'Europa si ripiegava su se stesso. Come si è già detto, ciò era dovuto a molteplici fattori, non solo alla corruzione della Chiesa e all'inaridimento della cultura; il fatto è che il Mediterraneo aveva cessato di essere il centro del mondo da quando i commerci marittimi avevano preso altre strade e le rotte oceaniche erano finite sotto il controllo degli inglesi e degli olandesi; inoltre, alle vie di comunicazione costruite dai romani in tutta l'Europa del Sud, infestate dai banditi e lasciate prive di manutenzione, si erano sostituite le vie fluviali del Nord, naturalmente predisposte a costituire un'efficiente rete di scambi mercantili. Sull'Italia si abbatterono carestie ed epidemie.

A questo punto potrebbe essere il caso di riandare alle prime pagine di questo libro, là dove è citata l'affermazione di Aristotele secondo cui la storia è meno capace di veicolare la verità di quanto lo sia la poesia: «La poesia è qualche cosa di più filosofico e di più elevato della storia, poiché la poesia tende piuttosto a rappresentare l'universale, la storia il particolare». Naturalmente Aristotele, il filosofo a cui il Rinascimento e noi oggi tributiamo una reverente ammirazione, si riferiva alla poesia epica, a Omero e a Pindaro, ma in questo caso – nel mio caso – la mia storia delle donne nel Rinascimento può considerarsi storia in quanto è la voce poetica delle donne a farsene portatrice. Le poetesse che ho citato cantano i loro amori, i loro lutti, la loro epoca, raccontano la loro storia e la storia del loro tempo. La poesia è per la donna rinascimentale un'ispirata fonte di comunicazione, è lo specchio del Rinascimento.

Il Rinascimento fu troppo rivoluzionario per non suscitare paure. L'emancipazione delle donne era antitetica all'ordinamento sociale auspicato dai governanti autocratici o dalla piccola borghesia da poco entrata nelle stanze del potere. L'istruzione e la sua diffusione si risolsero nell'ascesa di quella classe media che doveva in seguito diventare la borghesia, già visibile in embrione non solo nel Nord dell'Europa, ma anche in Francia e in Italia.

Ma in questa storia non c'è niente di unilaterale, poiché ogni linea di contorno si stempera nella storia dell'umanità. Può sembrare che il grande nemico della donna sia la Chiesa cattolica romana, ma ciò non è del tutto vero: lo dimostrano la particolare adesione al cattolicesimo di Louise Labé e la conversione di due poetesse olandesi, nonché la ristrettezza di vedute che ha finito col caratterizzare buona parte del calvinismo.

Che le donne siano più devote agli uomini di quanto gli uomini lo siano verso di loro è un fatto di natura fisica. Le donne amano di più, si innamorano più spesso e più intensamente degli uomini, e di amore si nutrono e vivono. Che siano innamorate del proprio figlio – la maternità essendo un'esperienza carnale –, di una concezione spirituale o di un dio, in loro la passione scorre insieme al sangue. Non c'è da vergognarsi del fatto di essere diverse dagli uomini, e la Natura è stata tanto intelligente da mettere molto amore nell'anima della donna, altrimenti essa non avrebbe mai acconsentito a vivere la dolorosa ed estenuante saga della procreazione. Ciò è vero oggi non meno di quanto lo era durante il Rinascimento.

Le donne furono essenziali allo sviluppo delle nuove filosofie del Rinascimento e di un modo nuovo di intendere la qualità della vita, così come all'elevazione spirituale e all'orgoglio di una ritrovata armonia, che divenne la forza propulsiva dell'intero percorso della filosofia. La donna rispecchia il Rinascimento, nell'immagine che la vede iniziatrice di quella che doveva configurarsi come l'Età Moderna.

Fonti

Alcune parole ed espressioni dei testi originali cinquecenteschi italiani sono state a volte 'tradotte' in un italiano più moderno e comprensibile, non solo per facilitarne la lettura, ma anche perché spesso di alcuni testi l'originale è andato perduto ed esistono soltanto le varie trascrizioni, che non di rado presentano notevoli differenze tra loro (come nel caso della corrispondenza tra Vittoria Colonna e Michelangelo). Le date di pubblicazione che compaiono qui di seguito sono quelle delle edizioni da me consultate.

Capitolo uno

L'argomento di questo capitolo è oggetto di trattazione da parte di molti libri. Ho utilizzato *The Civilization of the Renaissance in Italy* di J. Burckhardt (New York 1958; trad. it.: *La civiltà del Rinascimento in Italia*, Sansoni, Firenze 1961); *Ricordi, Diari, Memorie* di F. Guicciardini (Roma 1981); *Renaissance Europe 1480-1520* di J. Hale (Londra 1971; trad. it.: *L'Europa nell'età del Rinascimento: 1480-1520*, Il Mulino, Bologna 2003) e anche *An Unfinished History of the World* di H. Thomas (Londra 1981).

Per questo come per altri capitoli ho tratto spunti e citazioni da *The Mediterranean and the Mediterranean World in the Age of Philip II*, voll. I e II, di F. Braudel (Londra 1973; trad. it.: *Civiltà e imperi del Mediterraneo nell'età di Filippo II*, Einaudi, Torino 2002), nonché da *The Structure of Everyday Life* dello stesso autore (Londra 1981; trad. it.: *Le strutture del quotidiano*, Einaudi, Torino 1976). Ricche di notizie e particolari interessanti sono due opere di L. Vives, *The Instruction of a Christian Woman* (Londra 1529) e *The Lawes Resolution of Women Rights* or *The Lawes Provisions for Women* (Londra‹ 1632). Altre fonti che ho utilizzato per questo capitolo e i successivi sono l'erudito *Rievocazioni del Rinascimento* (Bari 1924) di G. Marchetti Ferrante; i *Discorsi* di N. Machiavelli (Firenze 1929) e *Poesie del Quattrocento e del Cinquecento. Il Parnaso,* a cura di C. Muscetta e M.R. Massei (Torino 1959); *The Fifteen Century* di M. Ashton (Londra 1968) e *The Elizabethan Woman* di C. Camden (Londra 1952). Per ulteriori particolari sulla questione della sifilide si vedano il *Libellus de Epidemia, quam vulgo morbum gallicum vocant* (Anonimo, Venezia 1542), *Le pistole vulgari* di M. Nicolo Franco (Venezia 1542) e *La Signora del Rinascimento* di Daniela Pizzigalli (Milano 2002), che ho usato anche per il capitolo sul sacco di Roma. Ho utilizzato anche *The Middle East* di B. Lewis (Londra 1995; trad. it.: *Medio Oriente: duemila anni di storia*, Mondadori, Milano 1999) e *What Went Wrong?* dello stesso autore (Londra 2002; trad. it.: *Il suicidio dell'Islam: in che cosa ha sbagliato la civiltà mediorientale*, Mondadori, Milano 2002). L'estratto di *Elizabeth the Queen* di Alison Weir è pubblicati da Jonathan Cape. Usato con permesso di The Random House Group Limited.

Capitolo due

Siamo a Ferrara. Il libro di A. Reumont, *Vittoria Colonna. Vita, fede e poesia nel secolo decimosesto* (Torino 1883) è stato di incomparabile utilità per la mia ricostruzione della vita della poetessa. Altrettanto posso dire del libro di D. O'Connor, *Louise Labé. Sa vie et son œuvre* (Parigi 1926), nel quale ho reperito anche preziosi dettagli riguardanti il soggiorno di Marot a Ferrara. Il contemporaneo Filonico Alicarnasseo (nome d'arte di Costantino Castriota) fu autore di svariate biografie, tra cui quella del marito di Vittoria Colonna (*Vita di Don Ferrando Francesco d'Ávalos*) e quella del cugino (*Vita di Pompeo Colonna*) (manoscritti della Collezione Ferrajoli). Nell'appendice al *Supplemento al carteggio di Vittoria Colonna*, doviziosamente annotato da D. Tordi (Torino 1892), si trova la *Vita di Vittoria Colonna* dell'Alicarnasseo, un testo non particolarmente articolato ma ricco dei deliziosi pettegolezzi che circolavano a quel tempo. Per questo e per altri capitoli ho fatto uso del *Carteggio di Vittoria Colonna* raccolto da G. Müller ed E. Ferrero (Torino 1882); della *Vita del Pescara* di P. Giovio, tradotta *in vulgaris*, cioè in italiano, da Ludovico Domenichi (Venezia 1560); e di *Vittoria Colonna: Her Life and Poems* di H. Roscoe (Londra 1868). La poesia di Tullia d'Aragona su Bernardino Ochino è tratta dal *Parnaso* (op. cit.), mentre per la sua storia mi sono basata su *Courtesans of the Italian Renaissance* di G. Masson (Londra 1975), su *Donne del Rinascimento* di G. Portigliotti (Milano 1927) e su *Rievocazioni del Rinascimento* di G. Marchetti Ferrante (Bari 1924). Alcuni particolari relativi alla città di Ferrara, in questo così come nel quarto capitolo, sono tratti da *Lucrezia Borgia* di Maria Bellonci (Milano 1979). Le citazioni dei versi di G. Muzio sono tratte dalle *Egloghe* (Venezia 1551), quelle dell'Ariosto dall'*Orlando furioso* (XXXVII Canto). Per le notazioni sulle correnti spirituali dell'epoca mi sono rifatta all'*Età del Rinascimento e della Riforma* di H. Hauser e A. Renaudet (Torino 1957), a *Reformation Europe 1517-1559* di G.R. Elton (Londra 1963) e anche alla *Vita e l'opera di Vittoria Colonna* di A.A. Bernardy (Milano 1927).

Le notizie sull'incontro tra Vittoria Colonna e Tullia d'Aragona sono tratte dal manoscritto *Donne di Casa d'Ávalos* del principe d'Ávalos (che ringrazio per il permesso di consultazione e riproduzione), conservato negli Archivi d'Ávalos di Napoli, fonte che ho utilizzato anche per altri capitoli. Di grande utilità mi è stato anche *The Rise and Fall of the House of Medici* di C. Hibbert (Londra 1979; trad. it.: *Ascesa e caduta di casa Medici*, Mondadori, Milano 1997), un bellissimo libro.

Capitolo tre

Oltre alle già citate opere di Hale, Masson, Portigliotti e Marchetti Ferrante, per questo capitolo ho utilizzato la *Storia di Venezia* di F.C. Lane (Torino 1973), *Galanterie italiane del secolo XVI* di V. Cian (Torino 1887) e *Old Mistresses, Women, Art and Ideology* di R. Parker e G. Pollack (Londra 1981). Per il Pasquino ho letto il già citato *Parnaso*; per Imperia e per Agostino Chigi ho consultato rispettivamente la già citata opera di G. Masson e quella di G. Marchetti Ferrante. La

Storia della musica di C. Gallico (Torino 1978), che contiene anche delle riproduzioni di manoscritti, è stata usata per questo e altri capitoli, così come la *Storia degli italiani* (Bari 1975) e *Ragionamento dello Zoppino, fatto frate, e Lodovico, puttaniere, dove contiene la vita e la genealogia di tutte le cortigiane di Roma*, attr. a Francesco Delicato (Milano, Longanesi 1969). Per quanto riguarda la topografia della Roma rinascimentale, mi sono basata sulle *Città nella storia d'Italia: Roma* di I. Insolera (Bari 1981). Il giudizio espresso da Martin Lutero su Roma è tratto dai *Discorsi a tavola n. 3478 (27 ottobre-4 dicembre 1536)*. Per una descrizione delle cortigiane veneziane si veda il libro di T. Coryat, *Crudities* (Londra 1608). Un valido aiuto è stato offerto anche da R. Mair, *Key Dates in Art History* (Oxford 1979). Per questo e per i successivi capitoli può risultare utile la consultazione dell'elenco cronologico dei papi dell'età rinascimentale (pag. 291).

Capitolo quattro

Questo capitolo ripercorre gli eventi più importanti della vita di Vittoria Colonna. I testi su cui mi sono basata sono opera di due celebri storici, G. Müller ed E. Ferrero. Di particolare utilità è stato anche il libro di B. Tafuri, *Istoria degli scrittori nati nel regno di Napoli* (Napoli 1750), che riproducendo *La vita del marchese del Vasto* e *La vita della principessa di Francavilla*, entrambi dell'Alicarnasseo, mi ha permesso di attingere anche a questi due testi. Il libro *Il canzoniere* di G. Tarsia fu pubblicato a Napoli nel 1758. La corrispondenza di Carlo V con i suoi generali e con altre personalità del tempo si trova in W. Bradford, *Correspondence of Charles V* (Londra 1859). La sua lettera a Vittoria è reperibile tanto in Reumont (op. cit.) che nel già citato *Carteggio* di G. Müller ed E. Ferrero. Un libretto di B. Amante, *La tomba di Vittoria Colonna e i testamenti fin'ora inediti* (Bologna 1896), contiene informazioni interessanti sulla sua sepoltura e quella del marito, Ferrante d'Ávalos. Sull'aspetto fisico di Vittoria si veda M. Hirst, *Sebastiano del Piombo* (Cambridge 1982), mentre la descrizione del seno di Vittoria ci è fornita da Giovio nel suo *Dialogo sulle donne illustri del Rinascimento*, parti del quale sono state pubblicate a cura di C. Volpati

(1860). Per il contesto storico, mi sono riferita ai testi già citati di Procacci e Hale, oltre che al libro di H.A.L. Fisher, *A History of Europe* (Londra 1979; trad.it.: *Storia d'Europa*, Laterza, Bari 1963). Ricchi di informazioni e particolari su Vittoria Colonna sono anche la *Vita di Vittoria Colonna* di E. Visconti (Roma 1840) e le *Lettere indedite di Vittoria Colonna* con note critiche di Piccioni (Roma 1875). La descrizione di Giuliano Passeri del matrimonio di Bona Sforza a Napoli è riprodotta sia in Roscoe (op. cit.) sia in Reumont (op. cit.) Le poesie di Vittoria Colonna sono tratte da *Rime della divina Vittoria Colonna marchesa di Pescara* (1538).

Capitoli cinque e sei

In questi due capitoli presento una ricostruzione della vita di Vittoria Colonna, Giulia Gonzaga e Tullia d'Aragona nell'arco di undici importantissimi anni. I passi del dialogo tra Giulia Gonzaga e Valdés sono tratti da *Donne nel Rinascimento* di G. Portigliotti (Milano 1927), altra opera a cui ho ripetutamente fatto riferimento. Per Giulia Gonzaga e il ritratto di Sebastiano ho utilizzato *Vittoria Colonna e Michelangelo*, catalogo della mostra a cura di Pina Ragionieri (Firenze 2005).

Su Vittoria Colonna, oltre alle già citate opere di Reumont, Roscoe, Müller e Ferrero, ho utilizzato *Vittoria Colonna et la réforme en Italie* di E. Rodocanachi (Versailles 1892); *La vita e l'opera di Vittoria Colonna* di A.A. Bernardy (Milano 1927); *Delle cose di Napoli sotto l'impero di Carlo V* (Napoli 1770) di G. Rosso. Dal vol. III della *Storia del Granducato di Toscana* di R. Galluzzi (Firenze 1820-21) ho tratto i passi degli atti del processo contro Pietro Carnesecchi (si vedano anche le fonti indicate per il capitolo nove). Un estratto del processo a Carnesecchi fu inviato a Caterina de' Medici, regina di Francia, che lo aveva conosciuto alla corte di Cosimo. Le poesie di Vittoria sono tratte dalle sue *Rime* e dagli altri libri già citati. Le sue *Rime* uscirono a intervalli regolari tra il 1536 e il 1546, e successivamente furono pubblicate in una raccolta, insieme alle poesie di Gaspara Stampa e di Veronica Gambara.

Per Giulia Gonzaga mi sono affidata alle mie due fonti principali, mentre per il contesto generale ho attinto da P. Grimal, *Histoire mondiale de la femme* (Parigi 1966), in particolare il vol. II. La lettera di Sebastiano del Piombo è tratta da Hirst (op. cit.) e dal catalogo della mostra *Vittoria Colonna e Michelangelo* (Firenze 2005). Interessanti informazioni su Valdés e Ochino si trovano in G.R. Elton, *Reformation Europe* e in *Reform and Revolt*, a cura di N. Williams (Londra 1974). L'avventura di Giulia è narrata da molti scrittori dell'epoca (e in primo luogo da Giovio, che ne fu diretto testimone); ne danno un minuzioso resoconto sia il già citato *Donne nel Rinascimento* di G. Portigliotti sia *La femme italienne à l'époque de la renaissance* di E. Rodocanachi (Parigi 1907). Per la vita di Tullia d'Aragona fondamentale è la già citata opera della Masson. Anche S. Rosati ha scritto un libro su *Tullia d'Aragona* (Milano 1936) e ulteriori notizie su questa famosa cortigiana si trovano sia in U. Gnoli, *Cortigiane romane* (Arezzo 1941) sia in E. Rodocanachi, *Courtisanes et bouffons* (Parigi 1894). Infine, *Venice Observed* (Londra 1980; trad. it: *Venezia salvata*, Archinto, Milano 1999) e *The Stones of Florence* (Londra 1980; trad. it.: *Le pietre di Firenze*, Archinto, Milano 2001)* sono due bellissimi libri della bravissima scrittrice Mary McCarthy.

Capitolo sette

Sull'argomento trattato in questo capitolo esiste una letteratura assai vasta, se si pensa a tutti gli scritti intorno al solo Michelangelo; tra i numerosi biografi che hanno approfondito il tema del suo amore per Vittoria desidero citare H. Grimm, *Michelangelo*, in particolare il vol. II (Londra 1925). Il resoconto delle frequentazioni mondane di Francisco de Hollanda si trova in A. Raczynski, *Les arts en Portugal* (Parigi 1846) e in P.E Visconti, *Nuove ricerche sulla vita di Vittoria Colonna* (Roma 1851). Molti degli autori che trattano della vita di Vittoria fanno solo un uso parziale del racconto di de Hollanda sulle sue giornate romane. *I dialoghi michelangeleschi di Francisco de Hollanda* di F. de Hollanda o de Hollandia (tradotti da A.M. Bessone Aurely, Roma

1926) riproducono per intero il diario romano del portoghese. San Silvestro in Capite (si veda P. Giovio, *Vita di Pompeo Colonna*) fu edificata nell'VIII secolo e nel 1285 divenne la sede delle monache francescane che avevano lasciato il loro convento di Palestrina (un feudo dei Colonna) fondato dalla beata Margherita Colonna, come ci informa A. Coppi nelle sue *Memorie Colonnesi* (Roma 1929). La Chiesa è sempre stata – ed è tuttora – legata al casato dei Colonna.

Ascanio Condivi era un contemporaneo e un discepolo di Michelangelo, e in virtù di ciò la sua *Vita di Michelangelo* (Firenze 1852 rist.) costituisce la migliore testimonianza sulla vita e sulle opere del grande artista. Per quanto riguarda invece i componimenti poetici di Michelangelo, cito dal *Parnaso* (op. cit.) e dalle *Rime di Michelangelo cavate dagli autografi* (Firenze 1863). Anche per questo capitolo ho fatto uso dei già citati *Carteggio* e *Supplemento al Carteggio*, entrambi importanti anche come fonti di informazione. Per Vittoria Colonna e Michelangelo, mi sono servita del catalogo della mostra *Vittoria Colonna e Michelangelo* a cura di Pina Ragionieri (Firenze 2005).

Per la guerra del sale rimando a Reumont, Elton, Fisher, e anche a L. Salvatorelli, *Sommario della Storia d'Italia* (Torino 1955). Per i testi delle poesie di Veronica Franco, Tullia d'Aragona, Veronica Gambara, Gaspara Stampa e alcune rime di Michelangelo in questo e altri capitoli, ho usato *Poesia del Quattrocento e del Cinquecento. Il Parnaso* (op. cit.)

Capitolo otto

Per questo come per altri capitoli ho usato i già citati Roscoe e Reumont, quest'ultimo nell'eccellente versione di G. Müller ed E. Ferrero. Di questi due studiosi è anche la cura del *Carteggio* (op. cit.) dal quale ho preso tutte le lettere scritte da e a Vittoria Colonna. Altre lettere di Vittoria provengono dal già citato *Supplemento al Carteggio*, mentre le poesie sono tratte da queste fonti così come da *Tutte le rime della ill.ma ed ecc.ma Vittoria Colonna con la vita della medesima* di G. Rota (Bergamo 1760). Mi è stato nuovamente utile anche il catalogo della mostra *Vittoria Colonna e Michelangelo*.

Per Michelangelo, in questo capitolo mi sono servita della già citata opera del Condivi. L'*Estratto del processo di mons. Pietro Carnesecchi* di G. Manzoni (*Miscellanea di storia italiana*, Firenze 1870) è utilizzato nei precedenti così come nei successivi capitoli.

Per Reginald Pole e la storia del circolo di Viterbo ho consultato *Heresy and Obedience in Tridentine Italy* di D. Fenlon (Cambridge 1972), oltre a *R. Pole, Cardinal of England* di W. Schenk (Londra 1950), il già citato *Rinascimento e Riforma* di Hauser e Renaudet e il testo *Examinis Concilii Tridentini opus integrum* (1609). Per altri particolari sulla vita di Vittoria si veda il già citato *La tomba di Vittoria*.

Per Tullia d'Aragona e per Giulia Gonzaga, oltre ai già citati Portigliotti, Masson e Marchetti Ferrante, ho consultato il *Ritratto del processo di mons. Pietro Carnesecchi* di F. Manzoni (Milano 1830)

Capitolo nove

In questo capitolo ho trattato per sommi capi la complessa storia del movimento che portò alla Controriforma. Per Reginald Pole e il circolo di Viterbo, oltre ai già citati testi di Fenlon e di Schenk, ho utilizzato il carteggio *Epistolarum Reginaldi Poli S.R.E. Cardinalis* (Brixiae 1748). Il testo completo della lettera di Ochino a Vittoria è reperibile in C. Cantù, *Gli Eretici d'Italia* (Torino 1880). La lettera di Vittoria al cardinale Cervini è tratta da Reumont (op. cit.) mentre altre lettere e informazioni sono in C. Tolomei, *Lettere* (Venezia 1578). Inoltre, si veda ancora il catalogo *Vittoria Colonna e Michelangelo* (Firenze 2005).

Ho di nuovo attinto alla già citata *Vita di Michelangelo* del Condivi, che contiene anche le poesie del maestro, al testo di Hirst su Sebastiano del Piombo ripetutamente citato, così come al già menzionato *Supplemento al Carteggio* e a Rota (op. cit.) Per il simbolismo ho fatto riferimento a *Simboli* di M. Battistini (Milano 1991) e a *Introdution au monde des symboles* di G. de Champeaux e D.S. Sterck (Parigi 1989; trad. it.: *I simboli del Medioevo*, Jaca Book, Milano 1981).

I Cesarini erano legati ai Colonna da molteplici vincoli matrimoniali. Il loro palazzo a Roma, più tardi ereditato dagli Sforza Santa Fiore, appartiene ancor oggi alla famiglia, mentre quello dei d'Ávalos a Napoli rimane l'unico palazzo superstite in quei luoghi (con profonde alterazioni all'architettura dell'edifico e purtroppo privo dei giardini). La maggior parte dei personaggi descritti in questo capitolo compare in un affresco che illustra la vita di Paolo III eseguito da Giorgio Vasari a Palazzo della Cancelleria nel 1544: Sadoleto, Pole, Bembo, Contarini, Giovio e Michelangelo (l'opera fu terminata in soli cento giorni, e il commento di Michelangelo fu: «Si vede»).

Di grande utilità sono stati anche l'*Historia* di A. Castaldo (Napoli 1769) e due testi di di P. Giovio, l'*Historiarum suis temporis* (Firenze 1551) e gli *Elogia virorum bellica virtute illustrium* (Basilea 1575). Per Tullia d'Aragona e Giulia Gonzaga, oltre a riferirmi ai già citati Portigliotti, del Vita e Masson, ho attinto a N. Martelli, *Lettere* (Firenze 1863), e a *Italian Social Customs of the Sixteenth Century* di T.F. Crane (Yale 1920). Su Pietro Carnesecchi ho usato il già citato *Estratto* e svariati documenti riprodotti nel catalogo della mostra medicea *Il mare, i mercanti, la rinascita, la scienza: editoria e società, astrologia magia e alchimia* (Milano 1980); tra questi, in particolare, il Carteggio Mediceo F 3593 cc. 144-145 aperto a c. 144 r. In questo volume, estremamente interessante, ho trovato notizie e dettagli preziosi anche per i capitoli successivi.

Il *Dialogo dell'infinità dell'amore* di Tullia d'Aragona è una ristampa (Milano 1864), e le poesie citate sono tratte dal *Parnaso* (op.cit., vol. IV). Per quanto riguarda gli ultimi giorni della sua vita, ho attinto ai già citati Portigliotti, del Vita e Masson, oltre che alla *Storia fiorentina*, vol. II, di B. Varchi (Firenze 1843-44). Il voluminoso velo che alla fine Tullia fu costretta a indossare si può vedere in C. Vecellio, *Habiti antichi et moderni di tutto il mondo* (Venezia 1598). R. Greene canta la dama che suona in giardino nel suo *Never Too Late* (Londra 1881). Due libri di P. Brantôme, *La vie des femmes galantes* e *Memoirs vol. III* (Parigi 1807), forniscono un'importante documentazione sull'atteggiamento dell'uomo dell'epoca nei confronti delle donne.

Per ulteriori particolari sul processo a Carnesecchi e sulla lettera di Serristori si vedano *Report of the Trial and Martyrdom of Pietro Carnesecchi* di R. Gibbings (Dublino 1856) e *The Romance of Woman's Influence* di A. Corkran (Londra 1906). Ho trovato di grande utilità anche il lavoro di Anthony Gottlieb sul Rinascimento, *The Dream of Reason* (Londra 2000).

Su Artemisia Gentileschi ho utilizzato *Atti di un processo per stupro* (Milano 1981; dalla Prefazione ho preso la citazione di Roberto Longhi) e *Artemisia Gentileschi* di Tiziana Agnati (Firenze 1994).

Capitolo dieci

Per questo capitolo, che si occupa principalmente di Louise Labé e del Rinascimento francese, ho fatto riferimento all'*Histoire mondiale de la femme*, vol. II, sezione «La française au XVI siècle» di C. Mettra (Parigi 1966) per quanto riguarda la moglie di Lutero e per la regina Margherita di Navarra. Per il contesto storico e per le citazioni ho attinto invece a svariati testi: *Autour de l'Heptaméron: amour sacré, amour profane* di L. Febvre (Parigi 1966; trad. it.: *Amor sacro, amor profano: Margherita di Navarra, un caso di psicologia nel '500*, Cappelli, Bologna 1980); «City Women and Religious Changes» in *Society and Culture in Early Modern France* di Davis Natalie Zemon (Londra 1975); l'inesauribile *Civilization of Capitalism. 15th-18th Century*, voll. I e II, di F. Braudel (Londra 1981-82; trad.it.: *Civiltà materiale, economia e capitalismo. Le strutture del quotidiano. Secoli XV-XVIII*, Einaudi, Torino 1983); *Les italiens en France au XVIe siècle* di E. Picot (Bordeaux 1902) e il già citato volume di H.A.L. Fisher. Le citazioni di Lutero sono tratte dalla *Libertà del cristiano con il testo della Lettera a papa Leone X* (1520). Le mie fonti su Louise Labé sono state l'ottimo *Oeuvres de Louise Labé*, voll. I e II, di C. Boy (Parigi 1887) e le biografie di D. O'Connor (op. cit.) e di L. Larnac, *Louise Labé, la belle cordière* (Parigi 1934). Molti dubbi sono stati avanzati sulla datazione relativa alla vita di Louise Labé, ma ho fatto riferimento soprattutto a O'Connor (1926), il più rigoroso tra gli studiosi moderni della poetessa. Ho utilizzato anche *La belle cordière de Lyon* di C. Boy (Lione 1929) e *Louise Labé et l'école lyonnaise* di E. Giudici (Parigi 1964), oltre a *Louise Labé. Oevres poetiques* (Parigi 1983).

Le *Oeuvres* di C. Marot sono state ripubblicate nel 1901 a Parigi, quelle di Louise nel 1762 a Parigi. Il volume di J.H. Elliott qui citato, *Europe Divided 1559-1598* (Londra 1977), è un libro splendido. Dal vol. III della *Storia del Granducato di Toscana* del Galluzzi (op. cit.) ho tratto notizie e passi relativi al processo a Carnesecchi.

Capitolo undici

In aggiunta al già citato *The Dream of Reason,* ho letto e utilizzato per questo capitolo *The Renaissance in Europe,* un'antologia a cura di Peter Elmer, Nick Webb e Roberta Wood (New Haven e Londra 2000), *La femmes dans le monde* di R. Marienstras (Parigi 1907), *The Embarassment of Riches* di Simon Schama (Londra 1990; trad. it. *Il disagio dell'abbondanza. La cultura olandese dell'epoca d'oro,* Mondadori, Milano 1993), *A History of Civilizations* di F. Braudel (nella traduzione di Richard Mayne, Londra 1994) e *The Dutch Republic, Its Rise, Greatness and Fall 1477-1807* di Jonathan I. Israel (Oxford 1998). Altre fonti utili sono stati *An Inquiry into the Danger and Consequences of a War with the Dutch* di Daniel Defoe (Londra 1712) e *Renaissance Bodies. The Human Figure in English Culture* a cura di Lucy Gent e Nigel Llewellyn (Londra 1995). Particolarmente illuminanti per questo capitolo sono stati anche *Pittura olandese del Seicento* di Attilio Podestà (Bergamo 1960) e *Dipingere la musica. Strumenti in posa nell'arte del Cinque e Seicento,* a cura di Sylvia Ferino Pagden (Milano 2000; mostre a Cremona e Vienna). Il catalogo della Royal Academy Exhibition, *Illuminating the Renaissance* (Los Angeles-Londra 2003), mi è stato molto utile, e la mostra è stata una vera gioia. Importanti per la stesura di questo capitolo sono stati anche *The Prospect Before Her,* vol. I (*A History of Women in Western Europe*), di Olwen Hutton (Londra 1997) e il già citato *Europe Divided* di J.H. Elliott.

L'età del Rinascimento e della Riforma (quarta edizione, Torino 1954) e *Les debuts de l'âge moderne* rispettivamente di H. Hauser e A. Renaudet (Parigi 1998) sono due libri straordinariamente belli. Ho utilizzato anche il catalogo per la mostra di Gand dedicata a Carlo V, *Charles 1500-1558* (Bruxelles 1998), e *A World History of Art* di Hugh Honour e John Fleming (Londra 1984), oltre all'eccellente *Wordly Gods* di Lisa Jardine (Londra 1996). Una delle citazioni è tratta da *New Light on Old Masters* di E.H. Gombrich (Londra 1986; trad. it.:

Antichi maestri, nuove letture. Studi sull'arte del Rinascimento, Einaudi, Torino 1987).

Capitolo dodici

Oltre ai già citati *The Renaissance in Europe, Renaissance Bodies* e *The Dream of Reason,* ho usato per questo capitolo l'ottimo *Histoire de la pudeur* di Jean-Claude Bologne (Parigi 1986) e *Maghi, streghe e alchimisti a Siena e nel suo territorio (1458-1571)* di Maria Assunta Ceppari Ridolfi (Monteriggioni 1999). I particolari sul banchetto a Ferrara sono attinti da Cristoforo da Messisburgo, *Banchetti, compositioni di vivande et apparecchio generale* (Ferrara 1549).

Per le poesie di Gaspara Stampa i testi di riferimento sono *Rime di Gaspara Stampa* (Milano 1990) e *Il Parnaso* (op. cit.) Anche per questo capitolo mi sono servita di *Courtesans of the Italian Renaissance* (op. cit.) e di *A History of Civilization* (op. cit.) Utile è stato anche *Demon Lovers: Witchcraft, Sex and the Crisis of Belief* di Walter Stephens (Chicago 2005). *L'Inquisizione in Italia dal XII al XXI secolo* (Milano 2006) di Andrea Del Col non tiene conto delle donne riformiste. Per il resto, questo non conclusivo epilogo è frutto della mia personale elaborazione.

Cronologia

1456	Invenzione della stampa a opera di Giovanni Gutenberg
1474	Nasce Isabella d'Este
1481	Nasce Imperia
1486	Enrico VII Tudor sposa Elisabetta di York
1487	Nasce Bernardino Ochino
1490	Nasce Vittoria Colonna
1492	Colombo scopre San Salvador
	Gli spagnoli conquistano Grenada
	Muore Lorenzo il Magnifico
1498	Girolamo Savonarola è mandato al rogo
1499	Nasce Diana di Poitiers
1500	Nasce Reginald Pole
1501-04	Michelangelo scolpisce il *David*
1502	Francia e Spagna sono in guerra
	Cesare Borgia conquista Urbino
1503	Inizia il pontificato di Giulio II
1505 (?)	Nasce Tullia d'Aragona
1506	Erasmo scrive l'*Elogio della follia*
	Scavo e identificazione del *Laocoonte* a Roma
1509	Vittoria Colonna sposa Ferrante Francesco d'Ávalos
	Enrico VIII succede a Enrico VII sul trono d'Inghilterra
1510	Nasce Renata di Francia (Renata di Ferrara o Renata d'Este)
1513	Nasce Giulia Gonzaga
1516	Pubblicazione dell'*Utopia* di Tommaso Moro
	Orlando furioso di Ludovico Ariosto
	Machiavelli dedica il *Principe* a Lorenzo de' Medici il Giovane

1519	Grünewald completa la pala d'altare di Isenheim
	Nasce Caterina de' Medici
	Carlo V è eletto imperatore
1521	Hernán Cortés conquista il Messico
1522 (?)	Nasce Louise Labé
1525	Cattura di Francesco I durante la battaglia di Pavia
1527	Sacco di Roma
1529	Assedio di Firenze
	I Medici tornano al potere a Firenze
	Altdorfer dipinge la *Battaglia di Alessandro Magno*
1530	Rosso Fiorentino inizia a lavorare a Fontainebleau
1531	Enrico VIII è riconosciuto capo della Chiesa d'Inghilterra
1534	Ignazio di Loyola fonda la 'Società di Gesù', futura 'Compagnia di Gesù' nel 1940
	Michelangelo fa ritorno a Roma
1535	Muore il cardinale Ippolito de' Medici
	Michelangelo inizia a dipingere *Il Giudizio Universale*
1541	Calvino organizza la Chiesa di Ginevra
1542	Spedizione imperiale contro i turchi
1545	Inizia il Concilio di Trento
1547	Muore Vittoria Colonna
	Muore Francesco I di Valois; gli succede Enrico II
1552	Termina la dominazione mongola in Russia
1553	La regina Maria detta la Sanguinaria succede a Edoardo VI sul trono d'Inghilterra
1555	Elezione del pontefice Paolo IV
1556	Muore Tullia d'Aragona
	Carlo V abdica
	Filippo II sale al trono di Spagna
1557	Esecuzione di Pietro Carnesecchi
1558	Muore la regina Maria; le succede Elisabetta I
	Muore il cardinale Reginald Pole
1559	Pace di Cateau-Cambrésis
1562-98	Guerre di religione in Francia
1564	Muore Michelangelo Buonarroti
	Nasce William Shakespeare

1566	Muore Louise Labé
	Muore Giulia Gonzaga Colonna
1571	I turchi sono sconfitti a Lepanto
1574	Muore Renata di Francia, duchessa di Ferrara
1589	Enrico III di Francia è assassinato. Enrico IV rinuncia alla fede protestante
	Muore Caterina de' Medici
1600-01	Caravaggio dipinge la *Conversione di San Paolo*
1603	Muore Elisabetta I
1607	Annuncio della bancarotta della Spagna
	Rappresentazione dell'*Orfeo* di Monteverdi
1623	Webster pubblica *La Duchessa di Malfi*

I papi del Rinascimento

Scisma d'Avignone	1378-1417
Martino V (Colonna)	1417-31
Sisto IV (della Rovere)	1471-84
Innocenzo VIII (Cybo)	1484-92
Alessandro VI (Borgia)	1492-1503
Pio III (Piccolomini)	1503 (26 giorni)
Giulio II (della Rovere)	1503-13
Leone X (Medici)	1513-22
Adriano VI (di Utrecht)	1522-23
Clemente VII (Medici)	1523-34
Paolo III (Farnese)	1534-49
Giulio III	1549-55
Marcello II	1555 (22 giorni)
Paolo IV (Carafa)	1555-59
Pio IV	1559-65
Pio V (frate Ghislieri)	1566-72

Ringraziamenti

Desidero ringraziare la University of California Press per avermi permesso di citare i passi tratti da *The Mediterranean and the Mediterranean World in the Age of Philip II*, voll. I e II, di Fernand Braudel (1995); la Penguin Books per le citazioni tratte da *The Rise and Fall of the House of Medici* di Christopher Hibbert (1975), da *The Stones of Florence* e *Venice observed* di Mary McCarthy e da *Europe Divided* di J.H. Elliott. Ringrazio il Principe d'Ávalos e il Principe Piero Colonna.

Indice dei nomi

Adriano VI, di Utrecht, papa 89-90

Alba, duca di 218, 239, 243-244

Alberti, Leon Battista 13-14, 34

Albret, Enrico d', vedi Borbone, Enrico III di Navarra, poi Enrico IV di Francia

Albret, Jeanne d', regina di Navarra 31, 154, 209, 219

Alessandro VI, papa Borgia 7, 19, 36, 38, 56, 64-66, 71, 237

Alfonso del Vasto, vedi Vasto

Alfonso duca d'Este, vedi Este

Alicarnasseo, Filonico 69-70, 75

Álvarez de Toledo 170, 176

Andrets, barone di 232

Angelo del Bufalo 60

Anguissola, Sofonisba 181-182

Anna di Bretagna 39, 236

Aragona, Alfonso d', re di Napoli 65

Aragona, Caterina d', regina d'Inghilterra 66, 87-88, 97, 156, 237

Aragona, Costanzo Palmieri d' 166

Aragona, Donna Maria d' 101

Aragona, Giovanna d', regina di Spagna 68, 78, 235

Aragona, Leonora d' 39

Aragona, Ludovico d' 56

Aragona Sforza, Bona d' 78, 80-81

Aragona Sforza, Isabella d' 39, 74-76, 78, 80

Aragona, Tullia d' 44-49, 51, 53-57, 61-62, 70, 100, 102-108, 111-112, 116-120, 122, 129-130, 165-169, 174-176, 186, 189-197, 200-202, 213, 220, 260-262, 264, 269

Aretino, Pietro 23, 43-44, 47, 54, 56, 91, 119, 130, 261

Ariosto, Ludovico 34, 39, 44, 84, 95, 108, 114, 181, 195, 215

Arturo Tudor, principe di Galles 87-88, 237

Asburgo, Maria, duchessa 239

Ávalos, Costanza d' 66-68

Ávalos, Ferrante d', marchese di Pescara 66-71, 74-82, 87, 89-96, 98, 101, 170-171

Bandello, Matteo, frate 58-60

Beatrice d'Este Sforza, vedi Este Sforza, Beatrice

Bellini, Giovanni e Gentile 72, 121

Bembo, Pietro, cardinale 36, 51, 82, 84, 128, 156, 173-174, 176, 192, 194

Bibbiena, cardinale 77

Boiardo, Matteo Maria 34, 181

Bolena, Anna 88

Bologna, Umore da 54-55

Borbone, Carlo, connestabile 92, 97

Borbone, Enrico III di Navarra, poi Enrico IV di Francia 31, 209, 231, 248

Bore, Catherine de 208

Borgia, Cesare 31, 36, 53, 65, 72

Borgia, Lucrezia 11, 27, 33, 36-40, 53, 58-60, 70, 72, 74, 84

Borgia, Rodrigo, vedi Alessandro VI

Borgia, Vannozza (Cattaneo) 53, 65

Botticelli, Sandro 7, 10-11, 13, 253, 269

Briçonnet, vescovo di 39, 209

Brunelleschi, Filippo 50

Budrioli, Gentile 27

Burton, Robert 14

Calvino, Giovanni 20, 38, 40, 157-160, 210, 213, 220, 272

Campana, Giulia (d'Aragona) 51

Carafa, Gian Piero, cardinale poi Paolo IV 110, 127, 155, 157-161, 164, 170, 172-173, 175, 197-199, 202

Cardona, don Ramon, viceré di Napoli 70

Cariteo, Benedetto 71

Carlo I di Spagna (Carlo di Gand, poi Carlo IV di Napoli), vedi Carlo V

Carlo IX, re di Francia 232-233

Carlo Magno 22

Carlo V, imperatore del Sacro Romano Impero 30, 35, 68, 78, 87-94, 97, 101-102, 109, 115, 124, 126-127, 139, 149, 172, 197, 207, 223, 231, 235, 237, 241, 248, 261

Carlo VIII, re di Francia 64

Carnesecchi, Pietro, monsignor 109, 129, 155, 157, 160, 169-171, 176, 196, 198-199, 202-206, 264

Castiglione, Baldassarre 17, 52, 84-86, 98, 101, 144, 180-181, 217

Caterina d'Aragona, regina d'Inghilterra, vedi Aragona, Caterina

Cats, Jacob 256

Celio (figlio di Tullia) 130, 169, 197, 200-201

Cellini, Benvenuto 129, 215

Cervini, cardinale, poi papa Giulio III 160-161

Charly, Pierre detto Labé 214

Chigi, Agostino 58-61, 171, 264

Clara di Nobilione 149

Clemente VII, papa Medici 90-91, 94-97, 102, 107, 115, 129, 134, 142, 171, 241

Coligny, ammiraglio Gaspard de 232

Collevecchio, Simonetta da 30

Colonna, Agnese (Montefeltro) 63, 67, 79, 90

Colonna, Ascanio 63, 71, 95-96, 124-126, 135, 148-153, 161, 176-178

Colonna, Fabrizio, duca di Paliano 36, 63-68, 70-71, 73-74, 78

Colonna, Federico 63, 71

Colonna, Isabella 107

Colonna, Prospero 38, 64, 68, 89-90

Colonna, Vespasiano 42, 108, 112

Colonna, Vittoria (figlia di Ascanio) 124-125

Colonna, Vittoria, marchesa di Pescara 35-38, 41-47, 49, 58, 63-64, 66-71, 73-77, 79-87, 89-96, 98, 100-104, 108-111, 122-126, 128-136, 139-163, 165, 170-179, 186, 203-204, 209, 217, 223, 260-261, 263, 269

Concini, Eleonora 28

Condivi, Ascanio 133, 143, 146, 177

Contarini, Gaspare, cardinale 127, 150, 155-158, 161, 198, 203

Contarini, Ludovico, cardinale 17, 110

Cornaro, cardinale 87

Coryat, Thomas 52

Cosimo I, vedi Medici, Cosimo

Costanza, duchessa di Francavilla, vedi Francavilla, Costanza

Cybo, Caterina 41, 56, 110

Della Rovere, cardinale Giuliano, vedi Papa Giulio II

Dentière, Marie 21

Dolet, Etienne 217, 227

Donatello 10, 13, 50, 194

Doria, Andrea 98

Drake, sir Francis 242, 248

Egmont, conte di 242, 244

Elisabetta I, regina d'Inghilterra 11, 221, 231, 241-242, 244, 248, 252

Enrico II di Valois, re di Francia 191, 216, 231

Enrico III di Valois, re di Francia, duca d'Angiò 28, 51

Enrico IV re di Francia, vedi Borbone, Enrico

Enrico VII Tudor, re d'Inghilterra 25, 87-88

Enrico VIII Tudor, re d'Inghilterra 87-88, 97, 156

Erasmo da Rotterdam 7, 9, 15, 19, 109, 127, 238

Este, Alfonso d', duca di Ferrara 27, 34, 36, 128-129, 271

Este, Alfonso II d', duca di Ferrara 165

Este, Ercole II d', duca di Ferrara 33, 35, 271

Este, Renata di Valois d', duchessa di Ferrara 38-41, 128-129, 160, 165, 209, 217, 271

Este Sforza, Beatrice d' 11, 39

Etaples, Lefèvre d' 209

Farnese, Alessandro, cardinale 149, 244-245

Farnese, Giulia 64

Farnese, Ottavio 139, 241, 245

Farnese, Pier Luigi 148

Fedele, Cassandra 18

Federico II 186

Ferdinando d'Aragona, il Cattolico, re di Spagna 65-66, 68, 78, 88, 235-236

Ficino, Marsilio 9, 193

Filiberto, duca di Savoia 237

Filippo II di Spagna 242, 248

Foix, Gaston de, duca di Nemours 73

Fortini, Tommaso 206, 225, 231, 233-234

Francavilla, Costanza, duchessa di 66-67, 69, 73

Francesco I di Valois, re di Francia 39, 78-79, 91, 126, 129, 191, 208, 223

Franco, Veronica 51, 120, 260-261

Frundsberg, George von 96

Gallerani, Cecilia 72

Gambara, Veronica 260-261

Gentileschi, Artemisia 116, 181-183, 251

Gentileschi Orazio 184-185

Gesualdo, duca di Venosa 27, 43

Gheynst, Johanna van der 241

Ghirlandaio, Domenico 123

Ghislieri, inquisitore generale 200, 202

Gibbons, Orlando 180

Giberti, Gian Matteo 43, 84, 89-91, 93-94, 96, 155, 158, 162

Giovanna, Infanta di Castiglia, poi regina di Spagna 66, 68, 237, 241

Giovanna, la papessa inglese 51

Giovanni, Infante di Spagna 236, 240

Giovio, Paolo 67, 69, 82, 101, 113-115, 124-125

Giraldi, Giovan Battista 107

Girolamo, Britonio 82

Giulia (madre di Tullia), vedi Campana, Giulia

Giulio II, papa Della Rovere 19, 65, 72, 77

Gonzaga, Eleonora della Rovere, duchessa di Urbino 42

Gonzaga, Ercole, cardinale 114, 124

Gonzaga, Federico, marchese di Mantova, figlio di Isabella 75, 78

Gonzaga Francesco, marchese di Mantova 35-36

Gonzaga, Giulia, signora di Fondi 41-42, 107-108, 110, 112, 122, 124, 130, 155, 157, 170, 173, 199, 203-204, 261, 263, 269

Gonzaga, Isabella, marchesa di Mantova 12, 21, 27, 30-31, 33-35, 37, 39, 43, 46-47, 70-72, 77-78, 80, 87, 100, 163, 271

Granvelle de, cardinale 242

Greene, Robert 180, 195, 225

Guglielmo d'Orange 242, 244

Guicciardini, Francesco 18, 97

Guicciardini, Silvestro 166

Guillet, Pernette du 218, 221

Gutenberg, Giovanni 8

Hawkins, sir John 242

Hilliard, Nicholas 252

Holbein, Hans 188, 250

Hollanda, Francisco de 135-136, 139, 141

Imperia 57-62, 70, 84, 103, 124, 220, 264, 269

Innocenzo VII, papa 28, 103

Isabella di Castiglia, la Cattolica, regina di Spagna 21, 236

Isabella, moglie del viceré di Napoli 76

la Fontaine, Jean de 217

Labé, Louise 5, 193, 206, 212-222, 224-231, 233-234, 259-260, 274

Lannoy, de 91-92

Laurana, Luciano 68

Leonardo da Vinci 9, 11, 72, 94, 140

Leone X, papa Medici 53, 77-79, 82, 89, 107, 131, 207

Leoni, Leone 240

Leyster, Judith 251-253

Loyola, Ignazio 127, 160, 172-173

Ludovico il Moro, duca di Milano, vedi Sforza, Ludovico

Luigi XII di Valois, re di Francia 38, 72, 78

Lutero, Martin 18, 21-22, 38, 50-51, 96, 102, 109-110, 155, 157, 159-160, 207-208, 210, 237, 272

Machiavelli, Nicolò 19, 25, 67

Magny, Olivier de 226

Malatesta, Isotta 30

Mannelli, Pietro 190, 195

Mantegna, Andrea 14, 34, 72

Margherita d'Austria, reggente dei Paesi Bassi 30, 235-238

Margherita di Parma 30, 241-245

Margherita di Valois, regina di Navarra, conosciuta anche come Margherita d'Angoulême 39-40, 128-129, 154, 180, 208-210, 221, 259

Maria d'Austria (o d'Ungheria), reggente ad interim dei Paesi Bassi 235, 237-240, 252

Maria di Guisa 222

Maria I, regina d'Inghilterra 198, 231

Marot, Clement 39-40, 209, 216-217, 220-222

Masaccio, Tommaso 14

Massimiliano II d'Asburgo, imperatore del Sacro Romano Impero 66, 138, 235-236

Medici, Alessandro de', duca di Toscana 30, 115, 120, 139, 241

Medici, Caterina de', regina di Francia 28, 31, 109, 115, 118, 191, 216, 222-224, 232, 242

Medici, Cosimo de', duca (poi granduca) di Toscana 123, 129, 166, 168, 170, 175-176, 189, 191, 193, 196, 198, 202-205

Medici, Cosimo de', il Vecchio 120, 169

Medici, Eleonora de', duchessa di Toledo 191, 194, 196

Medici, Giuliano de', duca di Nemour 11, 107

Medici, Ippolito de' 107-109, 112-116, 124, 189, 263

Medici, Lorenzo de', il Magnifico 7, 10-11, 13, 20, 79, 120, 169, 186, 270

Medici Strozzi, Clarice 105

Michelangelo Buonarroti 13, 69, 77, 82, 84, 109, 122, 130-149, 152-153, 162-163, 169, 174-179, 261, 263

Minturno, Antonio 71

Montefeltro, Federigo 37

Montefeltro, Giovanna da 79

Monteforte, Laura di 147

Morley, Thomas 180

Morone, cardinale 163, 176

Morone, Girolamo, cancelliere di Milano 93-94, 155

Moulin, Antoine du 220-221

Musefilo, Giovan Battista 66

Muzio, Girolamo 46, 57, 129-130, 168, 189, 192, 196

Nassau, Luigi di 238, 244

Nobilione, Prudentia di 149, 163, 172

Nogarola, Ginevra 17

Nogarola, Isotta 17

Ochino, Bernardo, frate 41-45, 49, 110-111, 126, 129, 155-156, 158-161, 171, 175, 204

Oosterwyck, Maria van 251, 253

Palmieri, d'Aragona, cardinale 203

Panizeato, Niccolò 30

Paolo III, papa Farnese 38, 126-128, 149, 154, 197, 203, 241

Pasquino 23, 51, 53-54, 82, 119, 198

Pazzi, Alfonso de' 175

Perpignan, Perpignano 218-219

Perrin, Ennemond 219, 229

Peruzzi, Baldassarre 59

Piccolomini, Alfonso, duca di Amalfi 79
Pio III, papa 72
Pio V, papa, cardinale Ghislieri 200, 202, 204-205, 263
Piombo, Sebastiano del 58, 70, 109, 136, 262
Plantageneta, Margaret 156
Poitiers, Diana di 222-224, 226, 229
Pole, Reginald, cardinale 103, 110, 127-128, 153-157, 160-163, 170-174, 176, 178, 197-199, 203-204
Poliziano, Angelo 13, 18, 186

Raffaello Sanzio 10, 13-14, 57-59, 61, 69, 78, 107, 140, 185-186, 258, 264
Riario, cardinale 87
Rosso, Gregorio 101
Rovere, Francesco Maria della 79
Ruysch, Rachel 251, 253

Sadoleto, Jacopo, cardinale 58-59, 84, 97, 103, 127, 155-156, 176, 264
Saluzzo, cardinale di 233
Sannazzaro, Jacopo 67, 71, 82, 217
Sarto, Andrea del 169
Savonarola, Girolamo 19-21, 41-42
Scaglione, Lucrezia, Carafa 101
Seymour, Jane 15
Sforza, Caterina 31, 123, 219

Sforza, Ludovico 72
Sigismondo, re di Polonia 30, 80
Sodoma 58-60
Solimano il Magnifico 58, 102, 113-114, 263
Stabellino, Battista (Apollo) 46
Stampa, Gaspara 260, 265
Steen, Jan 250
Strozzi, Ercole 36
Strozzi, Filippo 105-106, 115, 120, 123, 129, 147, 174
Strozzi, Roberto 174
Sulmona, principe di 124-125

Tansillo, Luigi 101
Tarsia, Galeazzo di 81-82
Tasso, Bernardo 67, 71, 114, 118-119, 122-124, 129, 168, 189, 261
Tasso, Torquato 43
Tiziano Vecellio 23, 36, 107, 114, 121, 185, 187, 192-193
Toledo, don Luigi 175
Toledo, don Pedro 189
Tolomei, Lattanzio 135-139
Tomaso, messer 144
Tour d'Auvergne, Maddalena de la 191
Trivulzio, Agostino, cardinale 42
Trotti, Nicoletta 36
Tudor, Elisabetta, regina d'Inghilterra, vedi Elisabetta I
Tullia, vedi Aragona, Tullia

Valdés, Juan 42, 103, 109-111,

124, 129, 154-156, 163, 170-171

Valentinois, duchessa del, vedi Poitiers, Diana di

Valier, Agostino, cardinale 165

Varchi, Benedetto 168-169, 175, 189-193, 196

Vasto, Alfonso del 44, 75, 89, 95-96, 101, 123, 147, 149

Vasto, Costanza del, duchessa di Amalfi (Piccolomini) 79, 163

Vermeer, Jan 187, 250

Vermeyen, van 239

Vermigli, Pietro Martire 155, 158

Vespucci, Marco 11

Vespucci, Simonetta 269

Webster, John 80

Wolsey, cardinale 87

Zilioli 56

Indice

Capitolo uno Tendenze   7
Capitolo due Donne a Ferrara   33
Capitolo tre Donne a Roma   50
Capitolo quattro La vita di Vittoria Colonna fino al sacco
   di Roma   63
Capitolo cinque Una donna in tempi di grandi sconvolgimenti   84
Capitolo sei Vittoria, Giulia e Tullia (1527-1538)   100
Capitolo sette Vittoria Colonna e Michelangelo   131
Capitolo otto Le donne e l'Inquisizione   154
Capitolo nove Il liuto spezzato   180
Capitolo dieci Donne in Francia   206
Capitolo undici Le donne del Nord   235
Capitolo dodici Epilogo   257

Fonti   275
Cronologia   287
I papi del Rinascimento   290

Ringraziamenti   291

Indice dei nomi   293

Fotocomposizione Editype s.r.l.
Agrate Brianza (Milano)

Finito di stampare
nel mese di settembre 2007
per conto della Adriano Salani Editore S.p.A.
da La Tipografica Varese S.p.A. (VA)
Printed in Italy